圖解
地方政府
與自治

王保鍵 著

■■ 推薦序

　　王保鍵在就讀臺灣大學國家發展研究所博士班時，已發表了十餘篇之期刊論文，並由本人指導其博士論文寫作，是一個非常優秀的博士生。欣見五南文化事業機構之五南圖書與王保鍵合作，出版圖解式地方自治一書，以最生動有趣之圖解方式來闡明龐雜的地方自治三要素、自治財政、自治監督與各國的地方制度等，讓讀者輕鬆、清楚的掌握艱深的學理與生硬的法條。本人認為這本書不僅有助於大專院校學生與參加高普考試學生於研讀地方政府與自治時使用，更可有助於非法律或政治背景的一般讀者瞭解地方自治之相關議題；本人乃特別加以推薦。

邱榮舉

臺灣大學國家發展研究所教授兼客家研究中心主任

推薦序

下一個國考狀元可能就是你

民國 101 年 3 月 6 日是 100 年地方特考三等放榜的日子，原本未抱有錄取的希望，仍一如往昔地於辦公室處理著例行業務，但其他部門的同事來電告知榜上有名，懷著忐忑不安的心緒，上網查榜，居然名列三等「一般民政榜首」；我不僅錄取國家考試，也拿到我人生中的第一個國考狀元，過去的不確定感與生活壓力，頓時伴隨再也抑制不住的熱淚，一切盡滌。

從民國 95 年起開始準備外交特考，至民國 99 年才轉考高普考試，100 年高普考落榜後，拿著考試結果，在徐州路臺大社科院王老師的辦公室，經由王老師的分析與鼓勵，調整了讀書與準備的策略，再度蓄積能量準備考試。由於必須一邊工作一邊準備考試，無法如全職考生般可全力投入，下班到了 K 書中心往往筋疲力竭，呵欠連連，故有效做好時間管理，增進讀書效率，選擇適當複習教材就顯得格外重要，王老師的三本圖解著作（圖解政治學、圖解行政法、圖解地方政府與自治）正是我最適當的教材。

社會科學十分強調對體系架構之理解，藉由體系概念的建構，不僅可以避免見樹不見林的學習盲點，另一個好處，則是可以幫助記憶，使準備考試更有效率。當然，準備考科「地方政府與自治」，藉由學理架構式的掌握法條，更可以發揮事半功倍的效果。

個人認為王老師所出版的《圖解地方政府與自治》，十分值得推薦。本書不僅內容完整，理論架構清晰易懂，個別重要理論並佐以插圖，以最生動有趣的方式來闡述龐雜的地方自治理論，讀者不僅可以輕鬆掌握各種艱澀的學理，面對生硬的法條，得以省卻相當多的摸索時間，並獲取高分。對一般讀者而言，亦可作為一本理解地方自治的入門書籍，讀起來亦是輕鬆有趣。

王老師已取得兩所知名大學的博士學位，即將以公費前往英國攻讀第三個博士，渠似乎以蒐集博士學位為樂，真可謂是一個怪咖。王老師學識淵博，著作等身，曾服務於中央及地方政府之民政機關，實務經驗豐富；而他在補教界亦有相當成就，啟發式的教學風格，掌握國考命題的敏感度，亦是讓不少非政治科班出身的考生順利錄取。本書的內容設計，具有相當的品質，相信本書可以幫助各位讀者輕鬆入門，並快速貫通地方自治相關理論，相信您會是下一個國考狀元。

賴宗佑

2012 年 4 月於台北家中

自序

　　這本《圖解地方政府與自治》是五南圖解系列叢書的第一本，自 2008 年出版後已有相當時日，配合「縣市改制為直轄市」、「國土合理規劃」、「均衡區域發展」、「地方治理」等之地方自治發展新趨勢，本書進行了大幅的改寫。另為引介外國地方自治運作，本書亦在「比較地方制度」部分予以加強論述，介紹了美國、英國、法國、德國、日本、中共的地方制度。

　　我國地方治理在學術界與實務界所關切的研究主題（政策領域）及關切重點存有相當程度差異性。地方治理的學術研究除增添理論研究的發展外，更應對地方居民的生活福祉做出貢獻。因而，地方治理的學術研究應具有：（1）前瞻性：學術研究應協助建構政策問題，並引領政策實作方向；（2）應用性：學術研究應為政策實作發展提供政策論述框架，並發展政策工具選項，提供合宜的政策解方。為便利讀者快速融會貫通地方治理相關學理與法條，提升學術理論的可接近性，本書以圖解的方式，深入淺出的來闡明地方自治所涉及的相關議題。例如本書單元 1-2 的圖解，以住民自治及團體自治的學理概念，來理解並掌握地方制度法的架構，並進而聯想出其他相關法令。

　　又此特別簡要說明國考高分答題技巧。以普考為例，其考試時間為 90 分鐘，須回答 2 題申論題及 25 題測驗題，建議整體答題策略為：（1）先於題目卷上預擬申論題答題大綱；（2）次做選擇題；（3）再撰寫申論題答案；（4）注意時間及版面配置（每一申論題 25 至 30 分鐘，一頁半至兩頁答案卷之篇幅；選擇題應於 30 分鐘內完成）。在測驗題答題技巧，如遇複雜或較難之測驗題，可採取「刪除法」；若於剩餘 2 個選項選擇時，記得再詳讀題目二次，從題目找線索，以選出最符合題意的答案。在申論題答題技巧，應注意（1）掌握該題之主要問題與次要問題，並拆解題目重點；（2）申論題宜採「倒金字塔式」答法（核心理論、本題爭點、結論）；（3）留下 2 分鐘檢查有無錯別字，特別是專業用語不可有錯別字，如「人民『權利』vs. 政府『權力』」或「『聲請』司法院 vs.『申請』行政院」等。

　　一本書的順利出版是許多人協助與配合的結果，這本《圖解地方政府與自治》的出版也要感謝許多人，許許多多與我有過交會的師長、同儕、學生等。

　　這本書也是這幾年教學與研究心得的初步成果，並將這個成果獻給我的父親（王振義先生）、母親（張月琴女士），並希望他們兩老身體健康、長命百歲。同時也要感謝我的妻子晴涵的支持與付出；並藉此告訴我的寶貝女兒垣媛及妏妹，我對她們有著無盡的愛。

王保鍵

2022 年 11 月

本書目錄

本書目錄

第 **2** 章 居民

第3章 自治區域

第5章 比較地方制度

本書目錄

本書目錄

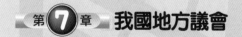 **第7章 我國地方議會**

第**8**章　**我國地方政府與府會關係**

第9章 自治財政

本書目錄

第 10 章　自治監督

本書目錄

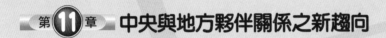

第11章 中央與地方夥伴關係之新趨向

第 **1** 章

基礎核心理論

●●●●●●●●●●●●●●●●●●●●●●●●●● 章節體系架構 ▼

UNIT **1-1** 為何要有地方自治

（一）賦予地方自治權之理由

❶權力分立與人權保障

依立憲主義統治的政府（constitutionalism），強調以權力分立（separation of power）之制衡機制來確保人民之權利不會受國家或政府之非法侵害。在「水平面」之權力分立乃有行政、立法、司法之三權分立；在「垂直面」之權力分立乃有中央與地方之權力分立，地方自治從而產生。地方自治基本上係國家權力的分配模式之一，地方自治團體經由憲法或法律之賦予，獲致自主使用國家部分資源及其處分權利。

在我國則將行政權與立法權分權予地方，司法權則是中央所獨占的。許多人常會誤以為各地方法院或地方檢察署（如臺北地方法院或臺北地檢署）是屬各地方政府管轄的，但實際上是分屬中央的司法院及法務部所管轄的。

簡言之，透過地方自治來分立政府之權力，可使得政府權力更無法專擅，而能真正地落實民主政治保障人民天賦的自然權利（natural rights）。

❷分享統治權與因地制宜

廣土眾民的國家，中央政府無法事必躬親，且各地方有不同的特色，須以不同的方式加以處理，勢必要分享統治權力予地方，以收因地制宜之效。縱使在過去君主專制時期，已有將統治權分享或下放予地方政府之情況，如秦、漢時期的「郡、縣」。而賦予地方政府自治權，將有助於地方更有效能地處理地方事務。

又我國憲法第 109 條及第 110 條分別列舉省、縣之權限，即是「分享統治權」理念之體現。第 111 條規定，於憲法列舉中央與地方事項外，「如有未列舉事項發生時，其事務有全國一致之性質者屬於中央，有全省一致之性質者屬於省，有一縣之性質者屬於縣」，則是「因地制宜」理念之落實。

❸地方的特殊性

某些地區因為語言、文化、宗教、族群、風俗習慣等因素存有其特殊性，為保障其特殊性，並扶助其發展，乃賦予其自治地位。

例如，加拿大的魁北克、比利時的語言自治體、我國憲法第 119 條「蒙古各盟旗地方自治制度，以法律定之」、我國憲法第 120 條「西藏自治制度，應予以保障」等。

（二）司法見解

司法院第 498 號解釋理由書：「地方自治為憲法所保障之制度，憲法於第十章詳列中央與地方之權限，除已列舉事項外，憲法第一百十一條明定如有未列舉事項發生時，其事務有全國一致之性質者屬於中央，有一縣性質者則屬於縣，旨在使地方自治團體對於自治區域內之事務，具有得依其意思及責任實施自治之權。地方自治團體在特定事務之執行上，即可與中央分權，並與中央在一定事務之執行上成為相互合作之實體。從而，地方自治團體為與中央政府共享權力行使之主體，於中央與地方共同協力關係下，垂直分權，以收因地制宜之效。」

中國各朝代地方制度

夏	有禹貢九州、爾雅九州、周禮九州等不同說法	
商	封建制度	侯、伯、男、甸
周	封建制度	國、都、邑、野、鄙
秦	郡、縣二級制	郡設郡守（掌民政）、郡尉（掌軍事）和監禦史（掌監察）
		郡下設縣，縣設縣令、縣丞、縣尉
		縣之內再分為若干鄉，鄉之下有亭、里
漢	漢初封建與郡縣制並行（郡國制）	一方面沿襲秦朝的郡縣制，一方面也恢復封建制度
	州、郡、縣三級制	漢武帝時，合數郡為一州，全國共十三州，改採州郡縣三級制，州設刺史
隋	州、縣二級制	隋代將州郡兩級合併，改行州縣二級制
唐	道、州（郡）、縣三級制	唐代於州之上設道
		唐太宗分天下為十道（貞觀十道：關內、河南、河東、河北、山南、隴右、淮南、江南、劍南、嶺南）
		安史之亂後，於軍政重地設節度使
宋	路、州、縣三級制	路設轉運司、提點刑獄司、提舉常平司、安撫司4種
		州級有：府、州、軍、監四類，州設知州、通判
		縣設知縣或縣令
元	省、路、州、縣四級制	在路之上，設置「行中書省」
		開啟中國「行省」制度
明	省、府、縣三級制	省設承宣布政使司（掌民政）、提刑按察使司（掌監察）和都指揮使司（掌軍事）
		府設知府、縣設知縣
		明中葉後，布政使司、按察使司二司之上又設總督、巡撫，總督與巡撫
清	省、府、縣三級制	省設總督與總督，巡撫為一省之長，總督轄一省或數省
		各省督撫下設「道」，以掌管一省特殊事務，如糧道、河道
		省下設府（直隸州）
		府（直隸州）之下為縣

UNIT 1-2 地方自治之意涵

（一）地方自治之核心意涵

❶住民自治——政治意義的自治

所謂「住民自治」（由下而上之民主），係地方上之居民依其個人自主意思透過民主程序之選舉、罷免、創制、複決機制來形成該區域內居民最大公約數之多數意志，以決定該自治區域內公共事務之取向。這種住民自治係從個人自治或個人主義出發，具政治意義的地方自治，投射於政治層面上為民主主義，主要係以海洋法系之英國、美國為代表的地方自治特徵。

❷團體自治——法律意義的自治

所謂「團體自治」（對上分權），係個人自治的延伸，由主體的個人集合成團體，在該團體內，以自由意思決定政策，並相互遵守、執行決定。凡屬該團體之公共事務，由該團體規劃、決定政策並執行。這種地方自治團體自治係從自由主義出發，具法律意涵的地方自治，投射於政治層面上為分權主義，主要係以大陸法系之法國、德國為代表的地方自治特徵。申言之，團體自治是由自治立法權、自治組織權及自治財政權所構成。

（二）司法見解

❶司法院第 467 號解釋，大法官孫森焱協同意見書：「所謂地方自治團體係指於國家內之一定區域，為實施地方自治，由地方人民組成，具有公法上權利能力，得獨立行使權利及負擔義務者。」

❷司法院第 498 號解釋：「地方自治為憲法所保障之制度。基於住民自治之理念與垂直分權之功能，地方自治團體設有地方行政機關及立法機關，其首長與民意代表均由自治區域內之人民依法選舉產生，分別綜理地方自治團體之地方事務，或行使地方立法機關之職權，地方行政機關與地方立法機關間依法並有權責制衡之關係。」同號解釋理由書：「憲法繼於第十一章第二節設『縣』地方制度之專節規定，分別於憲法第一百十八條、第一百二十一條、第一百二十八條規定直轄市、縣與市實行自治，以實現住民自治之理念，使地方人民對於地方事務及公共政策有直接參與或形成之權。憲法增修條文第九條亦係本諸上述意旨而設，地方制度法並據此而制定公布。基於住民自治之理念以及中央與地方垂直分權之功能，地方自治團體有行政與立法機關之自治組織設置，其首長與民意代表均由自治區域內之人民依法選舉、罷免之，此分別有憲法第一百二十三條、第一百二十四條、第一百二十六條，地方制度法第三十三條、第五十五條，公職人員選舉罷免法第一條、第二條、第六十九條等規定可據。地方自治團體不僅依法辦理自治事項，並執行上級政府委辦事項。地方自治區域內之人民對於地方自治事項，有依法行使創制、複決之權（憲法第一百二十三條、地方制度法第十四條、第十六條第二款、第三章第二節參照）。」

地方自治核心概念與地方自治發展

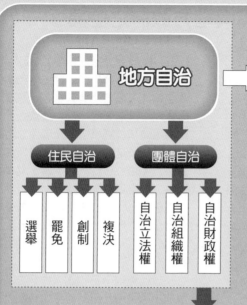

地方自治

聯想法令

❶地方制度法
❷公職人員選舉罷免法
❸公民投票法
❹地方立法機關組織準則
❺地方行政機關組織準則
❻財政收支劃分法
❼地方稅法通則
❽規費法
❾財政紀律法
❿公共造產獎助及管理辦法

住民自治　　團體自治

選舉｜罷免｜創制｜複決　　自治立法權｜自治組織權｜自治財政權

地方制度法之架構

第一章　總則　§1
第二章　省政府與省諮議會　§8
第三章　地方自治　§14
　　第一節　地方自治團體及其居民之權利與義務　§14
　　第二節　自治事項　§18
　　第三節　自治法規　§25
　　第四節　自治組織　§33
　　　　第一款　地方立法機關　§33
　　　　第二款　地方行政機關　§55
　　第五節　自治財政　§63
第四章　中央與地方及地方間之關係　§75
第四章之一　直轄市山地原住民區　§83-2
第五章　附則　§84

未來重點法令

修正《財政收支劃分法》

制定《行政區劃法》

制定《原住民族自治法》

未來重點政策

國土合理規劃

區域均衡發展

發展地方產業

UNIT **1-3**
地方自治團體與地方政府之差異

（一）差異性

地方自治團體（具有公法人地位）與地方政府（中央政府之派出機關，不具公法人地位），二者最大之差別所在，乃在於地方自治具有「住民自治」與「團體自治」二要素。

地方自治的核心價值在於，透過住民自治與團體自治來凝聚住民共同情感與意識，讓地方上居民能關心並參與地方上事務，對重大事項能產生最大公約數之意志；一方面能落實地方自治之精神，一方面可說是古典希臘式城邦民主的再實現。而這正是目前臺灣主流思想，所謂「本土化」概念之體現；也是全球化下新地方主義（New Localism）之論述。故學理上之地方自治團體（local autonomy 或 local self-government）乃國家將其領土劃分給各個地方自治團體，例如臺北市、臺中市、金門縣等。各地方自治團體在其特定區域內之居民，依據憲法或法律或命令，在國家自治監督之下，以地方上的人員及地方上的財源，自行處理各該自治區域內公共政策的一種政治分權機制。

地方政府（local government）係指在國家特定區域內，依憲法或中央法令之規定，自行處理局部事務，而無主權之地方統治機關，像是中央健康保險局南區分局、新北市樹林區公所，此類不論中央（國家）或地方自治團體派出之地方政府（派出機關）都不具有「住民自治」與「團體自治」特徵。故依《地方制度法》第 2 條第 1 款之規定，地方自治團體，指依地方制度法實施地方自治，具公法人地位之團體。省政府為行政院派出機關，省為非地方自治團體。

（二）地方自治團體具公法人地位

凡一地域團體享有就自治事項制定規章並執行之權限及具有自主組織權者，即為地方自治團體性質之公法人。地方自治團體基於團體自治而產生之特殊公法人地位，是有別於一般法律所創設之公法人（依公法設立之團體，其構成員資格之取得具有強制性，而有行使公權力之權能，且得為權利義務主體者，亦有公法人之地位）。另行政訴訟法第 13 條對公法人及私法人之訴訟管轄有所差異。

基於此種地方自治團體性質之公法人地位，國家或任何其他權力機關均不得恣意侵害其自治權或干涉其自治事項。即地方自治團體之地位是受「憲法」（Constitution）保障的。

惟此種保障在直轄市與縣市係有別的：憲法本文第十一章地方制度，共兩節；第一節為省，第二節為縣（第 121 條至第 128 條）。增修條文第 9 條規範保障的也是縣之自治，故對於縣之自治保障係採「憲法保留」之方式。而對於直轄市之自治則採「法律保留」方式（憲法第 118 條，直轄市之自治，以法律定之）。

（三）司法見解

司法院第 467 號解釋：「中央與地方權限劃分係基於憲法或憲法特別授權之法律加以規範，凡憲法上之各級地域團體符合下列條件者：一、享有就自治事項制定規章並執行之權限，二、具有自主組織權，方得為地方自治團體性質之公法人。」

憲法對於縣與直轄市之自治事項的內容比較

		保障內容比較
縣	憲法保留	（憲法直接明文規範之） 憲　法　第十一章地方制度 第二節縣 第121條　縣實行縣自治。 第122條　縣得召集縣民代表大會，依據省縣自治通則，制定縣自治法，但不得與憲法及省自治法牴觸。 第123條　縣民關於縣自治事項，依法律行使創制、複決之權，對於縣長及其他縣自治人員，依法律行使選舉、罷免之權。 第124條　縣設縣議會。縣議會議員由縣民選舉之。屬於縣之立法權，由縣議會行之。 第125條　縣單行規章，與國家法律或省法規牴觸者無效。 第126條　縣設縣政府，置縣長一人。縣長由縣民選舉之。 第127條　縣長辦理縣自治，並執行中央及省委辦事項。 第128條　市準用縣之規定。
直轄市	法律保留	（憲法明定另訂法律規範之） 憲　法　第118條　直轄市之自治，以法律定之。

法律上權利主體（人）

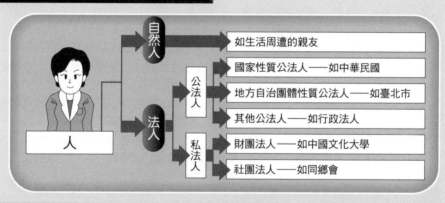

農田水利會由「其他公法人」轉型為「行政機關」

舊法	依《農田水利會組織通則》第 1 條第 2 項規定，農田水利會為公法人
新法	2020 年 7 月 22 日公布《農田水利法》，農田水利會改制為農田水利署所轄管理處，農田水利會改制為公務機關
	2020 年 8 月 12 日發布《行政院農業委員會農田水利署暫行組織規程》，農田水利署於 2020 年 10 月 1 日成立，下轄 17 個管理處
人員進用非由考選部辦理，人員亦未經銓敘部銓審	依《農田水利法》第 19 條第 2 項規定，灌溉管理組織內新進農田水利事業人員之甄試，由主管機關（行政院農業委員會）辦理。
	依《農田水利法》第 19 條第 3 項規定，農田水利事業人員，其甄試、進用、薪給、就職離職、考績獎懲、退休、資遣、撫卹、保險與其他權益保障及人事管理事項之辦法，由主管機關定之。
司法判決	憲法法庭 111 年憲判字第 14 號判決《農田水利法》合憲

UNIT **1-4**
我國地方自治發展沿革

我國地方自治法制發展史分三階段：①戒嚴時期之《臺灣省各縣市實施地方自治綱要》、《臺北市各級組織及實施地方自治綱要》、《高雄市各級組織及實施地方自治綱要》；②民主轉型時期之《省縣自治法》、《直轄市自治法》；③民主鞏固時期之《地方制度法》。

❶戒嚴時期之地方自治

國民政府接收臺灣後，行政院於 1950 年訂定《臺灣省各縣市實施地方自治綱要》為臺灣省以下各縣（市）實施地方自治之準則。1967 年及 1979 年臺北市、高雄市先後升格改制為直轄市，行政院分別頒布《臺北市各級組織及實施地方自治綱要》與《高雄市各級組織及實施地方自治綱要》，以作為該二直轄市實施地方自治之依據。惟此時期之自治僅限於縣（市）層級，且自治權不高，至省主席及直轄市長仍由行政院官派。

另福建金門縣、連江縣因恪於情勢，未能與臺灣省同步實施地方自治，直至 1992 年 11 月終止戰地政務後，方參照臺灣省各縣市實施地方自治之模式，由福建省先行訂定《福建省金門縣連江縣實施地方自治綱要》，推動縣以下之地方自治。

❷民主轉型時期之地方自治

伴隨臺灣經濟奇蹟之締造，中產階級與各種社會組織、利益團體出現，獨立於政權控制之外的市民社會（civic society）乃逐漸形成，為臺灣的民主轉型厚植養分，並開啟了 1980 年代之社會運動黃金年代。1987 年 7 月 15 日解除戒嚴，開啟了臺灣的民主轉型，隨後於 1991 年 5 月 1 日終止動員戡亂，廢止《動員戡亂時期臨時條款》，並由 1991 年「一機關兩階段」的修憲，開始憲政改革。

而在地方自治上，也開放了省市長民選，1994 年立法院依據當時憲法增修條文第 17 條及憲法第 118 條分別制定《省縣自治法》及《直轄市自治法》。

❸民主鞏固時期之地方自治

因為政府政策的改變，再度進行修憲，精簡了省的自治地位，於 1999 年制定了《地方制度法》，臺灣也在 2000 年發生政黨輪替，符合杭廷頓的民主鞏固「雙翻轉檢驗」（two turn over test）。而此時期的《地方制度法》可再分為下列三個階段：

①「縣市自治權」之擴大：在《省縣自治法》時期，縣市長之人事權如同現在的鄉鎮市長，既無副縣市長，亦無可政務任用之一級機關首長。1999 年《地方制度法》通過，先是賦予縣長可以政務任用副縣市長及可機要進用一級機關首長 3 至 5 人；後於 2005 年修正《地方制度法》，讓縣市長得以機要進用總數二分之一的一級機關首長。

②「國土再造」機制之啟動：為促使全國國土合理規劃及區域均衡發展，2009 年修正《地方制度法》，賦予縣市單獨或合併改制為直轄市之法源，並於同年新設置「新北市」、「臺中市」、「臺南市」、「高雄市」，加上既有的「臺北市」，及 2014 年改制的「桃園市」合稱「六都」。

③「地方治理」理念之實踐：隨著「地方治理」、「跨域治理」、「多層次治理」之思維發展，2010 年修正《地方制度法》，賦予地方自治團體間可藉由成立區域合作組織、訂定協議、行政契約或以其他方式合作（包含非營利組織），來處理跨區域自治事務，並促進區域資源之利用或增進區域居民之福祉。另於 2014 年修正《地方制度法》，增訂第四章之一，設置「直轄市山地原住民區」。

我國地方自治法制沿革

臺北市各級組織及實施地方自治綱要

臺灣省各縣市實施地方自治綱要

高雄市各級組織及實施地方自治綱要

→ 省縣自治法 直轄市自治法 → 地方制度法

各種市設置要件之比較

市（與縣同級的市）	省縣自治法	客觀要件	人口在60萬人以上
		主觀要件	人口聚居地區，在政治、經濟及文化上地位重要
	地方制度法	客觀要件	人口聚居達50萬人以上未滿125萬人
		主觀要件	在政治、經濟及文化上地位重要之地區
直轄市	直轄市自治法	客觀要件	人口聚居達150萬以上
		主觀要件	在政治、經濟、文化及都會區域發展上，有特殊需要者
	地方制度法	客觀要件	人口聚居達125萬人以上
		主觀要件	在政治、經濟、文化及都會區域發展上，有特殊需要之地區
縣轄市	省縣自治法	客觀要件	人口在 15 萬人以上
		主觀要件	人口聚居地區，工商業發達、自治財源充裕、交通便利及公共設施完備
	地方制度法	客觀要件	人口聚居達 10 萬人以上未滿 50 萬人
		主觀要件	工商發達、自治財源充裕、交通便利及公共設施完全之地區

自治權理論基礎

建構 地方自治權 之理論

固有權說 → 歷史發展：封建主義 / 哲學思辯：自然法

承認說 → 國家特許承認：因地制宜之必要 / 國家普遍承認：自治權之普及

制度保障說 → 憲法保障 / 法律保障

人民主權說 → 人權保障 / 多元政體

文化多樣性說 → 尊重多元文化：差異政治與制度肯認 / 少數群體之自治

UNIT 1-5
地方自治團體三要素

地方自治團體有三要素：居民、自治區域、自治權。分述如下：

（一）居民

所謂居民，可分廣義與狹義：

❶廣義係指居住在自治區域內之人民，包含本國人及外國人，是否設籍在所不問。

❷狹義則限指戶籍設於該自治區域之中華民國國民。目前我國係採取狹義性之定義，依《地方制度法》第15條規定：「中華民國國民，設籍在直轄市、縣（市）、鄉（鎮、市）地方自治區域內者，為直轄市民、縣（市）民、鄉（鎮、市）民。」

（二）自治區域

係指國家將其所轄之領土，以行政命令或法律之方式，劃分予各地方自治團體，作為各地方自治團體自治權之範圍，並藉此確定屬於自治團體之居民。目前我國地方自治團體，自治區域劃分之依據為1962年3月3日內政部公布的《省（市）界、縣（市）界勘界辦法》，在《地方制度法》通過後，則應依該法第7條第1項規定，省、直轄市、縣（市）、鄉（鎮、市）及區之新設、廢止或調整，依法律規定行之。又行政區劃係為便於施政而劃定之治理範圍，其劃定目的在確認各地方政府權力行使、責任歸屬、管轄居民及財政取得之範圍。

（三）自治權

所謂自治權，地方自治團體在其自治區域內所具有自行決定該地方事務之權限。視國家態樣為「單一國」或「聯邦國」而異其自治權大小，單一國偏向「中央集權」；聯邦國偏向「地方分權」，我國應歸類為單一國。目前我國的地方自治團體之自治權，主要為自治立法權、自治組織權、自治人事權、自治財政權等。

🔵 小博士解說

❶按《地方制度法》第15條於草案研擬之際，就是否以設籍為居民之條件詳予討論，與會各機關代表經以人口計算準據與權利義務之對等考量，認為地方自治團體居民之要件須依戶籍法完成戶籍登記之遷入登記即「設籍」程序方屬之。《地方制度法》第4條第1項所定人口聚居達125萬人以上，當指人口聚居之地區，其集居之居民達125萬人以上之謂，而居民之計算，依上揭意旨係指設籍而言。

❷司法院第481號解釋：「中華民國八十一年五月二十八日修正公布之中華民國憲法增修條文第十七條，授權以法律訂定省縣地方制度，同條第一款、第三款規定，省設省議會及省政府，省置省長一人，省議員與省長分別由省民選舉之，係指事實上能實施自治之省，應受上述法律規範，不受憲法相關條文之限制。省縣自治法遂經憲法授權而制定，該法第六十四條規定，轄區不完整之省，其議會與政府之組織，由行政院另定之。行政院據此所訂定之福建省政府組織規程，未規定由人民選舉省長及省議會議員，乃斟酌福建省之特殊情況所為之規定，為事實上所必需，符合母法授權之意旨，與憲法第七條人民在法律上平等之原則亦無違背。」

地方自治三要素

地方自治公法人三要素

居民
❶廣義：設籍中南部縣市居民亦可享受臺北市之公共設施
❷狹義：只限設籍臺北市居民可申請臺北市社會福利津貼

自治區域
❶行政命令：省(市)界、縣(市)界勘界辦法
❷法律：行政區劃法草案

自治權
❶單一國：自治權較小（中央集權）
❷聯邦國：自治權較大（地方分權）

以行政命令賦予自治權（司法院第259號解釋）

以行政命令賦予自治權

爭點
❶直轄市之自治，以法律定之，為憲法第118條所明定
❷惟上開法律迄未制定，現行直轄市各級組織及實施地方自治事項，均係依據中央頒行之法規行之

正途
為貫徹憲法實施地方自治之意旨，自應斟酌當前實際狀況，制定直轄市自治之法律

過渡時期
在此項法律未制定前，現行由中央頒行之法規，應繼續有效

地方自治團體與地方層級

地方自治團體			地方層級		
層級	名稱	舉例	層級	名稱	舉例
第一層級的地方自治團體	直轄市	臺北市、高雄市	第一層地方層級	省	臺灣省、福建省
	縣	臺北縣、桃園縣（準直轄市）		直轄市	臺北市、高雄市
		苗栗縣		縣	苗栗縣
	市（與縣同級）	基隆市、新竹市	第二層地方層級	市（與縣同級）	基隆市
第二層級的地方自治團體	鄉	苗栗縣大湖鄉	第三層地方層級	鄉	苗栗縣大湖鄉
	鎮	苗栗縣頭份鎮		鎮	苗栗縣頭份鎮
	市	苗栗縣苗栗市		市	苗栗縣苗栗市
	直轄市山地原住民區	桃園市復興區		區	新北市樹林區

UNIT 1-6
地方治理與跨域治理

❶地方治理

地方公共問題之解決，可循「以政府本身力量之管理」、「納入民間參與之治理」、「上級政府協力解決」、「同級政府協力解決」等四種途徑。其中治理的概念，是主張市場導向、反對過去高權行政下的政府統治的層級節制結構。特別是在新地方主義之潮流下，公部門、私部門（社群團體）或第三部門（非營利組織），都是政策網絡中的參與者。在此系絡中，沒有一個參與者具有主導權或絕對權威，彼此皆以對等之夥伴互動、對話與協商，是一種「共同參加型政府」。地方公共問題無法僅憑地方政府處理，需要結合公部門、私部門、非營利組織、學界、公民等力量共同合作，此種重視社群參與與公私合夥之概念者，即地方治理（local governance）。

❷跨域與跨域問題

有關跨域（across boundary），係指兩個或兩個以上的地方自治團體或地方政府，因行政區劃而產生管轄權所有其範圍性，在彼此的業務、管轄權範圍交界重疊的地方因權責模糊不明，而產生管轄權之爭議（積極爭議或消極爭議），致無法有效處理跨區域問題。

跨域問題通常發生在都會共同生活圈。如因都市化帶來大量就學、就業之人口，產生居住與住宅需求，致房價高漲，讓負擔不起高房價者居住於衛星市鎮，引發通勤之交通需求。像大臺北生活圈，是一個以「核心城市」（臺北市）為中心，向外包含新北市、基隆市、桃園市部分鄉鎮市等「衛星城市」之大型共同生活圈；這個共同生活圈有著許多跨區域、跨領域及跨部門之「跨域問題」，諸如交通建設（捷運）、環保（垃圾清運）、河川整治（淡水河）。

❸跨域問題與跨域管理

隨著都市化與都市成長，共同生活圈內的各地方自治團體面對超越了原有的區域疆界「跨域問題」，使既存的地方行政運作機制改變，並促致地方自治團體之間，必須打破舊有本位主義、地域性之自我拘束，必須跨越行政區劃上疆界隔閡，以共同合作之方式來解決跨域問題，此即「跨域管理」或「跨域合作」。

為管理、處理跨域問題，《地方制度法》第 21 條規定有「自治事項涉及跨域事務之處理方式」；第 24 條規定有「地方自治團體間合辦之事業的設置方式」。

本書認為，跨域問題之解決，除了「跨域管理」外，其他尚有「跨域治理」及「整併地方自治團體」、「設置特殊目的政府」。其中，整併數個地方自治團體為一個地方自治團體（如縣市與縣市，或縣市與直轄市合併改制為直轄市）或仿照美國之特區政府或「特殊目的政府」（special-purpose district/special-purpose government），皆具有事權集中之效果。

❹從跨域管理到跨域治理

如同地方治理的思維，跨域問題之處理，不能僅靠資源有限的政府來管理，必須要結合資源無限的民間力量，透過地方治理之方式來處理跨域問題，此即「跨域治理」。

更具體來說，就是透過地方治理，以共同協力、相關社群之參與、公私部門共同合作或地方自治團體間之協定等各種方式，來有效處理跨域性問題。如《地方制度法》第 24 條之 1 的修法說明，「其他合作方式」包括與非營利組織合作，顯已融入「跨域治理」思維。

地方公共問題解決途徑

地方政府之管理
（由上而下解決問題）

地方政府之治理
（由下而上解決問題）

待解決之
地方公共問題

上下級政府協力解決
（垂直府際關係）

同級政府協力解決
（水平府際關係）

跨域問題處理途徑

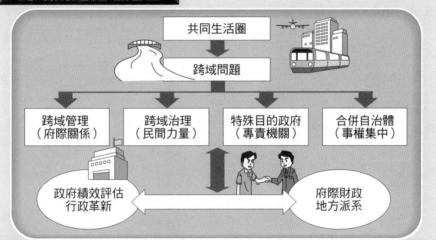

共同生活圈

跨域問題

| 跨域管理
（府際關係） | 跨域治理
（民間力量） | 特殊目的政府
（專責機關） | 合併自治體
（事權集中） |

政府績效評估
行政革新

府際財政
地方派系

處理域跨事務模式

	態樣	案例
模式一	既存政府機關間的合作	如英國的城市協議，或我國的臺北市與基隆市間「區域間都市垃圾處理緊急互助協議書」之功能性合作、「桃竹竹苗區域治理平臺」之區域合作組織
模式二	創設新的跨域機關	如英國的跨域政府（combined authority）
模式三	兩個或多個地方政府合併為單一政府	如我國臺中縣與臺中市合併改制為臺中市

	模式一	模式二	模式三	
低	跨域合作	跨域政府	政府合併	高
		整合程度		

UNIT 1-7
處理跨域問題之法制規範

地方自治事項,除法律明定應行辦理者外,自宜由地方自治團體參酌其能力、財力等因素,在法令規範內本權責辦理。惟地方自治事項部分與人民生命財產關係密切,且涉及地區整體規劃之必要性,如河川整治、道路、捷運之興築等事項,倘鄰接之自治團體各自為政無法統合,將造成人民生命威脅、不便與資源浪費,《地方制度法》遂就相關跨域問題加以處理。

❶自治事項涉及跨域事務

地方自治事項涉及跨自治區域時,由各該地方自治團體協商辦理;必要時,由共同上級業務主管機關協調各相關地方自治團體共同辦理或指定其中一地方自治團體限期辦理。

❷地方自治團體間合辦之事業

地方自治團體與其他地方自治團體合辦之事業,經有關地方議會通過後,得設組織經營之。前項合辦事業涉及地方議會職權事項者,得由有關直轄市議會、縣(市)議會、鄉(鎮、市)民代表會約定之議會或代表會決定之。

又此項合辦事業原於《直轄市自治法》第13條及《省縣自治法》第16條就已有類似規定。又「合辦事業」,尚不限於以從事私經濟活動之目的而設立之事業機構組織。

❸跨區域自治事務之合作

①地方自治團體為處理跨區域自治事務、促進區域資源之利用或增進區域居民之福祉,得與其他地方自治團體成立區域合作組織、訂定協議、行政契約或以其他方式合作,並報共同上級業務主管機關備查;②前項情形涉及地方議會職權者,應經各該直轄市議會、縣(市)議會、鄉(鎮、市)民代表會同意;③

第1項情形涉及管轄權限之移轉或調整者,如二縣市共同設立大型公共設施,對該公共設施協議由其中一縣市加以管理,為使跨域合作之管轄權符合《行政程序法》第11條第5項管轄權非依法規不得設定或變更之規定,爰明定直轄市、縣(市)、鄉(鎮、市)應依約定制(訂)定、修正各該自治法規有關管轄權之規定。

❹上級補助或協助

為鼓勵地方自治團體建立跨域合作之機制,特別規定共同上級業務主管機關對於直轄市、縣(市)、鄉(鎮、市)所提跨區域之建設計畫或跨區域合作事項,應優先給予補助或其他必要之協助。

❺跨域合作之行政契約訂定

為利地方自治團體建立跨域合作之機制,爰規定直轄市、縣(市)、鄉(鎮、市)與其他直轄市、縣(市)、鄉(鎮、市)依前條第1項規定訂定行政契約時,應視事務之性質,載明下列事項:①訂定行政契約之團體或機關;②合作之事項及方法;③費用之分攤原則;④合作之期間;⑤契約之生效要件及時點;⑥違約之處理方式;⑦其他涉及相互間權利義務之事項。

❻跨域合作內容爭議之處理

為利地方自治團體建立跨域合作之機制,爰規定直轄市、縣(市)、鄉(鎮、市)應依約定履行其義務;遇有爭議時,得報請共同上級業務主管機關協調或依司法程序處理。所稱之「約定」實應包含協議、行政契約或其他合作之約定。

合辦事業案例：臺北捷運公司

合辦事業	股東	股權
臺北捷運公司股份結構（metro）	臺北市政府	73.5%
	唐榮公司及臺北富邦、兆豐、合作金庫	0.36%
	交通部	17.14%
	新北市政府	8.75%

《地方制度法》第24條之1的跨域合作機制

自治事務為處理跨區域	區域合作組織	會議
		會報
		聯盟
	訂定協議	
	行政契約	應視事務之性質載明相關事項
		如《臺北市與基隆市簽訂垃圾清運協議書》
	其他方式合作	得與非營利組織合作

跨域合作涉及變項

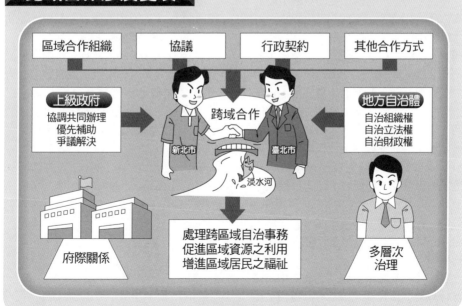

015

UNIT 1-8
國土空間發展策略規劃：提升國家競爭力

圖解地方政府與自治

依行政院 2010 年 2 月核定之「國土空間發展策略計畫」指出，空間規劃（Spatial Planning）是藉由一系列「以國土為基礎」的策略，整合、協調不同部門中有關空間發展的區位與資源分配，解決部門政策間的競合與衝突，促成環境、經濟與社會的融合發展，達成國土空間秩序之有效安排，並降低區域發展差距，提升國家整體競爭力。而策略規劃則是以問題為導向提出解決方法或構想。

我國現行政府治理方式大致可分為二個機制：一是依行政轄區範圍分由地方自治團體管理，如直轄市、縣（市）及鄉（鎮市）自治區域；一是依業務性質劃定特定空間範圍，由特定機關管理，如國家公園由國家公園管理處管理。另從區域均衡、永續發展、國家競爭力角度以觀，未來國土治理之趨勢為「跨域合作發展模式」及「流域生態治理區模式」。

在此思維下，「國土空間發展策略計畫」係以「國際階層」、「全國階層」、「區域階層」、「地方階層」四階層建構國土空間結構。「國際階層」指世界網絡／關鍵節點；「全國階層」為以中央山脈保育軸、西部創新發展軸、東部優質生活產業軸、海洋環帶、離島生態觀光區之「三軸、海環、離島」；「區域階層」為北部城市區域、中部城市區域、南部城市區域、東部區域之「三大城市區域及東部區域」；「地方階層」為北北基宜、桃竹苗、中彰投、雲嘉南、高屏、花東、澎金馬及跨域平台之縣市合作區域的「七個區域生活圈及縣市合作區域」。

其中「三大城市區域」之北部城市區域係以臺北市及新北市為核心城市，範圍由宜蘭至北苗栗（銅鑼以北）區域，定位為國家首要門戶、經貿核心、創研與文化國際都會及高科技產業帶。中部城市區域係以臺中市為核心城市，範圍由南苗栗（銅鑼以南）至雲林區域，定位為優質文化生活中樞及新興科技走廊國際都會。南部城市區域係以臺南市及高雄市為核心城市，範圍由嘉義至屏東區域，定位為國際港都及文化與海洋雙核國際都會。

除了以三大城市區域進行跨區合作發展外，將國土空間劃分為北北基宜、桃竹苗、中彰投、雲嘉南、高屏、花東及離島七個區域成為生活圈，希望在每個區域生活圈內，均有相當人口與腹地支撐其區域之發展與消費市場，所投入之公共建設亦較具經濟效益，每個區域可根據區域內產業特色與地理環境各自定位，創造各區域之特殊競爭優勢，對於花東及離島區域，則必須再輔以其他特別措施、計畫或法案，來強化其發展，如此才能逐步達到區域均衡發展，並朝向各個區域發展成獨立經濟體之目標。

又為確保國土安全及國家永續發展，促進國土資源合理配置，以有效保育自然環境、滿足經濟及社會文化發展之需要，提升生活環境品質，行政院於 2009 年 10 月通過《國土計畫法草案》。

國土規劃發展歷程

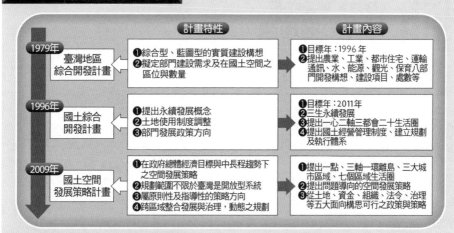

	計畫特性	計畫內容
1979年 臺灣地區綜合開發計畫	❶綜合型、藍圖型的實質建設構想 ❷擬定部門建設需求及在國土空間之區位與數量	❶目標年：1996年 ❷提出農業、工業、都市住宅、運輸通訊、水、能源、觀光、保育八部門開發構想、建設項目、處數等
1996年 國土綜合開發計畫	❶提出永續發展概念 ❷土地使用制度調整 ❸部門發展政策方向	❶目標年：2011年 ❷三生永續發展 ❸提出一心二軸三都會二十生活圈 ❹提出國土經營管理制度、建立規劃及執行體系
2009年 國土空間發展策略計畫	❶在政府總體經濟目標與中長程趨勢下之空間發展策略 ❷規劃範圍不限於臺灣是開放型系統 ❸屬原則性及指導性的策略方向 ❹跨區域整合發展與治理，動態之規劃	❶提出一點、三軸一環離島、三大城市區域、七個區域生活圈 ❷提出問題導向的空間發展策略 ❸從土地、資金、組織、法令、治理等五大面向構思可行之政策與策略

國土空間策略規劃

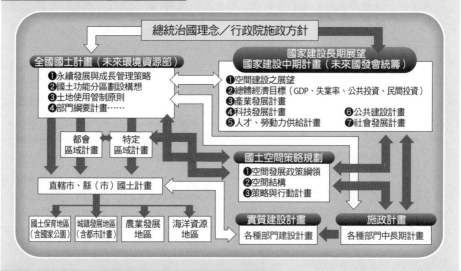

全球在地化（Glocalization）

全球思考，在地行動			
地方政府應扮演倡導、溝通與資源供給者的角色			
先決條件	❶傳統外交的改革 ❷地方治理 ❸公民社會與民主 ❹私部門資源	❺創新的部門 ❻和平與發展 ❼以文化為核心的議題 ❽資源管理	❾公共基金 ❿財政機制 ⓫能力建立
優先部門	❶城市外交 ❷文化 ❸運動 ❹資訊與通訊科技	❺地方社經發展 ❻觀光 ❼賦權青年	

UNIT 1-9
地方分權理論

（一）理論基礎

地方自治權之基礎理論，包括固有權說、承認說、制度保障說，以及人民主權說或住民自治論。而就中央與地方互動的府際關係運作，學理上可分為「中央集權體系」、「地方分權體系」、「整合論體系」等三大類型：❶中央集權體系採極大化中央政府之權力，地方政府係中央基於統治便利性所設置之分支機構或派出機關；❷地方分權體系則採分散化中央政府之權力，地方政府分享國家統治權，中央政府對地方事務僅立於監督之立場；❸整合論體系則在整合中央集權體系與地方分權體系，又可稱「均權制度」（我國憲法第 111 條）。

趙永茂指出，地方分權體系的主要理論有聯邦主義（federalism）、地方分權論（decentralization）、獨立論與分離主義（independence and separation）、區域自治論（regional autonomy）、地方民主論（local democracy）、多元主義（pluralism）、憲政主義（constitutionalism）等；整合論體系之主要理論基礎為均權論、穩定均衡理論（stable equilibrium）、調和論（co-ordination approach）等。

地方分權的概念，薄慶玖認為可細分為分割性地方分權（decentralization）與分工性地方分權（deconcentration）兩個次類型。Stevens 則指出分權之概念可細分為「去中央化」（deconcentration）、「授權」（delegation）、「權力移轉」（devolution）三種概念。

傳統的地方分權理論，植基於民主政治的民意正當性、權力分立（垂直面）、憲政主義等理念，建構地方分權之正當性，俾利「地方上人自主處理地方上事務」，重視「住民自治」與「團體自治」等元素。

然而，因民主發展進程及社會經濟環境的改變，衝擊了住民自治及人民主權說，並導入地方治理（local governance）等概念，趙永茂認為傳統地方自治所重視的單一獨立自治領域、自治機關的自治權的運作，已轉化成兼具跨域治理、府際管理及強調跨區域內，各自治政府與其公民社會的合夥與治理關係。

（二）地方分權的構面

以較宏觀的視野來看，Lidija R Basta 指出，地方分權（decentralization）可分為兩個主題：❶府際關係（intergovernmental processes），指涉中央政府與地方政府間的權力互動關係；❷解除管制（deregulation），指涉政府與非政府組織間的權力分配關係。而 Aaron Schneider 則將地方分權體系劃分為政治分權（political decentralization）、行政分權（administrative decentralization）、財政分權（fiscal decentralization）等三個面向。

依世界銀行（World Bank）觀點，行政分權（administrative decentralization）可再細分為委任分權（devolution）、授權（delegation）、去中央化（deconcentration）等三類型；而此三者，依其分權程度，最高者為委任分權，其次為授權，分權程度最低者為去中央化。

Dustin R. Mulvaney 指出，政治分權的概念常與多元政治與代議政府相關，主張地方民主參與機制之深化，有助於地方公共問題的解決；相對地，行政分權的概念則認為應重新調配政府公共服務的職能，將公共服務之規劃與提供，由中央政府移轉至地方政府。

地方分權的構面 （Schneider；World Bank Group）

地方分權 （decentralization）	政治分權（political decentralization）		
	行政分權 （administrative decentralization）	委任分權（devolution）	高
		授權（delegation）	↕
		去中央化（deconcentration）	低
	財政分權（fiscal decentralization）		

地方治理的構面

聯合國	1996 年的《地方治理：聯合國全球論壇關於地方治理政策創新與實務報告》（Local Governance: Report of the United Nations Global Forum on Innovative Policies and Practices in Local Governance）		
	以分權（decentralization）及強化地方政府的功能作為政策架構，推動地方治理		
聯合國開發計畫署 （UNDP）	聯合國開發計畫署為強化地方政府（subnational governments）的包容性及課責性		
	關注地方治理的四個構面	地方治理提升地方政府服務量能，以加速千禧年發展目標（MDGs）的進程	
		地方治理進行對話及和解，以協助建構和平	
		以地方治理強化民主代表性	
		以地方治理形塑環境永續發展	
	地方治理重視制度上的分權及公眾參與，形塑一個強而有力的社群團體（building stronger communities），促使公部門、私部門（社群團體）之共同參與，有效地解決相關政策問題		

第**2**章

居民

●●●●●●●●●●●●●●●●●●●●●●●●●●●●●●●● 章節體系架構 ▼

UNIT 2-1 居民要件與權利義務

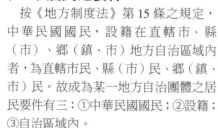

（一）居民之要件

按《地方制度法》第 15 條之規定，中華民國國民，設籍在直轄市、縣（市）、鄉（鎮、市）地方自治區域內者，為直轄市民、縣（市）民、鄉（鎮、市）民。故成為某一地方自治團體之居民要件有三：①中華民國國民；②設籍；③自治區域內。

❶國籍：中華民國國民

中華民國國籍之取得以「血統主義為主、出生地主義為輔」，依《國籍法》規定，一為因父母為具中華民國國籍，一出生即自然取得之固有國籍（一般國民取得國籍之方式）；一為外國人因「歸化」而取得中華民國國籍，如外籍新娘嫁至臺灣，經過一段時間的居留，便可依《國籍法》第 3 條、第 4 條之規定，歸化為我國國民。

另依《入出國及移民法》第 3 條第 1 款規定，國民指具有中華民國國籍之居住臺灣地區設有戶籍國民或臺灣地區無戶籍國民。

❷設籍

一般民眾可至居住所在地之戶政事務所依《戶籍法》第 4 條辦理相關之「初設戶籍登記」或「遷徙登記」（包含遷入登記、遷出登記、住址變更登記）；而這裡的設籍是指遷入登記。

在臺灣，各項權利義務關係多以戶籍為基礎，如《入出國及移民法》第 5 條規定，居住臺灣地區設有戶籍國民入出國，不需申請許可；臺灣地區無戶籍國民入國，須申請許可。

❸自治區域內

指地方自治團體其自治權所具有土地管轄權範圍。亦即，自治團體在其自治區域內享有對人高權與對物高權。

（二）居民之權利與義務

以《地方制度法》第 16 條及第 17 條規定居民之權利及義務。

❶地方自治團體居民之權利

直轄市民、縣（市）民、鄉（鎮、市）民之權利如下：①對於地方公職人員有依法（公職人員選舉罷免法）選舉、罷免之權；②對於地方自治事項，有依法（公民投票法）行使創制、複決之權；③對於地方公共設施有使用之權；④對於地方教育文化、社會福利、醫療衛生事項，有依法律及自治法規享受之權；⑤對於地方政府資訊，有依法（政府資訊公開法）請求公開之權；⑥其他依法律及自治法規賦予之權利。

❷地方自治團體居民之義務

直轄市民、縣（市）民、鄉（鎮、市）民之義務如下：①遵守自治法規（守法）之義務；②繳納自治稅捐（納稅）之義務；③其他依法律及自治法規所課之義務。事實上，有關居民之義務，皆有「法律保留」原則之適用。

如依《臺北市一般廢棄物清除處理費徵收自治條例》第 2 條規定，臺北市一般廢棄物清除處理費之徵收，按一般廢棄物清除處理費徵收辦法規定之一般廢棄物清除處理成本，得採販售專用垃圾袋徵收方式徵收之，此即依自治法規所課予居民之義務；惟非臺北市居民（新北市居民）於臺北市自治區域內活動時，亦有遵守該自治法規之義務。

地方自治團體居民之要件

居民

中華民國國民 → 固有國籍
中華民國國民 → 歸化國籍

設籍 ← 依戶籍法第4條辦理遷入登記

自治區域 ← 土地管轄權內

地方居民之權利與義務

地方居民

權利

- 參政權
  選舉、罷免、創制、複決
- 享用權
  公共設施、教育文化、社會福利、醫療衛生事項
- 資訊公開權

義務

- 守法義務
- 納稅義務
- 其他義務
  法律及自治法規所課予

知識補充站 ★深化居民之在地認同：社區總體營造

文建會主委於2006年5月3日立法院教育及文化委員會中報告指出，文建會所提出之「社區總體營造」政策，主要希望透過居民參與的觀點，重新詮釋與參與具有地域特色之文化性公共事務，進而落實地方自治，激發民間活力。

分為7個面向

- 行政機制社造化
- 地方文化館輔導
- 開發利用文化資產與文化環境
- 社區人才培育
- 社區營造創新實驗
- 社區藝文深耕
- 文化服務替代役

UNIT 2-2
居民參政權：住民自治

我國憲法第 17 條規定，人民有選舉、罷免、創制、複決等四項參政權，由人民依《總統副總統選舉罷免法》、《公職人員選舉罷免法》、《公民投票法》行使。

從憲法來看，參政權尚有「狹義」、「廣義」、「最廣義」三種態樣。狹義之參政權，係指法第 17 條；廣義之參政權，係指法第 17 條與憲法第 18 條（人民有應考試、服公職之權）；最廣義之參政權，係指憲法第 17 條與憲法第 18 條暨憲法第 11 條（人民有言論、講學、著作、出版之自由）。

我國地方居民依《地方制度法》第 16 條有依法行使選舉、罷免、創制、複決之權，應屬「狹義」之參政權。

（一）選舉權

選舉權是為統治者之產生，經由被治者同意之程序性機制，即居民以選舉票產生其地方自治團體之行政首長、民意代表或其他民選公職人員；藉此讓統治者（民選公職人員）與被治者（居民）訂立「政治契約」。如臺北市民選出臺北市長及臺北市議員。

（二）罷免權

罷免權因統治者（民選公職人員）之作為不符合與被治者（居民）之期待，居民乃以投票之方式提早終止「政治契約」，要求統治者下台。如高雄市民以投票方式要求高雄市長提早結束任期。

特別說明的是，「罷免」與「彈劾」皆可讓民選行政首長去職，但兩者之「性質」與「程序」有別，罷免之性質為政治責任之追究，循罷免投票之政治程序；彈劾之性質為法律責任（違法、廢弛職務、失職）之追究，循法律程序，由司法機關審理。

（三）創制權

❶創制權是一種由居民直接決定公共政策或直接制定法律之機制，透過一定居民之連署提出某項特定議題，讓全體居民投票決定是否採行該公共政策或法律。

❷居民所連署提出某項特定議題，依是否須先交議會審議，可分為「直接創制」與「間接創制」。不須先交議會審議的為「直接創制」；反之，須先交議會審議的為「間接創制」。

❸居民針對某項特定議題所連署提出的草案，如已有完整之法律條文，稱之為「條文創制」；如僅為概念或大原則、大方向，稱之為「原則創制」。我國《公民投票法》第 2 條第 3 項第 2 款，即採原則創制（地方自治法規立法原則之創制）。

（四）複決權

❶複決權是指將重大之公共政策或法律案，交由全體居民以投票之方式，由居民決定其存廢之機制。我國《公民投票法》第 2 條第 3 項第 1 款及第 3 款，即採這樣的規定旨趣（地方自治法規與地方自治事項重大政策之複決）。

❷如果居民之複決權為法定程序中的一部分，而且是必須的法定程序，稱之為「強制複決」。如果居民之複決權並非是必須的法定程序，具有選擇性的，稱之為「任意複決」。如我國修改憲法須經公民複決之程序，就是採「強制複決」之機制。

居民之參政權

居民之參政權 → 住民自治

- **選舉**
  居民與地方政府首長間訂立「政治契約」

- **罷免**
  居民與地方政府首長間提早解除「政治契約」

- **創制**
  直接創制 vs. 間接創制
  條文創制 vs. 原則創制

- **複決**
  強制複決 vs. 任意複決

言論自由與最廣義參政權（司法院釋字第509號解釋）

言論自由為人民之基本權利

→ 憲法第11條有明文保障，國家應給予最大限度之維護

→ 言論自由有實現自我、溝通意見、追求真理、滿足人民知的權利，形成公意，促進各種合理的政治及社會活動之功能

→ 乃維持民主多元社會正常發展不可或缺之機制，國家應給予最大限度之保障

憲法關於地方居民參政權之規定

省	憲法第113條	省設省議會，省議會議員由省民選舉之
		省設省政府，置省長一人；省長由省民選舉之
縣	憲法第123條	縣民關於縣自治事項，依法律行使創制、複決之權，對於縣長及其他縣自治人員，依法律行使選舉、罷免之權
	憲法第124條	縣設縣議會，縣議會議員由縣民選舉之
	憲法第126條	縣設縣政府，置縣長一人，縣長由縣民選舉之
	增修條文第9條	縣設縣議會，縣議會議員由縣民選舉之
		縣設縣政府，置縣長一人，由縣民選舉之

UNIT 2-3
直接民主 vs. 代議民主

（一）直接民主與代議民主之定義

依林嘉誠與朱浤源對「直接民主」與「代議民主」所下之定義：

❶直接民主（direct democracy）

指國家一城鎮或其他政治社區，由人民直接治理，人民治理方式乃藉由所有人民直接參與決策，而不是推選代表，間接行使治權。直接民主有其限制性，因為唯有在人口不多，全體成員可以固定集會的小型政治區域，才可能行使。如希臘的城邦政治。

❷代議民主或代議政府（representative government）

指一種民主的政府制度，由人民選舉代表，作為他們的代理人，以制定與執行法律與決策。權威性政權往往也有代議制的門面，但他們缺乏責任民主政府的要素。

（二）直接民主與代議民主之優缺點

❶直接民主，是人民民意之直接展現，不會受到代議士的扭曲。但因過於側重多數決，有可能成為多數暴力，若無適當地保障少數參與機制，易侵害少數群體之利益。

❷公民投票係針對重大議題讓公民直接作決定，是在彌補代議政治的間接民主下民意被扭曲之缺失。

❸代議政治，可體現民主尊重少數之核心價值（多數群體與少數群體「妥協」）。但代議士可能無法忠實地反映人民需求，而產生扭曲民意的情況。

❹代議政治側重「多數尊重少數」之「妥協」價值，是直接民主只重視的「少數服從多數」所無法獲致的。如立法院的黨團協商機制，小黨可藉此與大黨協商議價，大黨也必須與小黨妥協，立法程序才能順利，即先踐行「多數尊重少數」之黨團協商後，再「少數服從多數」地投票決定公共事務。

（三）直接民主之限制與前提

❶限制性

在議題上之限制，涉及民主共和國原則、國民主權原則、基本人權保障、權力分立與制衡、人性尊嚴、正當法律程序等憲法中具有本質重要性而為規範秩序存立之基礎者，是不得公投的。

❷前提性

為免「資訊不對稱」，致影響選民之判斷，須先有充分且對等之資訊的散布及公眾辯論的程序後，才能進行投票，以求獲得一理性的投票結果。

（四）操作時注意事項

在操作公民投票及創制、複決權，此種訴諸直接民意機制時，依周陽山教授之觀點須考量到：

❶公投的範圍及層級，是鄉鎮、縣市或全國為範圍，而不同層級間發生權限爭議時，如何解決。

❷公投對象或議題之設定，可公投或不可公投之事項為何。

❸公投成立之要件為何，有效選民中多少比例參與投票。

❹誰有權提出公投案。

❺何時舉行公投，是否可與其他選舉合併舉行。

❻未通過之公投案，可否再次提出公投。

直接民主與代議民主

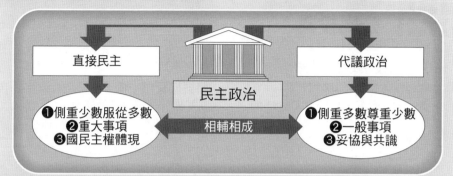

民主政治

直接民主
❶側重少數服從多數
❷重大事項
❸國民主權體現

相輔相成

代議政治
❶側重多數尊重少數
❷一般事項
❸妥協與共識

違憲的憲法（司法院釋字第499號解釋）

憲法中具有本質之重要性而為規範秩序存立之基礎者	如聽任修改條文予以變更，則憲法整體規範秩序將形同破毀	
	該修改之條文即失其應有之正當性	
	具有本質之重要性者	❶第1條所樹立之民主共和國原則 ❷第2條國民主權原則 ❸第二章保障人民權利 ❹有關權力分立與制衡之原則
	憲法設置之機關均有遵守之義務	
第三屆國民大會於1999年9月4日通過憲法增修條文	程序違背公開透明原則及當時適用之國民大會議事規則第38條第2項規定	
	瑕疵已達明顯重大之程度，違反修憲條文發生效力之基本規範	
	其中第1條第1項至第3項、第4條第3項內容並與憲法中具有本質重要性而為規範秩序賴以存立之基礎，產生規範衝突，為自由民主憲政秩序所不許	

黨團協商

事由	為協商議案或解決爭議事項
開始	得由院長或各黨團向院長請求進行
	立法院院會於審議不須黨團協商之議案時，如有出席委員提出異議，10人以上連署或附議，該議案即交黨團協商
	各委員會審查議案遇有爭議時，主席得裁決進行協商
效果	黨團協商結論經院會宣讀通過，或依前項異議議決結果，出席委員不得再提出異議；逐條宣讀時，亦不得反對
	經協商之議案於廣泛討論時，除經黨團要求依政黨比例派員發言外，其他委員不得請求發言
	逐條討論時，出席委員不得請求發言

UNIT *2-4* 公民投票

（一）公民投票理論概念

❶ plebiscite 與 referendum 皆被翻譯為公民投票。惟二者差別依學者 klinghoffer 看法：

①所謂 plebiscite 是指在特別且非常態之政治動盪條件下所產生的散發式行為。

②所謂 referendum 是依據憲法或法律所規定方進行之常態制度。

❷所謂公民投票，是公民對於憲法、法律、政策等得以投票之方式加以承認批准或不使之生效或加以否決之意。又可分為：

①公民複決（Referendumsveto），可使已完全成立公布之法律無效（效果最為強烈）。

②公民諮詢（Volksentscheid），係對議會已議決通過，但尚未公布（尚未有法之拘束性）之法律案，由公民決定這個法律案是否讓其生效之制度。

（二）公民投票案之提出

❶**公民連署**：依《公民投票法》第 10 條第 1 項規定，公民投票案提案人人數，應達提案時最近一次總統、副總統選舉選舉人總數萬分之一以上。

❷**行政院提出**：依《公民投票法》第 14 條規定，行政院對於重大政策之創制或複決，認為有進行公民投票之必要者，得附具主文、理由書，經立法院同意，交由主管機關辦理公民投票。

❸**立法院交付**：依《公民投票法》第 15 條規定，立法院對於重大政策之創制或複決，認有進行公民投票之必要者，得附具主文、理由書，經立法院院會通過後，交由中央選舉委員會辦理公民投票。

❹**總統交付**：依《公民投票法》第 16 條規定，當國家遭受外力威脅，致國家主權有改變之虞，總統得經行政院院會之決議，就攸關國家安全事項，交付公民投票。

（三）主管機關

全國性公民投票之主管機關為行政院；地方性公民投票之主管機關為直轄市政府、縣（市）政府。

（四）投票權人

❶**年齡**：中華民國國民，除憲法另有規定外，年滿 18 歲，未受監護宣告者，有公民投票權。

❷**居住期間**：有公民投票權之人，在中華民國、各該直轄市、縣（市）繼續居住 6 個月以上，得分別為全國性、各該直轄市、縣（市）公民投票案之提案人、連署人及投票權人。

（五）圈投

公民投票應在公投票刊印公民投票案編號、主文及同意、不同意等欄，由投票人以選舉委員會製備之工具圈定之。

（六）我國首次公民投票

2004 年 2 月 3 日總統陳水扁依據《公民投票法》第 17 條規定，交付行政院公投案，並於 2004 年 3 月 20 日與總統選舉合併辦理有史以來第一次公民投票。

公民投票理論概念

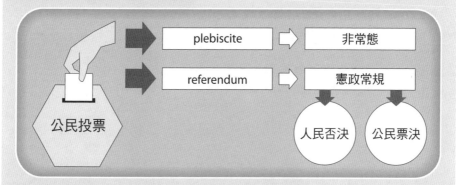

plebiscite ➡ 非常態

referendum ➡ 憲政常規 ➡ 人民否決　公民票決

公民投票

公民投票提案、連署及通過門檻

公民投票種類	提案人數	連署人數	通過門檻
全國性公民投票	提案人數，應達提案時最近一次總統、副總統選舉選舉人總數萬分之一以上	連署人數，應達提案時最近一次總統、副總統選舉選舉人總數百分之一點五以上	❶公民投票案投票結果，有效同意票數多於不同意票，且有效同意票達投票權人總額四分之一以上者，即為通過 ❷有效同意票未多於不同意票，或有效同意票數不足前項規定數額者，均為不通過
地方性公民投票	由直轄市、縣（市）以自治條例定之		

公民投票與公職人員選舉是否同日投票

舊法	《公民投票法》第 23 條規定，主管機關應於公民投票案公告成立後 1 個月起至 6 個月內舉行公民投票，該期間內有全國性選舉時，應與該選舉同日舉行
新法 （2019 年 6 月 21 日公布）	《公民投票法》第 23 條規定，公民投票日定於 8 月第四個星期六，自中華民國 110 年起，每 2 年舉行一次。公民投票日為應放假日

第 **3** 章

自治區域

章節體系架構 ▼

UNIT **3-1**
自治區域與地方層級體系

（一）自治區域之意涵

所謂自治區域，指地方自治團體統治權或自治權所的轄區或範圍；係由國家在國家領土內，透過法律（如《行政區劃法》）或行政命令（如《省市縣市勘界辦法》），劃分為一定的區域，為地方自治活動的範圍。

地方自治團體要能真正運作，首先必須確定其區域，確定其區域後，得以確定自治權行使範圍、確定其居民、確定財政收入來源。

（二）地方自治團體在其自治區域內之權力行使具有三特性

❶對內最高性

即在此自治區域內之人與物須接受該地方自治團體自治權之支配。

❷對外獨立性

即在此自治區域內，排除其他同級地方自治團體之權能。

❸上下層級監督性

即上級自治監督機關可依法律以事前監督機制之「核定」與事後監督機制之「備查」來監督地方自治團體。此種上下層級之監督，不單只國家或中央政府對地方自治團體之監督，還包含上級地方自治團體（縣）對下級地方自治團體（鄉、鎮、市）之監督。

（三）我國地方之層級體系

❶地方劃分為省、直轄市；❷省劃分為縣、市，市為憲法第 128 條所稱「準用縣規定之市」。縣劃分為鄉、鎮、縣轄市。直轄市及市均劃分為區；❸鄉以內之編組為村；鎮、縣轄市及區以內之編組為里；村、里以內之編組為鄰。早期福建省金門縣金城鎮、金沙鎮及金湖鎮內則有稱里者亦有稱村者，不一致，為使統一，《地方制度法》就此加以明定。

（四）準直轄市

為考量人口及產業高度密集地區升格直轄市之實質困難，及行政效能之迫切需求，2007 年立法院修正《地方制度法》第 4 條，增列「縣人口聚居達二百萬人以上，未改制為直轄市前，於第三十四條、第五十四條、第五十五條、第六十二條、第六十六條、第六十七條及其他法律關於直轄市之規定，準用之」，是為「準直轄市」。

惟應注意的是，準用直轄市之人事與財政制度之縣（準直轄市），其法定地位仍屬「縣」，非直轄市，且我國地方層級體系中並無「準直轄市」之層級。

縣之人口聚居 125 萬人以上可改制為直轄市，但因部分人口數相當多（人口聚居達 200 萬人）之縣，雖符合人口數之客觀要件，惟未能符合直轄市設置之主觀要件（政治、經濟、文化及都會區域發展上，有特殊需要），致無法改制為直轄市，遂讓其準用直轄市之制度。我國第一個準用直轄市制度之縣為臺北縣，第二個為桃園縣。

（五）我國現況

我國現行為「省」者，有臺灣省及福建省等二省；為「直轄市」者，有臺北市、新北市、臺中市、臺南市、高雄市、桃園市等六市；為「縣」者，有本島之宜蘭縣、新竹縣、苗栗縣、彰化縣、南投縣、雲林縣、嘉義縣、屏東縣、臺東縣、花蓮縣，及離島之澎湖縣、金門縣、連江縣等十三縣；與縣同級之「市」者，有基隆市、新竹市、嘉義市等三市。

自治區域之概念

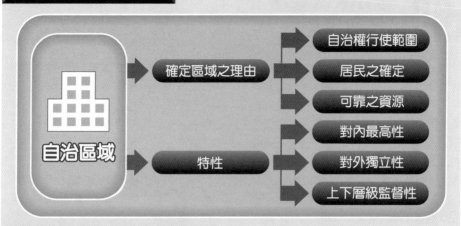

自治區域

確定區域之理由 → 自治權行使範圍
確定區域之理由 → 居民之確定
確定區域之理由 → 可靠之資源

特性 → 對內最高性
特性 → 對外獨立性
特性 → 上下層級監督性

我國地方層級體系

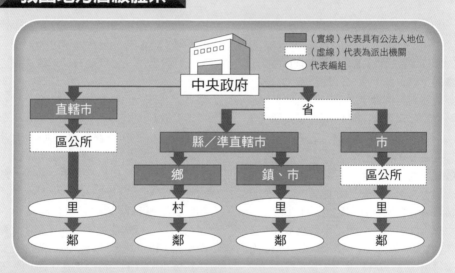

■（實線）代表具有公法人地位
□（虛線）代表為派出機關
○ 代表編組

中央政府

直轄市
區公所
里
鄰

省

縣／準直轄市
鄉
村
鄰

鎮、市
里
鄰

市
區公所
里
鄰

準直轄市所準用之制度

準用直轄市
之事項

❶直轄市議會之會期（第34條）
❷直轄市議會之組織準則（第54條）
❸直轄市政府首長、副首長及各機關首長之任免（第55條）
❹直轄市政府之組織準則（第62條）
❺直轄市稅依本法及財政收支劃分法（第66條）
❻直轄市收支依本法及財政收支劃分法（第67條）
❼其他法律關於直轄市之規定

UNIT 3-2
行政區劃

行政區劃係為便於施政而劃定之治理範圍，其劃定之目的在確認各地方政府權力行使、責任歸屬、管轄居民及財政取得之範圍。以往臺灣地區之行政區劃因未有法制規範，行政院院會決議後即付諸實施，然憲法第 108 條第 1 項第 2 款規定，行政區劃事項應由中央立法並執行之，或交由省縣執行之；且《地方制度法》第 7 條第 1 項亦有類似規定。

行政區劃之基本原則為「尊重民意」、「考量經濟效益」、「均衡區域發展」、「維持穩定」等原則。

（一）省（市）縣（市）勘界辦法

❶省（市）縣（市）行政區域之界線，應就下列情形勘定之：①地理之天然形勢；②行政管理之便利；③產業狀況；④人口分布；⑤交通狀況；⑥建設計畫；⑦其他特殊情形。

❷省（市）縣（市）行政區域以山脈、道路、河川或地物為界線者，除有特殊情形外，依下列標準定之：①山脈之分水線；②道路、河川之中心線；③有永久性之關隘、堤塘、橋梁或其他堅固建築物可以為界線者。

❸固有省（市）縣（市）行政區域，有下列情事之一，得重行勘議新界線：①原有區域界線不明者；②原有區域變更者；③新設行政區域者；④固有區域與天然形勢牴觸過甚，有礙交通者；⑤固有區域地形不整、犬牙交錯，有礙行政管理者；⑥固有區域狹窄畸零或交通不便者。

（二）地方制度法

❶省、直轄市、縣（市）、鄉（鎮、市、區）之新設、廢止或調整，依法律（行政區劃法）規定行之。

❷縣（市）改制或與其他直轄市、縣（市）行政區域合併改制為直轄市者，依《地方制度法》之規定。

❸村（里）、鄰之編組及調整辦法，由直轄市、縣（市）另定之。

（三）行政區劃法草案

❶行政區劃之定義，指行政區域之新設、廢止或調整。

❷行政區域之調整，指下列情形：①劃分一行政區域為二以上之行政區域；②合併二以上行政區域之一部或全部為一行政區域；③劃分一行政區域之一部併入另一行政區域；④其他有關行政區域之調整。

❸行政區域有下列情形之一者，除縣（市）改制或與其他直轄市、縣（市）合併改制為直轄市，應依地方制度法之規定辦理外，得依本法規定辦理行政區劃：①配合政府層級或組織變更；②因行政管轄之需要；③配合國土發展；④因地理環境變遷；⑤因政治、經濟、社會、文化或其他特殊情勢變更。又辦理直轄市、縣（市）之行政區劃時，如涉及鄉（鎮、市、區）之行政區劃，原則先完成直轄市、縣（市）行政區劃之程序後，以行政區劃後之行政區域辦理其鄉（鎮、市、區）之行政區劃。

❹行政區劃涉及國家整體資源之重新分配，為使國土資源合理配置及有效利用，並確保國土永續及區域均衡發展，故應配合國土整體規劃，並考量行政轄區人口規模、自然及人文資源、生態環境、族群特性、鄉土文化發展、地方財政、民意趨勢及其他政策性等因素，審慎評估。

行政區劃考量之因素（行政區劃法草案第6條）

行政區劃應配合國土整體規劃，並考量下列因素

❶行政區域人口規模
❷災害防救及生態環境之維護
❸鄉土文化發展及社區意識
❹產業發展
❺都會區、生活圈或生態圈
❻湖泊及河川流域
❼民意趨勢
❽自然及人文資源之合理分配
❾族群特性、語言、宗教及風俗習慣
❿地方財政
⓫交通發展
⓬海岸及海域
⓭選舉區之劃分
⓮其他政策性事項

行政區劃作業程序（行政區劃法草案）

提出	涉及省、直轄市或縣（市）之行政區劃：由中央主管機關或相關直轄市、縣（市）主管機關提出
	涉及鄉（鎮、市）之行政區劃：由縣主管機關或相關鄉（鎮、市）公所提出
	涉及直轄市或市之區之行政區劃：由直轄市或市主管機關提出
	人民或團體得以書面敘明事實及理由，並附具相關資料，向主管機關為行政區劃之建議
辦理公民民意調查及公聽會	各級主管機關或鄉（鎮、市）公所提出行政區劃前，應研擬行政區劃計畫初稿，於相關行政區域內公告三十日，並辦理公民民意調查及公聽會
	因行政區域內原有行政區域界線不整，或因配合都市計畫，包含其後續執行手段，例如區段徵收或市地重劃，須調整行政區域界線，或因海埔新生地、河川新生地等人為或自然因素，致行政區域土地面積增加或減少之情形，為便於行政管理需要，須進行小規模之行政區域調整者，得免辦理公民民意調查及公聽會
	各級主管機關或鄉（鎮、市）公所擬定行政區劃計畫時，應參酌公民民意調查及公聽會之意見
審議及核定	涉及省、直轄市或縣（市）之行政區劃計畫，由中央主管機關審議通過後，報行政院核定
	涉及鄉（鎮、市、區）之行政區劃計畫，由直轄市、縣（市）主管機關審議通過後，報中央主管機關核定
中央主管機關逕行擬定鄉（鎮、市、區）之行政區劃計畫	鄉（鎮、市、區）之行政區劃計畫，原則應由該管縣、直轄市、市或鄉（鎮、市）公所視其區域發展之需要，予以規劃辦理
	惟為國家整體利益之考量，必要時，得由中央主管機關報請行政院同意後，逕行擬定鄉（鎮、市、區）之行政區劃計畫，辦理鄉（鎮、市、區）之行政區域調整事宜

德國行政區劃考量因素（德國基本法第29條第1項）

為保障各邦得依其面積與產能有效履行其任務，聯邦領土得重新調整	
聯邦領土之重新調整應斟酌	地方團結性
	歷史文化關聯
	經濟上之合目的性
	國土規劃上之需求
發布重新調整聯邦領域之措施應依據需經公民複決之聯邦法律；相關各邦得陳述意見	

UNIT **3-3**
各種市之設置與地方名稱變更

（一）直轄市、市及縣轄市之設立標準

❶人口聚居達 125 萬人以上（客觀要件），且在政治、經濟、文化及都會區域發展上（自治監督機關主觀認定要件），有特殊需要之地區，得設直轄市。

❷人口聚居達 50 萬人以上未滿 125 萬人（客觀要件），且在政治、經濟及文化上地位重要之地區（自治監督機關主觀認定要件），得設市。

❸人口聚居達 10 萬人（舊制為 15 萬人）以上未滿 50 萬人（客觀要件），且工商業發達、自治財源充裕、交通便利及公共設施完備之地區（自治監督機關主觀認定要件），得設縣轄市。此外，部分縣轄市雖未達人口數設置標準，然因位於縣政府或縣議會所在地，而設置為縣轄市；如宜蘭縣宜蘭市、苗栗縣苗栗市、嘉義縣太保市、嘉義縣朴子市、澎湖縣馬公市等。

（二）地方自治團體之組織

❶省設省政府、省諮議會。省政府及省諮議會，為行政院之派出機關。

❷「直轄市」設直轄市議會、直轄市政府；「縣」及與縣同級之「市」，設縣（市）議會、縣（市）政府；鄉（鎮、市）設鄉（鎮、市）民代表會、鄉（鎮、市）公所，分別為直轄市、縣（市）、鄉（鎮、市）之立法機關及行政機關。又地方行政機關，指直轄市政府、縣（市）政府、鄉（鎮、市）公所及其所屬機關；但不包括學校、醫院、所屬事業經營、公共造產性質機關（構）。

❸直轄市、市之區設區公所。為直轄市與市之派出機關（非地方自治團體）。

❹村（里）設村（里）辦公處，為一個行政上之編組，不是地方自治團體，也不是行政機關。

（三）地方名稱變更

❶省、直轄市、縣（市）、鄉（鎮、市）、區及村（里）名稱，依原有之名稱。

❷前項名稱之變更，依下列規定辦理之：

①省：由內政部報行政院核定。

②直轄市：由直轄市政府提請直轄市議會通過，報行政院核定。

③縣（市）：由縣（市）政府提請縣（市）議會通過，由內政部轉報行政院核定。

④鄉（鎮、市）及村（里）：由鄉（鎮、市）公所提請鄉（鎮、市）民代表會通過，報縣政府核定。另鄉、鎮改制為縣轄市，其未涉及行政區域之調整，非屬行政區劃規範之範圍，性質上屬更名。

⑤鄉（鎮）符合縣轄市設置要件規定，改制為縣轄市者，準用本條項之規定。

❸直轄市、市之區、里：由各該市政府提請市議會通過後辦理。

❹案例：原高雄縣「三民鄉」於 2008 年 1 月 1 日正名「那瑪夏鄉」（取楠梓仙溪之舊名），屬山地鄉。2009 年 12 月 25 日高雄縣市整併更名為「那瑪夏區」。

（四）「廢市」之趨勢

從馬英九總統的「三都十五縣」政策白皮書，到縣市改制為直轄市，再以三大生活圈及七大區域來推動縣市的合作與合併，可以想見現存的基隆市、新竹市、嘉義市終將併入鄰近直轄市與縣，未來「市」恐將走入歷史。

地方制度法相關人口數級距

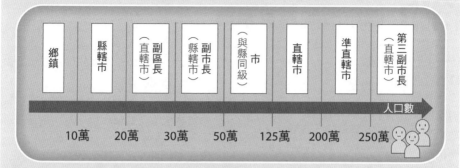

| 鄉鎮 | 縣轄市 | 副區長（直轄市） | 副市長（縣轄市） | 市（與縣同級） | 直轄市 | 準直轄市 | 第三副市長（直轄市） |

人口數

10萬　20萬　30萬　50萬　125萬　200萬　250萬

城市區域（City-Region）

城市區域

→ 係由中心都市與鄰近縣市共同建設成為一區域經濟體

→ 彼此之間建立產業聚落、就業人力、公共生活機能優劣勢互補的空間夥伴關係

→ 透過擴大基盤消弭疆界的跨域治理，創造空間資源整合綜效

為因應全球空間網絡化趨勢，各重要城市區域的中心都市通常都集結高等服務機能，成為全球或區域的重要節點

大都會型直轄市：大倫敦（Greater London）

統治機制（Greater London Authority）	一民選市長	薪水143,911英鎊		
	25位倫敦議會議員（London Assembly）	與市長同時改選		薪水53,439英鎊
		本屆（2008年5月2日選出）有11席保守黨（Conservative）、8席工黨（Labour）、3席自民黨（Liberal Democrat）、2席綠黨（Green Party）、1席無黨籍		
次級政府	33個自治區（London boroughs）	Barnet	Barking and Dagenham	Bexley
		Brent	Bromley	Camden
		City of London	Croydon	Ealing
		Enfield	Greenwich	Hackney
		Hammersmith and Fulham	Haringey	Harrow
		Havering	Hillingdon	Hounslow
		Islington	Kensington and Chelsea	Kingston upon Thames
		Lambeth	Lewisham	Newham
		Merton	Redbridge	Richmond upon Thames
		Southwark	Sutton	Tower Hamlets
		Waltham Forest	Wandsworth	Westminster
	自治區之統治機關為地方議會（local council）			

UNIT **3-4**
縣市改制為直轄市

（一）改制規範

❶內政部基於全國國土合理規劃及區域均衡發展之需要，擬將縣（市）改制或與其他直轄市、縣（市）合併改制為直轄市者，應擬定改制計畫，徵詢相關直轄市政府、縣（市）政府意見後，報請行政院核定之；❷縣（市）擬改制為直轄市者，縣（市）政府得擬定改制計畫，經縣（市）議會同意後，由內政部報請行政院核定之；❸縣（市）擬與其他直轄市、縣（市）合併改制為直轄市者，相關直轄市政府、縣（市）政府得共同擬定改制計畫，經各該直轄市議會、縣（市）議會同意後，由內政部報請行政院核定之；❹行政院收到內政部陳報改制計畫，應於 6 個月內決定之；❺內政部應於收到行政院核定公文之次日起30 日內，將改制計畫發布，並公告改制日期。

（二）改制計畫

改制計畫應載明下列事項：❶改制後之名稱；❷歷史沿革；❸改制前、後行政區域範圍、人口及面積；❹縣原轄鄉（鎮、市）及村改制為區、里，其改制前、後之名稱及其人口、面積；❺標註改制前、後行政界線之地形圖及界線會勘情形；❻改制後對於地方政治、財政、經濟、文化、都會發展、交通之影響分析；❼改制後之直轄市議會及直轄市政府所在地；❽原直轄市、縣（市）、鄉（鎮、市、區）相關機關（構）、學校，於改制後組織變更、業務調整、人員移撥、財產移轉及自治法規處理之規劃；❾原直轄市、縣（市）、鄉（鎮、市、區）相關機關（構）、學校，於改制後預算編製及執行等事項之規劃原則；❿其他有關改制之事項。

（三）內政部審查改制計畫之審查要項

❶人口條件：①轄區內人口數、人口成長之狀況；②轄區內核心都市與衛星都市人口互動關係。

❷政治條件：①改制案民意之支持度；②改制後直轄市所扮演的政治角色及功能。

❸經濟條件：①轄區內產業、商業現況及改制後之影響；②轄區內產業競爭之主要優勢與企業創新能力；③國際級海港、空港之交通連結度；④改制後對周邊地區之互補合作及競爭優勢分析；⑤改制後自籌財源能力及支出效能評估。

❹文化條件：①轄區內之特殊歷史傳統與文化特色；②發展「創意城市」之思維、策略與願景。

❺都會區發展條件：①在國土空間發展上之角色定位及帶動周邊地區發展之能力；②重要河川分布及對改制後水資源利用與管理之評估；③轄區內公共設施之互補性及交通運輸系統之關聯性；④改制後轄區內環境污染防治、廢棄物清理之改善及生態保育與節能減碳之能量。

❻其他有關條件：①吸引國際觀光旅遊、跨國企業設廠及參與國際事務之能力；②提升競爭力與優質都市生活之努力及條件。

（四）改制後區之整併

本次依第 7 條之 1 改制之直轄市，其區之規模、人口差異甚大，故為形塑及因應新生活圈之需要，爰增訂依第 7 條之 1 改制之直轄市，其區之行政區域，應依相關法律規定整併之。

縣市改制直轄市

縣（市）改制或與其他直轄市、縣（市）行政區域合併改制為直轄市者				
發動者		理由	程序	結果
中央（內政部）發動		全國國土合理規劃及區域均衡發展	單獨或合併改制為直轄市者	❶行政院收到內政部陳報改制計畫，應於6個月內決定之。❷縣（市）改制或與其他直轄市、縣（市）合併改制為直轄市，應以當屆直轄市長任期屆滿之日為改制日。❸縣（市）議員、縣（市）長、鄉（鎮、市）民代表、鄉（鎮、市）長及村（里）長之任期均調整至改制日止，不辦理改選。
			應擬定改制計畫，徵詢相關直轄市政府、縣（市）政府意見後	
			報請行政院核定之	
地方發動	單獨改制		擬定改制計畫，經縣（市）議會同意後	
			由內政部報請行政院核定之	
	合併改制		相關直轄市政府、縣（市）政府得共同擬定改制計畫，經各該直轄市議會、縣（市）議會同意後	
			由內政部報請行政院核定之	

2009年申請改制為直轄市之縣市

態樣	縣市	新名稱	結果
縣（市）單獨改制	臺北縣	新北市	通過
	桃園縣	桃園市	不通過
	彰化縣	彰化市	不通過
縣（市）與其他直轄市合併改制	高雄市與高雄縣	高雄市	通過
縣（市）與其他縣（市）合併改制	臺中市與臺中縣	臺中市	通過
	雲林縣與嘉義縣	雲嘉市或嘉雲市	不通過
	臺南市與臺南縣	臺南市	通過

新直轄市與區域發展

依行政院縣市改制直轄市重大政策說明	
目標	提升國家競爭力
	均衡區域發展
新北市	與臺北市形成雙核心都會區
	朝向「北北基宜」區域發展
臺中市	帶動「中彰投」區域發展關鍵城市
臺南市	承繼過去數百年臺灣歷史文化發展重鎮之角色
	帶動「雲嘉南」區域整體發展
高雄市	帶動屏東縣發展

UNIT 3-5
合併改制直轄市之優點

（一）提升城市競爭力

在縣市與直轄市或縣市與縣市間已因都會社區發展而成為一共同生活圈，二個地方自治團體間的就學、就業、消費、交通、生活等緊密連結，也因此產生許多須共同解決之跨自治區域的問題，透過合併升格，能整合資源並有效地解決問題，藉以提升城市競爭力。如1871年美國首都華盛頓特區所在之哥倫比亞區政府將華盛頓市與喬治頓市合併升格成立一個特區政府。

特別是在全球化之衝擊下，今日不僅是國與國之間的競爭，更是城市與城市之間的競爭，也因此全球各地都陸續出現了許多大型城市或全球城市（global city），如倫敦、巴黎、紐約、東京、上海等。而如何提升城市的治理能力，規劃城市的發展願景，帶動了「城市學」的興起，而其所關心的核心議題，正是如何提升城市競爭力。

（二）組織得以精簡

現代國家型態由早期之夜警國家型態（watch-dog state）演展為福利國家型態（welfare state），投射在政府組織上，也因政府職能擴張而使政府組織日漸龐大卻無能，產生了許多不合管理效能的組織病象。針對這些組織病徵，乃有「政府再造」、「組織再造」、「企業型政府」來改造官僚組織之思維，其目的在於將政府組織精簡，形塑一「小而美」的政府。

而二個地方自治團體間透過合併升格，可將業務相同之組織、權責相似之機關單位加以合併以達組織精簡之實益（如合併臺中縣文化局與臺中市文化局），讓地方政府成為一「小而美之功能性政府」。

（三）行政效能之提升及政策責任歸屬明確

二個地方自治團體間若已實質上發展為一共同生活圈，必然會產生許多須共同解決之問題（如捷運之興建）；又因各地方政府皆有其權限，乃形成二個地方自治團體間必須要能合作協調，方能解決問題。但二個地方自治團體間常基於本位主義或首長所屬政黨不同，各有盤算而難以合作。就算能夠合作，在二個地方自治團體間協調過程為化解雙方歧見，而獲得雙方都能接受的共識、結論，已耗費了許多時間成本；而這個由雙方代表協調結論又必須獲得各該行政首長認可後，再提交議會同意，這又是一段繁瑣的過程。

故若將兩個地方自治團體合併為一個地方自治團體，便可免除原二個地方自治團體間談判、妥協之過程，而由新的單一地方自治團體全權處理，將可有效地提高行政效能，亦可明確化政策責任。

（四）中心市鎮與衛星市鎮更加緊密結合

因應都會社區（廣域行政）之發展，二個地方自治團體間合併後，可以讓兩者間更易凝聚認同感及向心力，可讓中心市鎮與衛星市鎮連結更緊密，掃除縣市居民自覺社會福利、公共設施等不如直轄市居民之觀感，有助於凝聚「住民共同意識」。

同時合併後的地方自治團體，在政策規劃、資源配置、公共建設等事項上，便可由這個新自治體以更宏觀的規劃設計及有效之積極作為，將中心市鎮與衛星市鎮加以更緊密的連結。

都市成長

原因		容納不斷湧入的外來人口之需要
方向	向上成長	都市因為越來越多的摩天大樓而讓都市之天際線越來越高
	向外擴張	都市必須併吞周遭之土地
問題	居住問題	都市市中心高度發展，土地會由「使用價值」轉變為「交換價值」
		都市市中心土地利用逐漸由住宅區轉變為商業區，土地地價的上漲
	交通問題	都市市中心地區居住不易，人口向郊區移動，產生通勤之交通需求

大都會共同生活圈

共同生活圈	以「中心市鎮」為核心	
	周遭為「衛星市鎮」	
緊密互動關係	向心（中心市鎮）的移動	向心的移動是指白天人口會由周邊的衛星市鎮往中心都市移動而增加
	居住問題	離心的移動則是指夜間人口會密集地集中於周邊鄰近的衛星市鎮

共同生活圈與廣域行政

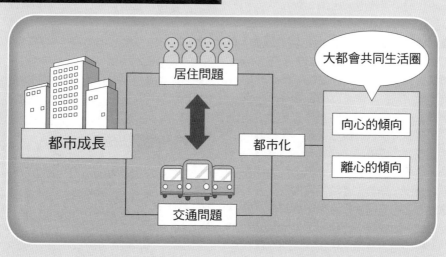

UNIT **3-6** 合併改制直轄市之缺點

❶自治區域內之邊陲地帶吸納整體有限資源

依照「依賴理論」之「核心—邊陲」（core-periphery）概念，資源會向核心地區集中，核心地區會有較高之經濟發展。

惟二個地方自治團體合併後，成為一個新的自治體，這個新自治體必須照顧到新自治區域內所有居民。而屬於這個新自治區域內卻在核心生活圈外緣之居民，因其所處接近自治區域邊緣，公共設施及生活品質通常是比較落後的。

但合併後的新地方政府必須讓其自治區域內居民之權利（《地方制度法》第16條）有著公平的對待，讓自治區域內但鄰近邊陲地帶之居民能享有之公共設施、教育文化、社會福利、醫療衛生等事項不差於中心市鎮之居民，以體現居住生活環境水準平等之「平等權」價值。則新地方政府必須投注許多資源於自治區域內但接近邊陲之地區進行建設，自然會排擠中心市鎮之資源分配，讓有限資源之配置與人口分布間產生失衡的狀況（邊陲地區居民人數較少卻有較多建設經費）。

❷鄉鎮市改設區，違反地方自治理念

直轄市除了自治法人地位外，尚另有國家基於特殊目的所設之特區政府的地位；而這個特區政府內是否還要再垂直分權地設立自治體，就應再加思考了。故二個地方自治團體合併後，原於縣自治區域內之鄉鎮市（具地方自治團體公法人地位），勢必廢除鄉鎮市長及代表會之選舉，即廢止鄉鎮市自治公法人之地位，比照直轄市改設派出機關性質的區公所，而成為一市政府派出機關之性質。揆諸地方自治之住民自治與團體自治之精神，越基層、越草根的民主越能讓地方上居民充分參與及凝聚居民間之共同情感，所以一般地方自治的發展都是由官派進化為民治（如臺灣省長及北高市長由官派變成民選）。而直轄市與縣市合併後，原於縣自治區域內之鄉鎮市卻由民治變成官派，似乎與地方自治之精神相違。

當然也可以在制度設計上，將直轄市所屬官派的區公所改為民選的自治體，亦可參照日本東京或英國大倫敦市的設計制度，採取官派區長與民選區長併行的「雙軌制」，這或許是一個兼顧「直轄市為國家基於特殊目的所設之特區政府」與「草根民主」之可行方案。

❸改制後直轄市之「一市兩制」

縣（市）與縣（市）或縣（市）與直轄市合併改制為直轄市後，與既有的直轄市（臺北市）相較，產生二類型的「一市兩制」。

①原已設之區（原臺中市、臺南市、高雄市之區），仍維持舊制，採官派具文官資格之區長；原鄉鎮市改制之區，由原鄉鎮市長轉任為區長；同一直轄市內有「文官職區長」與「機要職區長」兩制。

②原山地鄉改制為區，設「直轄市山地原住民區」，為地方自治團體；同一直轄市內有「民選區長」與「官派區長」兩制。

❹衝擊客家人政治參與

具「客家文化重點發展區」地位的鄉（鎮、市）改制為官派區長，官派區長受限於公務員身分、職等、市長信任等因素，未必為客家人，衝擊族群治理、客語及文化傳承。

依賴理論之概念

依賴理論

華勒斯坦（Wallerstein）的世界體系論

帝國體系（world empires）
經濟體系（world economics）

在資本主義世界體系的運作方式下，核心國家和邊陲國家間產生不平等的分工關係

都會社區發展或廣域行政之問題（董翔飛）

都會社區之出現	生活上的共同需要與社會經濟發展的因素
	人口與工商業向郊區發展與延伸的結果
	中心市鎮為主與衛星市鎮相互結合的共同生活圈
緊密互動關係	政治上各有管轄地方政府、各有其界線
	在經濟、社會及生活的活動關係上，則可跨越地方政府間的行政界線與中心市鎮相互依存而結合為一個不可分的整體
面臨的問題	組織重疊與行政割裂
	聯合行動缺乏與行政效率的低落
	中心城市的老化與衰退
	財政負擔日趨惡化與沉重
	市民的政治冷漠感與缺乏責任感

日本東京官派與民選區長雙軌制

構成	「區部」（特別行政區）、「多摩地區」、「島嶼地區」三部分
	東京是一個包含了23個特別行政區、26個市、5個町和8個村的地方共同團體
特別行政區	原由東京都市長官派
	後改為民選（1994年）；性質為「特別公共團體」
市、町、村	民選；性質為「普遍公共團體」

UNIT **3-7**
縣市改制與國土空間發展

　　參酌行政院 2009 年 6 月及 8 月縣市改制直轄市之說明，面對當前全球化的快速發展，及亞太地區經濟整合的趨勢，臺灣必須努力提升本身的競爭力，以確保我們在國際上的優勢。然而，在提升國家競爭力之際，臺灣也必須兼顧區域均衡發展，以避免城鄉差距擴大或貧富階層兩極化的後果。

❶大都會型直轄市與生活圈

　　大都會型直轄市是整合人口聚落、地理區位、經濟產業、交通網絡、歷史文化、生態環境等諸多面向的「生活圈」。「生活圈」的形成，乃是長期社會經濟演變的自然結果，不是任意性的行政作為所能創造。政府的角色，在於透過行政區劃的調整、賦稅制度的改革，以及區域發展計畫的補助，協助生活圈既有的正面機能進一步發揮，而阻礙發展的負面因素則逐一排除。故未來國土規劃將以建構「北臺灣」、「中臺灣」、「南臺灣」三大生活圈為目標。

　　在「三大生活圈」政策目標上，我國之所以不採東京或倫敦以集中資源來發展單一區域（發展極）之都會區發展模式，主要是考量臺灣過去歷史長期發展軌跡與人民生活經驗，因此採取推動以二至三個成長極（growth pole），來解決重北輕南問題，落實區域均衡發展。

❷三大生活圈、七個發展區域

　　以三大生活圈為基礎，帶動臺灣區域發展。區域發展則以朝向「北北基宜」、「桃竹苗」、「中彰投」、「雲嘉南」、「高屏」、「花東」、「澎金馬」等七個區域的均衡發展為目標。

　　在這七個區域之中，「北北基宜」、「中彰投」、「高屏」人口稠密、都市化及現代化程度較高，可以成為臺灣與國際直接接軌的門戶。「桃竹苗」具備高科技產業發展能量及客家文化傳統，「雲嘉南」具備精緻農業基礎及傳統文化特色，若能順利推動區域治理整合，將有很大的發展前景。至於「花東」及「澎金馬」，雖然人口相對稀少，地理位置偏遠，不具備都市化及工業化的有利條件，但因為擁有其他區域無法媲美的自然景觀，以及鄉村生活的悠閒環境，正足以發展出具有高附加價值的觀光產業，成為國內外休閒遊憩的首選。

　　另鼓勵各縣市與相鄰縣市進行合作聯盟，藉由成立區域發展委員會等溝通平台，推動共同治理，以落實發展區觀念。

❸參考個案：北臺區域發展推動委員會

　　2005 年 11 月結合北臺八縣市政府組成的「北臺區域發展推動委員會」，已陸續就休閒遊憩、交通運輸、產業發展、環境資源、防災治安、文化教育、健康社福、原住民客家族群與新移民等八大議題展開「地方與地方」的對話與合作。

　　「北臺區域」係指宜蘭縣、基隆市、臺北市、新北市、桃園市、新竹市、新竹縣與苗栗縣等八個地方直轄市及縣（市）政府所轄之行政區域範圍。

　　依《北臺區域發展推動委員會組織章程》第 3 條，委員會之任務如下：①確立北臺區域發展定位、發展目標及發展政策之協調、整合與推動事項；②協調並整合推動北臺區域內之相關聯重大計畫；③北臺區域內之相關聯重大計畫與實施事項之研究與建議；④推動北臺區域內地方整合性發展必要法令之研訂；⑤有關北臺區域性重大計畫推動經費之籌措及協調事項；⑥其他北臺區域發展有關之重大建設計畫或開發事業之研議、協調與實施事項。

三大生活圈（行政院研考會）

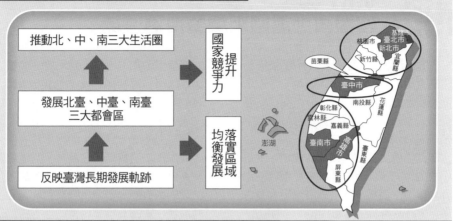

推動北、中、南三大生活圈 → 提升國家競爭力

發展北臺、中臺、南臺三大都會區 → 落實區域均衡發展

反映臺灣長期發展軌跡

七個發展區域（行政院研考會）

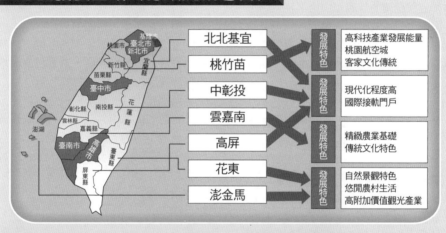

區域	發展特色
北北基宜	高科技產業發展能量 桃園航空城 客家文化傳統
桃竹苗	
中彰投	現代化程度高 國際接軌門戶
雲嘉南	
高屏	精緻農業基礎 傳統文化特色
花東	自然景觀特色 悠閒農村生活 高附加價值觀光產業
澎金馬	

七個發展區域之實踐（行政院研考會）

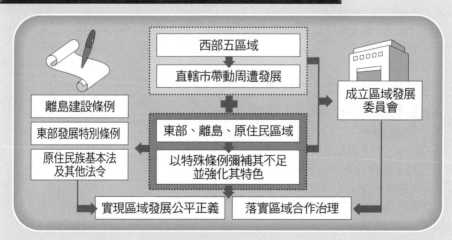

西部五區域

直轄市帶動周遭發展

離島建設條例

東部發展特別條例

原住民族基本法及其他法令

東部、離島、原住民區域

以特殊條例彌補其不足並強化其特色

成立區域發展委員會

實現區域發展公平正義

落實區域合作治理

UNIT **3-8**
宏觀國土重劃來調整自治區域

從縣市改制為直轄市到行政院提出「三大生活圈」、「七大區域」,一方面是新地方主義之落實,一方面標誌著臺灣未來政策主軸在「國土合理規劃」及「區域均衡發展」。

另觀察中共的經濟改革的成功,就是中央的權力下放而創造了一種制度性條件和環境,直接導致了「發展型地方主義」(developmental localism)的興起。上海定位為商業金融中心;廣東則以吸引香港和臺灣的外資;山東則定位為工業製造中心,並吸引南韓的外資。這些地方都基於其本身之特性,採取適當的策略,成為中共經濟改革之典範,並帶動了中共的國家發展。

(一)發展型地方主義與國土重劃

從發展型地方主義之思維,自治區域之調整,就應跳脫單純行政區劃之思維,而是更深層地思考「國土空間發展」與「國土重劃」。國家必須宏觀地考量國家整體發展方向暨區域間經濟差距、交通輻射、城鄉差距、共同生活圈等因素來進行國土的重劃,以擘劃國土空間發展策略,讓國家整體資源獲得更有效的配置。

(二)「城市型」與「鄉村型」雙軌模式地方自治:區域均衡發展

從發展型地方主義及新地方主義之思維,於國土重劃時納入地方自治之概念,吾人建議可循「城市型」與「鄉村型」雙軌模式地方自治來架構並調整自治區域,以均衡區域發展。

城市型的地方自治,適用於工商業之都會城市,因其也有較多的聚居人口,事務較繁雜,應賦予較高之自治權,中央或上級政府較少介入干預。

鄉村型的地方自治,則適用於人口聚居較少,事務較單純之農村,為促進其地方自治發展,政府應透過政策誘因或財政補助機制,創造相關有利地方發展的環境。同時為讓鄉村型的地方自治能存續發展,居民不會因經濟因素向都會中心搬遷,則應在國土重劃時結合自然資源與人文環境,透過中央政府之「地方產業發展基金」,以推動各地方依其特色發展地方特色產業,讓鄉村型的地方自治發展出各自的主體特色。

另可進一步在「城市型的地方自治」與「鄉村型的地方自治」之「雙軌模式地方自治」中導入「社區總體營造」之概念,體現地方治理之精神,強化「城市型」與「鄉村型」地方自治之量能,並獲致均衡區域發展及提升國家競爭力之目標。

🙂 小博士解說

「社區總體營造」政策,主要期待從社區居民觀點,以地方治理思維,重新詮釋與參與具有其他地方特色之文化性公共事務,並以「人」、「文」、「地」、「產」、「景」等面向,建構公、私合力的社區協力策略。

宏觀國土重劃與雙軌模式地方自治

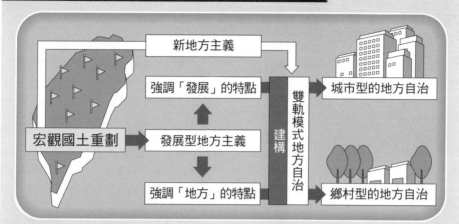

新地方主義

強調「發展」的特點

宏觀國土重劃 → 發展型地方主義

強調「地方」的特點

建構 → 雙軌模式地方自治

城市型的地方自治

鄉村型的地方自治

鄉村型地方自治與社區總體營造

「社區」意涵改變	「社區」，已不再是過去的村、里、鄰形式上的行政組織	
	而是在於這群居民的共同意識和價值觀念	
社區總體營造	精神	❶居民透過共同參與的民主方式，凝聚利害與共的社區意識 ❷關心社區生活環境，營造社區文化特色 ❸重新建立人與人、人與環境的關係
	原則	❶由下而上　❷自立自主 ❸居民參與　❹永續發展

國土重劃與提升國家競爭力

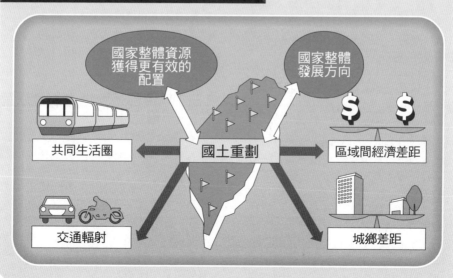

國家整體資源獲得更有效的配置

國家整體發展方向

共同生活圈

國土重劃

區域間經濟差距

交通輻射

城鄉差距

UNIT 3-9
首都之設立與遷移

一個國家的首都為該國之政經重鎮所在，國家多會賦予首都城市特殊之政治地位，並投注更多預算及資源；但首都城市也因其特殊功能性或特殊目的性（special purpose），其地方自治權亦會與其他地方自治團體有所差異。如美國憲法以州權主義為基礎，各州享有高度自治權，但華盛頓特區（Washington）因其首都之特殊地位，是沒有州權的，無法選出參議員與眾議員，僅在總統選舉時可比照小州享有三張總統選舉人團票（Electoral College）。

臺灣一直有遷都中南部之倡議，但仍是正反意見分歧，致無法成為具體之政策。究竟如何設置首都？是否應遷都？本書以比較研究（comparative method）來分析各先進國家的經驗。

在比較個案的選取上，因 G20 這個準國際組織代表全球 90% 的 GDP、全球 80% 的國際貿易、全球三分之二的人口，故以 19 個會員國為個案（第 20 個會員為歐盟）。這 19 個會員國依字母排列依序為阿根廷、澳大利亞、巴西、加拿大、中國、法國、德國、印度、印尼、義大利、日本、南韓、墨西哥、俄羅斯、沙烏地阿拉伯、南非、土耳其、英國、美國，其首都或直轄市設置情況如右圖。

（一）G20 國家首都設置之特點

❶首都並不一定是該國最大的城市：例如，澳洲最大的城市為雪梨（Sydney），但首都設在坎培拉（Canberra）；加拿大最大的城市為多倫多（Toronto），但首都設在渥太華（Ottawa）；❷以遷都帶動特定區域之發展：土耳其於 1923 年將首都從伊斯坦堡（Istanbul）遷移到安哥拉（Ankara）；印度於 1947 年將首都從德里（Delhi）遷移到新德里（New Delhi）；巴西於 1961 年將首都從里約熱內盧（Rio de Janeiro）遷移到巴西利亞（Brasilia）；❸南非依三權分立原則，設置三個首都，分別為行政首都茨瓦納（Tshwane）、立法首都開普敦（Cape Town）、司法首都布隆方丹（Bloemfontein）。

南韓國會 2005 年通過《行政中心城市特別法》，合併原屬忠清南道的燕岐郡、公州市和忠清北道清原郡的一部分，於 2012 年 7 月設立世宗市（Sejong）為行政首都。

（二）臺灣首都變革可能模式

從比較先進國家之首都設置，臺灣首都變革模式可能有「維持現狀」、「遷都中南部」、「複數首都」、「先複數後單一首都」等四個模式。

「維持現狀」即仍以臺北市為首都，無任何變革。「遷都中南部」是直接另設新首都於中南部，將所有中央政府部門遷移至新首都，仍採單一首都。「複數首都」可採三權分立或五權分立原則，保留臺北市首都地位，並在中南部或東部設置其他首都。「先複數後單一首都」係漸進式變革，同時保留臺北市首都地位（如行政首都），並在中南部設置一新首都（立法暨司法首都），然後逐步將行政部門由臺北市遷移至新首都，最終為單一首都。

（三）以遷都落實地方制度法第 7 條之 1

臺灣於 2009 年 4 月修正《地方制度法》，增訂第 7 條之 1，賦予縣市改制為直轄市之法源，並造就了臺灣接近 70% 的人口居住在此六個直轄市（六都）。為落實《地方制度法》第 7 條之 1 第 1 項所揭示之「全國國土合理規劃及區域均衡發展」理念，遷都中南部或東部（單一首都或複數首都），是一個值得認真思考的方向。

G20國家之首都或直轄市設置比較表

國家別	首都或直轄市	性質（目的性）
阿根廷（Argentina）	Buenos Aires	Capital
澳洲（Australia）	Canberra（Australian Capital Territory）	Capital
巴西（Brazil）	Brasilia	Capital
加拿大（Canada）	Ottawa	Capital
中共（China）	Beijing	Capital
	Tianjin	Economic
	Shanghai	Economic
	Chongqing	Economic
法國（France）	Grand Paris	Capital
德國（Germany）	Berlin	Capital
印度（India）	New Delhi	Capital
印尼（Indonesia）	Jakarta	Capital
義大利（Italy）	Rome	Capital
日本（Japan）	Tokyo	Capital
南韓（Republic of Korea）	Seoul	Capital
	Sejong	Executive capital
墨西哥（Mexico）	Mexico City	Capital
俄羅斯（Russia）	Moscow	Capital
	St. Petersburg	Military
沙烏地阿拉伯（Saudi Arabia）	Riyadh	Capital
南非（South Africa）	Tshwane	Executive capital
	Cape Town	Legislative capital
	Bloemfontein	Judicial capital
土耳其（Turkey）	Ankara	Capital
英國（United Kingdom）	London	Capital
美國（United States of America）	Washington, DC	Capital

註：直轄市設置係基於政治（首都）、經濟、軍事等之特殊目的性（special purpose）。

UNIT **3-10** 直轄市山地原住民區

為落實憲法增修條文第 10 條保障原住民族政治參與之精神，積極回應原住民社會意見，政府於 2014 年 1 月修正《地方制度法》，增列第四章之一，賦予直轄市山地原住民區實施自治之法源依據。

（一）山地原住民區為地方自治團體

直轄市之區由山地鄉改制者，稱直轄市山地原住民區，為地方自治團體，設區民代表會及區公所，分別為山地原住民區之立法機關及行政機關，依《地方制度法》辦理自治事項，並執行上級政府委辦事項。山地原住民區之自治，除法律另有規定外，準用《地方制度法》關於鄉（鎮、市）之規定；其與直轄市之關係，準用本法關於縣與鄉（鎮、市）關係之規定。

（二）山地原住民區自治事項

❶關於組織及行政管理事項如下：①山地原住民區公職人員選舉、罷免之實施；②山地原住民區組織之設立及管理；③山地原住民區新聞行政。
❷關於財政事項如下：①山地原住民區財務收支及管理；②山地原住民區財產之經營及處分。
❸關於社會服務事項如下：①山地原住民區社會福利；②山地原住民區公益慈善事業及社會救助；③山地原住民區殯葬設施之設置及管理；④山地原住民區調解業務。
❹關於教育文化及體育事項如下：①山地原住民區社會教育之興辦及管理；②山地原住民區藝文活動；③山地原住民區體育活動；④山地原住民區禮儀民俗及文獻；⑤山地原住民區社會教育、體育與文化機構之設置、營運及管理。

❺關於環境衛生事項如下：山地原住民區廢棄物清除及處理。
❻關於營建、交通及觀光事項如下：①山地原住民區道路之建設及管理；②山地原住民區公園綠地之設立及管理；③山地原住民區交通之規劃、營運及管理；④山地原住民區觀光事業。
❼關於公共安全事項如下：①山地原住民區災害防救之規劃及執行；②山地原住民區民防之實施。
❽關於事業之經營及管理事項如下：①山地原住民區公用及公營事業；②山地原住民區公共造產事業；③與其他地方自治團體合辦之事業。
❾其他依法律賦予之事項。

（三）山地原住民區自治財源

❶山地原住民區實施自治所需財源，由直轄市依下列因素予以設算補助，並維持改制前各該山地鄉統籌分配財源水準：①《地方制度法》第 83 條之 3 所列山地原住民區之自治事項；②直轄市改制前各該山地鄉前三年度稅課收入平均數；③其他相關因素。
❷前項補助之項目、程序、方式及其他相關事項，由直轄市洽商山地原住民區定之。

（四）排除條款

《地方制度法》第 58 條及第 58 條之 1 規定，於山地原住民區不適用之。

（五）山地原住民區之改制

❶山地原住民區以當屆直轄市長任期屆滿之日為改制日，並以改制前之區或鄉為其行政區域。
❷自 2014 年 12 月 25 日起，新北市烏來區、臺中市和平區、高雄市茂林區、高雄市桃源區、高雄市那瑪夏區、桃園市復興區等六個直轄市山地原住民區改制成立。

直轄市山地原住民區改制過渡條款

改制日及選舉事宜	山地原住民區以當屆直轄市長任期屆滿之日為改制日，並以改制前之區或鄉為其行政區域	
	其第一屆區民代表、區長之選舉以改制前區或鄉之行政區域為選舉區，於改制日十日前完成選舉投票，並準用第 87 條之 1 第 3 項選舉區劃分公告及第 4 項改制日就職之規定	
自治法規繼續適用	山地原住民區之自治法規未制（訂）定前，繼續適用原直轄市自治法規之規定	新北市烏來區、臺中市和平區、高雄市茂林區、高雄市桃源區、高雄市那瑪夏區
	山地原住民區由山地鄉直接改制者，其自治法規有繼續適用之必要，得由山地原住民區公所公告後，繼續適用二年	桃園市復興區
人員及財政	山地原住民區之機關（構）人員、資產及其他權利義務，應由直轄市制（訂）定自治法規移撥、移轉或調整之。但其由山地鄉直接改制者，維持其機關（構）人員、資產及其他權利義務	
	山地原住民區之財政收支劃分調整日期，由行政院洽商直轄市政府以命令定之。未調整前，相關機關（構）各項預算之執行，仍以直轄市原列預算繼續執行	
	山地原住民區首年度總預算，應由區公所於該年度 1 月 31 日之前送達區民代表會，該區民代表會應於送達後一個月內審議完成，並由該區公所於審議完成日起十五日內發布之。會計年度開始時，總預算案如未送達或審議通過，其預算之執行，準用第 40 條之 1 第 2 項之規定	
	依第 1 項移撥人員屬各項公務人員考試及格或依專門職業及技術人員轉任公務人員條例轉任之現職公務人員者，其轉調準用第 87 條之 3 第 6 項至第 9 項之規定	
	依第 1 項移撥人員屬各種考試錄取尚在實務訓練人員者，視同改分配其他機關繼續實務訓練，其受限制轉調之限制者，比照前項人員予以放寬	
準用現行法關於鄉（鎮、市）之規定	本法公布施行後，相關法規應配合制（訂）定、修正。未制（訂）定、修正前，現行法規不牴觸本法規定部分，仍繼續適用；其關於鄉（鎮、市）之規定，山地原住民區準用之	

直轄市山地原住民區之演進

大事記	山地鄉改制為直轄市官派區長	直轄市官派區長改制為民選區長
時間	2010 年	2014 年
行政區別	臺北縣烏來鄉、臺中縣和平鄉、高雄縣那瑪夏鄉、高雄縣茂林鄉、高雄縣桃源鄉	新北市烏來區、臺中市和平區、高雄市茂林區、高雄市桃源區、高雄市那瑪夏區、桃園市復興區

第 **4** 章

自治權

●●●●●●●●●●●●●●●●●●●●●●●●●●●●● 章節體系架構 ▼

UNIT *4-1* 聯邦國與單一國

圖解地方政府與自治

（一）聯邦國：側重地方分權

聯邦國制有別於邦聯，聯邦國本質上已經是一個國家法人，國家對外之外交權係由聯邦政府（中央政府）來行使，其主要概念探討如下：

❶ 聯邦國代表：美國

聯邦國是由各成員（邦）所組成的一個主權國家，以美國為主要的範例。美國在 1776 年獨立前，其前身為屬於英國殖民的北美十三州，各州聯合起來跟英國打了一場獨立戰爭（1783 年才結束）。各州在打贏了戰爭，獨立建國後，必須成立一個中央政府，為了確保各州（邦）之自主權，乃採用聯邦國之態樣。

聯邦各成員（州）在聯邦國成立前，本是具有主權的政治實體；成為聯邦一分子後，交出其主權予聯邦政府，惟在聯邦憲法規範保障下，各成員（州）的主權仍受到憲法的保護。

❷ 各州自主權之制度保障：州權主義

第一，不管大州、小州皆可派遣代表二名組成參議院，透過參與中央聯邦政府立法，確保地方權；第二，聯邦憲法修正須經四分之三以上之州議會通過。

❸ 財政聯邦主義（Fiscal Federalism）

從財政資源分配與運用的角度，探討各級政府的財政收支劃分關係，並釐清不同政府層級應扮演的功能。聯邦政府並透過財政上之分配權，擴張了中央政府的權力。

❹ 新聯邦主義（New Federalism）：州的復興

基於「還權於地方（州）」的概念，需處理的公共議題發生在哪一層級，就應由該層級政府負責處理，不必事事都由聯邦政府來處理（將部分聯邦政府的責任移轉給州政府）。相對地，聯邦政府對各州的補助款也大幅刪減。例如，美國的雷根政府。

（二）單一國：側重中央集權

單一國與聯邦最大差別，在於聯邦國的地方政府是具有高度自治權的，單一國的地方政府則是由中央政府所設置的，偏向中央集權制。

❶ 單一國是由數個地方自治團體或中央派出之地方政府所組成的一個主權國家，其組成之地方自治團體或中央派出之地方政府不具有主權地位。在單一國，中央政府是先於地方政府而存在的。地方政府之自治權是中央透過法律或命令所逐步賦予的，但中央要收回，也是可以片面地修改法律或命令而收回自治權。

❷ 以英國、法國、中華民國為主要範例。單一國下的地方自治團體之自治權是受制於中央政府的。

（三）邦聯：各主權國所組成的「國際組織」

兩個或兩個以上的國家為了共同的利益或為了達到某些目的聚合的聯盟體。加入邦聯之成員國各自仍保留完全的獨立主權，只是在涉及共同利益（如軍事、外交）上採取共同立場與行動。邦聯組織之決議與作為是協商性的，其決議須在成員國認可與支持下才有其效力（因為各成員國可以自由退出邦聯）。以大英國協（The Commonwealth of Nations）及獨立國協（Commonwealth of Independent States）為主要範例。

中央集權與地方分權：三種制度

	性質	代表
邦聯制	國際組織（會員國享有國家主權）	大英國協、獨立國協
聯邦國制	地方分權	美國、加拿大
單一國制	中央集權	英國、法國、中華民國

聯邦制是中央與地方之垂直權力分立：有別於水平權力分立（行政、立法、司法）

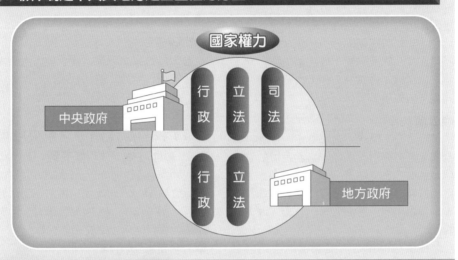

大英國協的組織

The Commonwealth		
會員國	2022 年加彭（Gabon）與多哥（Togo）加入，讓大英國協增加為 56 個會員國	
	人口最少者，為諾魯（Nauru）；人口最多者，為印度（India）	
核心價值與原則	載明於《大英國協憲章》（Commonwealth Charter），包括民主、人權、分權、善治、可持續發展等 16 項原則	
組織結構	秘書處（Commonwealth Secretariat）	
	基金會（Commonwealth Foundation）	
	學習共同體（Commonwealth of Learning）	

UNIT **4-2** 地方自治權之取得

(一)自治模式

❶憲法

地方自治團體的自治權載明於憲法，以憲法層級劃分中央政府及地方自治團體的權力，單一國及聯邦國都可能以憲法方式賦予地方自治團體自治權。

惟因單一國偏向中央集權，所以中央政府得片面修改憲法，收回地方自治團體之自治權，如我國修憲廢除省之自治地位。至聯邦國偏向地方分權，中央政府無法片面修改憲法，收回地方自治團體之自治權（修憲需要地方自治團體的同意），如美國。

❷法律

①普通法律模式：國家制定一部通行全國，普遍適用於各地方自治團體的法律，各地方自治團體不論人口數多寡、自治區域廣狹、財政狀況、地方特殊性等，皆適用同一部法典，如我國《地方制度法》。

②特別法律模式：國家就地方之族群、語言、宗教、地域等之「特殊性」，所制定僅適用於少數特殊性之地方自治團體的法律，如我國《原住民族自治法》。

③分類法律模式：國家參酌人口數多寡、自治區域廣狹、財政狀況、地方特殊性等因素劃分為數等級，每一等級各自制定一套專屬法律，讓符合該等級之地方自治團體加以適用，如我國憲法第119條，蒙古各盟旗地方自治制度，以法律定之。

④選擇法律模式：國家參酌人口數多寡、自治區域廣狹、財政狀況、地方特殊性等因素制定數套專屬法律，讓各地方自治團體依其地方狀況，自由選擇合宜的自治法律適用。

選擇法律模式下，各地方自治團體可自由選擇所欲適用之自治法律模式，有別於分類法律模式下，各地方自治團體須依其等級適用各該等級所相應之自治法律模式。

⑤自治法律模式：國家授權各地方自治團體依其地方狀況，自由制定其所需的自治法律，是地方自治權最大之自治模式。

❸行政命令

國家以行政命令模式授予地方自治團體自治權，可分「概括一次授予模式」與「列舉逐次授予模式」兩類型。

(二)我國憲法劃分之中央權與地方權：均權主義

❶我國憲法第107條列舉「中央立法並執行之事項」，如外交、國防、司法制度等。另憲法第108條尚列舉有「中央立法並執行之事項或交由省縣執行」。

❷由縣立法並執行之事項：

①縣教育、衛生、實業及交通。

②縣財產之經營及處分。

③縣公營事業。

④縣合作事業。

⑤縣農林、水利、漁牧及工程。

⑥縣財政及縣稅。

⑦縣債。

⑧縣銀行。

⑨縣警衛之實施。

⑩縣慈善及公益事業。

⑪其他依國家法律及省自治法賦予之事項。

❸如有未列舉事項發生時，其事務有全國一致性質者屬中央，有因地制宜性質者屬地方，是為「均權制」。

各模式地方自治權大小

自治權	憲法	修憲須經地方自治團體同意
大		中央可片面修憲
↕	法律	自治法律模式
		選擇法律模式
		分類法律模式
		特別法律模式
		普通法律模式
小	行政命令	概括一次授予模式
		列舉逐次授予模式

我國的均權主義

理論	原則	有全國一致之性質者歸中央
		有因地制宜之性質者屬地方
憲法規定 （第110條）	判準	事權之「性質」
		事權之「程度」
	先依憲法列舉 事項釐定權限	第107條、第108條、第109條及第110條列舉事項
	如有未列舉 事項發生時	事務有全國一致之性質者屬於中央
		事務有全省一致之性質者屬於省
		事務有一縣之性質者屬於縣
	爭議解決	遇有爭議時，由立法院解決之

中央與地方事權劃分

均權主義原則	利益	事務產生利益涉及全國者，歸中央
		事務產生利益僅及一地居民者，歸地方
	地域	事務以全國為實施範圍者，歸中央
		事務僅以某一地域為範圍者，歸地方
	性質	事務性質有全國一致必要者，歸中央
		事務性質有地方特殊性者，歸地方
	能力	事務之辦理須耗費大量資源者，歸中央
		事務之辦理以地方資源為宜者，歸地方

UNIT **4-3**
自治事項與委辦事項

地方自治團體兼具自治權之主體與上級政府之派出地方政府的雙重性質，故地方自治團體所需處理之事務可分為「自治事項」與「委辦事項」兩類。

（一）自治事項

❶指地方自治團體依憲法或地方制度法規定，得自為立法並執行，或法律規定應由該團體辦理之事務，而負其政策規劃及行政執行責任之事項。

❷自治事項的類別可進一步分為：①自願辦理之自治事項；②法律要求辦理之自治事項。關於自治事項，並不以自行訂定法規為必要，如法律另有規定者，自得依法律規定逕為辦理，如《災害防救法》第 4 條。

❸地方於辦理自治事項時，需擔負之責任為：①政策規劃；②行政執行責任。

❹地方自治團體辦理自治事項時，除涉及行政罰之自治條例外，中央政府（上級）多採取事後監督（備查）之監督機制。所謂備查，係指下級政府或機關間就其得全權處理之業務，依法完成法定效力後，陳報上級政府或主管機關知悉之謂。至上級主管或主管機關對於所報事項，認為有違法或不當時，自仍另得本於監督權或主管機關立場，行使其職權。

❺自治事項之經費係由地方自治團體自行負擔。

（二）委辦事項

❶指地方自治團體依法律、上級法規或規章規定，在上級政府指揮監督下，執行上級政府交付辦理之非屬該團體事務，而負其行政執行責任之事項。

❷此類事項，原屬中央政府之權限，惟基於由地方政府辦理較便利、經費預算也較經濟，故乃委由地方政府辦理。另

所稱「上級法規及規章」，應分別為法律授權之中央法規命令及縣自治條例而言，尚不宜包括自治規則在內。

❸地方於辦理委辦事項時，需擔負之責任為：行政執行責任。

❹地方自治團體辦理委辦事項時，中央政府（上級）多採取事前監督（核定）之監督機制。所謂核定係指上級政府或主管機關（如行政院），對於下級政府或機關所陳報之事項（如行政院審查臺北市制定之《臺北市資訊休閒服務業管理自治條例》），加以審查，並作成決定，以完成該事項之法定效力之謂（自治條例生效或無效）。

❺委辦事項之經費係由委辦機關（上級機關）負擔。

（三）地方自治團體的法定化之自治事項

我國地方自治團體之自治事項，於《地方制度法》第 18 條、第 19 條、第 20 條，分為組織及行政管理、財政、社會服務、教育文化及體育、勞工行政、都市計畫及營建、經濟服務、水利、衛生及環境保護、交通及觀光、公共安全、事業之經營及管理、其他等十三大類事項，並就各類事項分別明定其具體項目。

至有關地方自治團體之自治事項，除所列舉事項外，如有未列舉事項發生時，其事務有全國一致之性質者，屬於中央；有一直轄市之性質者，屬於直轄市；有一縣（市）之性質者，屬於縣（市）；有一鄉（鎮、市）之性質者，屬於鄉（鎮、市）。其劃分由中央各該主管機關召集相關機關劃分之，並依第 13 款之規定制定法律，賦予各地方自治團體。

地方自治團體之事權包含自治事項與委辦事項

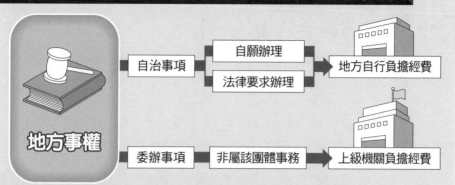

| 地方事權 | 自治事項 | 自願辦理 / 法律要求辦理 | → | 地方自行負擔經費 |
| | 委辦事項 | 非屬該團體事務 | → | 上級機關負擔經費 |

我國地方自治團體的法定化之自治事項

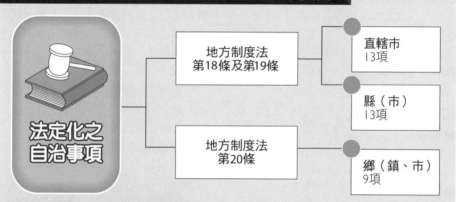

法定化之自治事項	地方制度法第18條及第19條	直轄市 13項
		縣（市）13項
	地方制度法第20條	鄉（鎮、市）9項

委辦、委託、委任

委辦	地方自治團體依法律、上級法規或規章規定
	在上級政府指揮監督下，執行上級政府交付辦理之非屬該團體事務，而負其行政執行責任之事項
	屬不同地方自治團體（不同行政主體）間之權限移轉，其性質屬「委辦」，而無行政程序法第15條第2項規定之適用
	委辦之行政程序，可類推適用有關行政程序法第15條第3項之規定
委託	行政程序法第15條第2項
	指在同一行政主體內不相隸屬之行政機關間，由委託機關將其部分權限移轉予受託機關行使而言
委任	行政程序法第15條第1項
	指在同一行政主體內之相隸屬行政機關間權限之移轉

UNIT **4-4**
地方自治法規（一）

基於團體自治而來之自治立法權賦予各地方自治團體可因地制宜地自行定（訂）立自主法規之權能。司法院釋字第467號解釋中亦敘明「地方自治團體享有對自治事項制定法規並執行之權」。依地方制度法之規定，直轄市、縣（市）、鄉（鎮、市）得就其自治事項或依法律及上級法規之授權，制定自治法規。我國地方自治團體可自主定（訂）立之自治法規，廣義者為「自治條例」、「自治規則」、「委辦規則」、「自律規則」四種；狹義者為基於自治事項之「自治條例」、「自治規則」。

（一）自治條例

❶意涵

自治法規經地方立法機關通過，並由各該行政機關公布者，稱自治條例。

❷名稱

自治條例者，係經地方立法機關通過，並由各該地方行政機關公布者，應冠以各該地方自治團體之名稱，在直轄市稱為直轄市法規，在縣（市）稱為縣（市）規章，在鄉（鎮、市）稱為鄉（鎮、市）規約。就其名稱用語觀之，是有別於《中央法規標準法》第2條的「法、律、條例、通則」之法律名稱用語；且《中央法規標準法》第4條規定，法律應經立法院通過，總統公布。

❸須以自治條例定之的事項

①《地方制度法》第28條須以自治條例定之的事項有四：

Ⓐ法律或自治條例規定應經地方立法機關議決者。

Ⓑ創設、剝奪或限制地方自治團體居民之權利義務者。

Ⓒ關於地方自治團體及所營事業機構之組織者。

Ⓓ其他重要事項，經地方立法機關議決應以自治條例定之者。

②析言之，第1項屬議會保留領域，第2項屬干涉保留領域，第3項屬組織保留領域，第4項屬重要保留領域。與《中央法規標準法》第5條之規範機制雷同（應以法律規定之事項，Ⓐ憲法或法律有明文規定，應以法律定之者；Ⓑ關於人民之權利、義務者；Ⓒ關於國家各機關之組織者；Ⓓ其他重要事項之應以法律定之者）。

❹發布

自治條例經各該地方立法機關議決後，如規定有罰則時，應分別報經行政院、中央各該主管機關核定後發布；其餘除法律或縣規章另有規定外，直轄市法規發布後，應報中央各該主管機關轉行政院備查；縣（市）規章發布後，應報中央各該主管機關備查；鄉（鎮、市）規約發布後，應報縣政府備查。

❺性質定位

就自治條例之性質，應可將自治條例定位於「地方性法律」之地位，但其性質上略有不同：

①有罰則之自治條例，因可限制人民權利及處罰地方居民，性質上應屬「地方性法律」。上級自治監督機關應採取監督密度較高之「核定」的監督機制。

②無罰則之自治條例，因未涉及人民之權利，多為組織保留事項，應可將其性質定位為類似《行政程序法》之「法規命令」。上級自治監督機關可採取監督密度較低之「備查」的監督機制。

地方自治法規型態

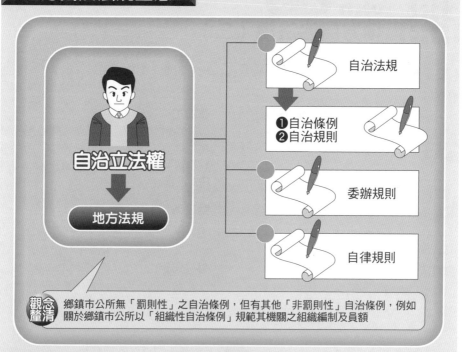

自治立法權

地方法規

自治法規

❶自治條例
❷自治規則

委辦規則

自律規則

鄉鎮市公所無「罰則性」之自治條例，但有其他「非罰則性」自治條例，例如關於鄉鎮市公所以「組織性自治條例」規範其機關之組織編制及員額

地方自治法規之自治條例

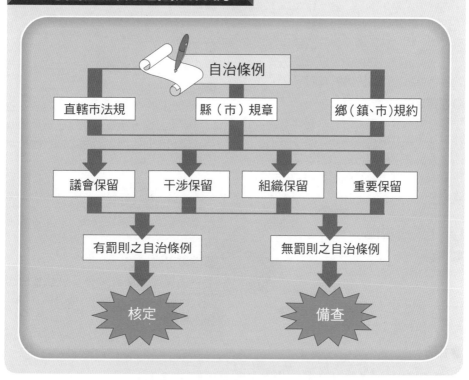

自治條例

直轄市法規	縣（市）規章	鄉（鎮、市）規約

議會保留	干涉保留	組織保留	重要保留

有罰則之自治條例 無罰則之自治條例

核定 備查

UNIT *4-5*
地方自治法規（二）

（二）自治規則

❶意涵

自治法規由地方行政機關訂定，並發布或下達者，稱自治規則。

❷名稱

應冠以各地方自治團體名稱，並得依其性質定名為規程、規則、細則、辦法、綱要、標準或準則。其名稱用語與《中央法規標準法》第7條，行政命令名稱用語雷同。

❸訂定

自治規則者，乃地方行政部門就其自治事項，得依其法定職權或法律、基於法律授權之法規、自治條例之授權所訂定。

❹發布

直轄市、縣（市）、鄉（鎮、市）自治規則，除法律或基於法律授權之法規另有規定外，應於發布後分別函報行政院、中央各該主管機關、縣政府備查，並函送各該地方立法機關查照。

❺性質定位

就自治規則是由地方行政機關發布之性質及法條名稱規範用語觀之，自治規則之性質實應屬地方自治團體基於自治權而依法所賦予之權限所發布之地方行政命令。

（三）委辦規則

❶意涵

直轄市政府、縣（市）政府、鄉（鎮、市）公所為辦理上級機關委辦事項，得依其法定職權或基於法律、中央法規之授權，訂定委辦規則。

❷名稱

名稱準用自治規則之規定，亦為規程、規則、細則、辦法、綱要、標準或準則。

❸訂定

係為執行上級交付辦理非屬該團體事務之委辦事項，地方自治團體基於法定職權或基於法律、中央法規之授權所訂定的。

❹發布

委辦規則應函報委辦機關核定後發布之。

❺性質定位

委辦規則應與自治規則雷同，其性質應屬地方自治團體依權限所發布之地方行政命令。

（四）自律規則

❶意涵

地方立法機關得訂定自律規則。

❷名稱

就是以自律規則稱之。

❸訂定

自律規則所規範者乃針對地方議會內部之議員自律、議事規則程序等事項所為之規範，而與地方居民之權利義務關係無涉。

❹發布

自律規則除法律或自治條例另有規定外，由各該立法機關發布，並報各該上級政府備查。

❺性質定位

自律規則係基於議會之自律權而來的，性質上屬於議會之內部規範，與外界大眾無涉。

地方自治法規之自治規則

態樣	法定職權訂定者	係基於地方行政機關之法定職權所訂定
		如臺北市政府為鼓勵里民活用公共空間，促進里之自治管理，訂定《臺北市里民活動場所租金補助辦法》
	法律授權訂定者	地方行政機關依中央法律授權所訂定
		如臺北市依《規費法》第 10 條規定，訂定《臺北市市立殯葬設施及服務收費標準》
	法律授權之法規訂定者	依中央法規命令之授權所訂定
		如臺北市政府依《違章建築處理辦法》規定，訂定《臺北市舊有違章建築處理辦法》
	自治條例之授權訂定者	由地方自治團體之「自治條例」授權訂定
		如臺北市依《臺北市下水道管理自治條例》第 15 條第 3 項規定，訂定《臺北市水肥投入站水肥或高濃度污水水質標準及管理辦法》

地方法規之委辦規則

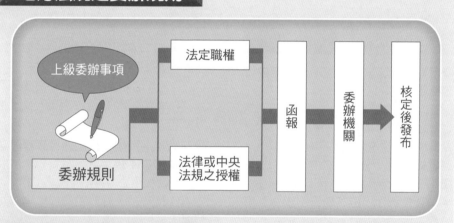

地方法規之自律規則

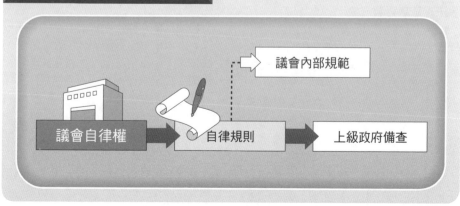

UNIT **4-6** 地方自治法規（三）

　　本書可以將地方自治法規概念簡要整理如右圖，地方的自治權可分為自治事項與委辦事項，基於自治事項而來的地方自治法規則有自治條例與自治規則；基於委辦事項而來的地方自治法規則有委辦規則。其中自治條例性質上可分為「有罰則」與「無罰則」，其上級自治監督機關之監督機制分別為核定（一種事前監督機制）與備查（一種事後監督機制）。自治規則與委辦規則性質上則為地方行政機關之行政命令，上級自治監督機關分別採備查（自治規則）與核定（委辦規則）之監督機制。

爭點釐清

❶自治條例非屬行政程序法規定由行政機關訂定之法規命令

　　自治條例係經地方立法機關通過制定之自治法規（《地方制度法》第25條），非屬《行政程序法》規定由行政機關訂定之法規命令，其立法程序不適用《行政程序法》有關法規命令之訂定程序，至其公布施行仍依《地方制度法》第32條之規定辦理。

❷自治規則適用地方制度法及行政程序法規定之疑義

　　按《行政程序法》屬行政作用法規範性質，《地方制度法》則兼具《行政作用法》與《行政組織法》規範性質，地方行政機關訂定之自治規則如屬法規命令性質，二者有關行政程序之規定應同時適用。至於直轄市政府、縣（市）政府、鄉（鎮、市）公所依《地方制度法》第27條第1項訂定之自治規則，如屬依法律授權訂定者，除應依《地方制度法》相關之程序規定辦理外，依《行政

程序法》第150條第1項規定：「本法所稱法規命令，係指行政機關基於法律授權，對多數不特定人民就一般事項所作抽象之對外發生法律效果之規定。」並應適用該法有關法規命令之規定；至其依法定職權訂定之自治規則，則非屬該法所稱法規命令，惟《地方制度法》既已明定直轄市政府、縣（市）政府、鄉（鎮、市）公所得依其法定職權訂定自治規則，且對自治規則之訂定、發布與備查程序等亦有相關規定，自仍應依《地方制度法》規定辦理，其應以法律及自治條例規定之事項，則不得以自治規則定之。又《地方制度法》第27條第2項對自治規則之名稱，業有相關規定，而《行政程序法》對於法規命令之名稱，並未具體明定，地方行政機關訂定之自治規則如屬法規命令時，仍應依《中央法規標準法》第3條及上開《地方制度法》之規定辦理。

❸自治規則及委辦規則無行政程序法第174條之1規定之適用

　　《行政程序法》第174條之1規定：「本法施行前，行政機關依中央法規標準法第七條訂定之命令，須以法律規定或以法律明列其授權依據者，應於本法施行後二年內，以法律規定或以法律明列其授權依據後修正或訂定；逾期失效。」係指行政機關依《中央法規標準法》第7條訂定之命令而言，而地方行政機關訂定之自治規則或委辦規則，係依《地方制度法》第27條及第29條規定訂定，尚不適用上開行政程序法之規定。故地方行政機關依上開《地方制度法》規定依其法定職權訂定之自治規則或委辦規則，仍應依《地方制度法》相關規定辦理。

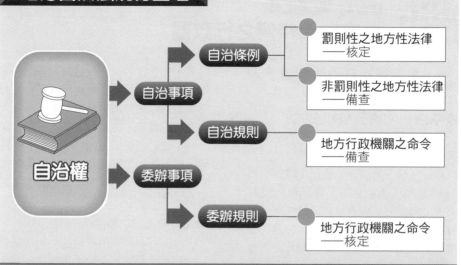

地方自治法規總整理

- 自治權
  - 自治事項
    - 自治條例
      - 罰則性之地方性法律
        ——核定
      - 非罰則性之地方性法律
        ——備查
    - 自治規則
      - 地方行政機關之命令
        ——備查
  - 委辦事項
    - 委辦規則
      - 地方行政機關之命令
        ——核定

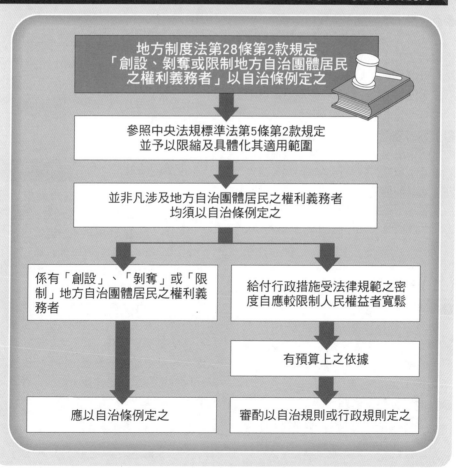

縣政府辦理補助案件應否制定自治條例以為依據疑義

地方制度法第28條第2款規定
「創設、剝奪或限制地方自治團體居民
之權利義務者」以自治條例定之

↓

參照中央法規標準法第5條第2款規定
並予以限縮及具體化其適用範圍

↓

並非凡涉及地方自治團體居民之權利義務者
均須以自治條例定之

- 係有「創設」、「剝奪」或「限制」地方自治團體居民之權利義務者
  - 應以自治條例定之
- 給付行政措施受法律規範之密度自應較限制人民權益者寬鬆
  - 有預算上之依據
    - 審酌以自治規則或行政規則定之

第 4 章 自治權

UNIT **4-7**
地方自治條例之行政罰

（一）是否得以自治條例處予人民行政罰？

❶肯定說：可處予人民行政罰

《地方制度法》是依憲法增修條文第 9 條所制定，具有補充憲法之功能，有別於一般普通法律。另司法院釋字第 38 號解釋後段略以：「縣議會行使縣立法之職權時若無憲法或其他法律的依據不得限制人民之自由權利」，就法學解釋上反面解釋言之，若有憲法或其他法律（地方制度法）之依據，自有法律上權源來限制人民之自由權利。

❷否定說：不得處予人民行政罰

憲法第 23 條所規定之法律保留領域係須以法律之形式。依《中央法規標準法》規定，關於人民之權利、義務者應以法律定之，法律指立法院通過經總統公布者，並不及於自治條例。

❸依地方制度法第 26 條第 2 項

直轄市法規、縣（市）規章就違反地方自治事項之行政義務者，得規定處以罰鍰或其他種類之行政罰。但法律另有規定者，不在此限。故應採肯定說，地方自治團體是可運用自治條例處予人民行政罰。

（二）行政罰之種類

❶金錢之罰鍰處罰

罰鍰之處罰，最高以新臺幣 10 萬元為限；並得規定連續處罰之。罰鍰之處罰，逾期不繳納者，得依相關法律移送強制執行。

❷其他行政罰之種類

其他行政罰之種類限於勒令停工、停止營業、吊扣執照或其他一定期限內限制或禁止為一定行為之不利處分。執行罰、公布姓名及法人名稱、撤銷許可等目前皆非屬其他種類之行政罰。為強化地方自治團體之自治權，未來宜擴大地方處罰權限，如將自治條例訂定罰鍰上限由現行新臺幣 10 萬元提高至 30 萬元，或增加地方政府行政罰之種類，如沒入、命令歇業、解散、撤銷或廢止許可等。

❸與中央法律之競合

①有關自治條例所定罰則，如較法律為更高度之規定，是否即屬牴觸法律，尚不可一概而論，應視相關法律規範事項之性質及立法之目的，為整體考量。

②法律或法律明確授權之法規命令如已就相關行政罰之構成要件及效果明確規定者，自治條例僅係援引該規定，如有該當該構成要件者，原即得依相關法律或法規命令予以處罰，尚非自治條例罰則之範圍。

😃小博士解說

《屏東縣處理妨害交通車輛自治條例》第 1 條，敘明係依據《地方制度法》第 19 條、第 28 條規定，制定本自治條例。第 3 條，規範各種車輛有違規情形者（如於設有禁止停車標誌、標線之處所停放者），得拖吊離現場，並予以保管。第 7 條第 3 款，則逾期未領回車輛經公告招領逾 3 個月或查無車主車輛經公告招領逾 6 個月，無人領回者，依法處理。其處理經拍賣者，拍賣所得價款扣除移置費及保管費後，依法提存或繳庫。

自治條例行政罰之學說見解

自治條例之行政罰

- 肯定說 → 釋字第38號解釋 → 通說
- 否定說 → 法律保留

小提示 地方制度法第26條第2項前段，賦予地方自治團體行政罰的權限，惟在同條項但書又給予限制（不可違反中央法律）

自治條例行政罰之種類

行政罰之種類

逾期不繳納 ← 罰鍰 　 其他種類之行政罰

上限為10萬元

移送強制執行

得連續處罰

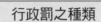
❶ 勒令停工
❷ 停止營業
❸ 吊扣執照
❹ 其他一定期限內限制或禁止為一定行為之不利處分

地方自治團體課予人民行政罰之方式

地方自治團體課予人民行政罰	途徑一	自治條例
		違反《臺北市競選廣告物自治條例》第 4 條第 2 項授權訂定辦法、第 5 條及第 6 條規定者，得依本自治條例第 9 條規定，處設置人或設置處所所有人新臺幣 1 萬元以上 5 萬元以下罰鍰，並限期改善、清除或刪除
	途徑二	中央法律
		違反《廢棄物清理法》第27條，依同法第50條裁罰

UNIT **4-8**
地方自治法規之位階與發布程序

（一）自治法規之位階

❶自治條例與憲法、法律或基於法律授權之法規或上級自治團體自治條例牴觸者，無效。發生牴觸無效者，分別由上級自治監督機關予以函告。自治規則與憲法、法律、基於法律授權之法規、上級自治團體自治條例或該自治團體自治條例牴觸者，無效。發生牴觸無效者，分別由上級自治監督機關予以函告。委辦規則與憲法、法律、中央法令牴觸者，無效。發生牴觸無效者，由委辦機關予以函告無效。自律規則與憲法、法律、中央法規或上級自治法規牴觸者，無效。

❷自治法規與憲法、法律、基於法律授權之法規、上級自治團體自治條例或該自治團體自治條例有無牴觸發生疑義時，得聲請司法院解釋之。

（二）自治法規之發布程序與生效

❶自治條例經地方立法機關議決後，函送各該地方行政機關，地方行政機關收到後，除法律另有規定或有特殊情況（如覆議、聲請司法院解釋）外，應於30日內公布。自治法規、委辦規則依規定應經其他機關核定者，應於核定文送達各該地方行政機關30日內公布或發布。

❷自治法規、委辦規則須經上級政府或委辦機關核定者，核定機關應於1個月內為核定與否之決定；逾期視為核定，由函報機關逕行公布或發布。但因內容複雜、關係重大，須較長時間之審查，經核定機關具明理由函告延長核定期限者，不在此限。

❸自治法規、委辦規則，地方行政機關未依規定期限公布或發布者，該自治法規、委辦規則自期限屆滿之日起算至第三日起發生效力，並由地方立法機關代為發布。但經上級政府或委辦機關核定者，由核定機關代為發布。

😊小博士解說

❶鄉（鎮、市）民代表會組織自治條例經縣政府核定後，逾2年未經公所公布，縣政府亦迄未為代公布程序，該組織自治條例之效力疑義

自治條例經縣政府核定後，將核定文函復鄉（鎮、市）民代表會，而鄉（鎮、市）民代表會亦未移請鄉（鎮、市）公所公布，其程序均與《地方制度法》第32條第2項規定未盡相符；至於該自治條例可否依同條第5項規定，自期限屆滿日起第三日發生效力一節，參照內政部89年9月間函釋，仍應自權責機關代為公布日起第三日始發生效力，故本案自治條例尚未發生效力，宜由縣政府重新函請鄉（鎮、市）公所公布，如鄉（鎮、市）公所未依規定公布，依上開規定，得由縣政府代為公布。

❷中央與地方紛爭解決機制有兩種途徑

①法律爭議循司法解釋（《地方制度法》第30條、第43條、第75條）或行政救濟（《地方制度法》第76條）。

②權限爭議循政治途徑（《地方制度法》第77條之立法院）。

自治法規之位階

憲法

法律

中央法規命令

縣市自治條例

鄉鎮市自治條例　縣市自治規則　縣市委辦規則

鄉鎮市自治規則　鄉鎮市委辦規則

自治法規之公布生效

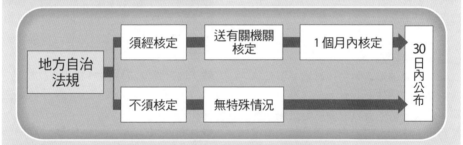

地方自治法規

須經核定 → 送有關機關核定 → 1個月內核定 → 30日內公布

不須核定 → 無特殊情況 → 30日內公布

代表會組織自治條例之公布生效

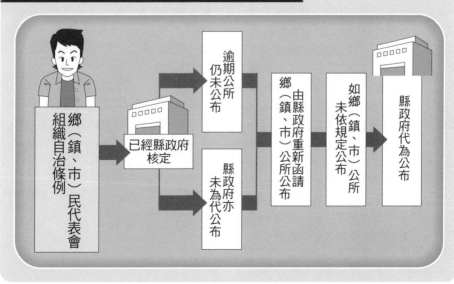

鄉（鎮、市）民代表會組織自治條例

已經縣政府核定

逾期公所仍未公布

縣政府亦未為代公布

由縣政府重新函請鄉（鎮、市）公所公布

如鄉（鎮、市）公所未依規定公布

縣政府代為公布

UNIT **4-9** 自治條例可否較中央法律為更嚴格規範（釋字第738號）

圖解地方政府與自治

（一）爭點

《電子遊戲場業申請核發電子遊戲場業營業級別證作業要點》第2點第1款第1目規定申請上開級別證須符合自治條例規定，是否合憲？《臺北市電子遊戲場業設置管理自治條例》第5條第1項第2款、《臺北縣電子遊戲場業設置自治條例》（已失效）第4條第1項、《桃園縣電子遊戲場業設置自治條例》（於中華民國103年12月25日公告自同日起繼續適用）第4條第1項分別規定電子遊戲場業營業場所應距離特定場所一千公尺、九百九十公尺、八百公尺以上，是否合憲？

（二）解釋文

《電子遊戲場業申請核發電子遊戲場業營業級別證作業要點》第2點第1款第1目規定電子遊戲場業之營業場所應符合自治條例之規定，尚無牴觸法律保留原則。《臺北市電子遊戲場業設置管理自治條例》第5條第1項第2款規定：「電子遊戲場業之營業場所應符合下列規定：……二、限制級：……應距離幼稚園、國民中、小學、高中、職校、醫院、圖書館一千公尺以上。」《臺北縣電子遊戲場業設置自治條例》第4條第1項規定：「前條營業場所（按指電子遊戲場業營業場所，包括普通級與限制級），應距離國民中、小學、高中、職校、醫院九百九十公尺以上。」（已失效）及《桃園縣電子遊戲場業設置自治條例》（於中華民國103年12月25日公告自同日起繼續適用）第4條第1項規定：「電子遊戲場業之營業場所，應距離國民中、小學、高中、職校、醫院八百公尺以上。」皆未違反憲法中央與地方權限劃分原則、法律保留原則及比例原則。惟各地方自治團體就電子遊戲場業營業場所距離限制之規定，允宜配合客觀環境及規範效果之變遷，隨時檢討而為合理之調整，以免產生實質阻絕之效果，併此指明。

（三）相關法律規範

❶《電子遊戲場業管理條例》第9條第1項規定，電子遊戲場業之營業場所，應距離國民中、小學、高中、職校、醫院五十公尺以上。

❷《地方制度法》第25條規定，直轄市、縣（市）、鄉（鎮、市）得就其自治事項或依法律及上級法規之授權，制定自治法規。

❸《地方制度法》第28條第2款規定，創設、剝奪或限制地方自治團體居民之權利義務者。

❹《地方制度法》第18條明定直轄市之自治事項，該條第7款第3目規定，直轄市工商輔導及管理。

❺《臺北市電子遊戲場業設置管理自治條例》第5條第1項（舊法）規定，電子遊戲場業之營業場所應符合下列規定：

　①普通級：應臨接寬度十二公尺以上道路，並應距離幼稚園、國民中、小學、高中、職校、醫院、圖書館五十公尺以上。

　②限制級：應臨接寬度三十公尺以上道路，並應距離幼稚園、國民中、小學、高中、職校、醫院、圖書館一千公尺以上。

系爭規定一，尚未牴觸法律保留原則	電子遊戲場業管理條例第 11 條第 1 項第 6 款規定：「電子遊戲場業……，應……向直轄市、縣（市）主管機關申請核發電子遊戲場業營業級別證及辦理下列事項之登記，始得營業：……六、營業場所之地址及面積。」經濟部為電子遊戲場業管理條例之中央主管機關（同條例第 2 條參照），本於主管機關權責修正發布之電子遊戲場業申請核發電子遊戲場業營業級別證作業要點第 2 點第 1 款第 1 目規定：「申請作業程序：電子遊戲場業……，申請電子遊戲場業營業級別證或變更登記，應符合下列規定：（一）營業場所 1.符合……自治條例……規定。」（下稱系爭規定一）僅指明申請核發上開級別證或變更登記應適用之法令，為細節性、技術性之規定，是系爭規定一尚未牴觸法律保留原則。惟各地方自治團體所訂相關自治條例須不牴觸憲法、法律者，始有適用，自屬當然。
系爭規定二、三、四，未牴觸法律保留原則	臺北市電子遊戲場業設置管理自治條例第 5 條第 1 項第 2 款規定：「電子遊戲場業之營業場所應符合下列規定：……二、限制級：……應距離幼稚園、國民中、小學、高中、職校、醫院、圖書館一千公尺以上。」（下稱系爭規定二）臺北縣電子遊戲場業設置自治條例（101 年 12 月 25 日臺北縣改制為新北市時繼續適用；後因期限屆滿而失效）第 4 條第 1 項規定：「前條營業場所（按指電子遊戲場業營業場所，包括普通級與限制級），應距離國民中、小學、高中、職校、醫院九百九十公尺以上。」（下稱系爭規定三）桃園縣電子遊戲場業設置自治條例（103 年 12 月 25 日公告自同日起繼續適用）第 4 條第 1 項規定：「電子遊戲場業之營業場所，應距離國民中、小學、高中、職校、醫院八百公尺以上。」（下稱系爭規定四）均涉及電子遊戲場業營業場所之規範，屬工商輔導及管理之事項，係直轄市、縣（市）之自治範圍，自非不得於不牴觸中央法規之範圍內，以自治條例為因地制宜之規範。前揭電子遊戲場業管理條例第 9 條第 1 項有關電子遊戲場業營業場所應距離國民中、小學、高中、職校、醫院五十公尺以上之規定，即可認係法律為保留地方因地制宜空間所設之最低標準，並未禁止直轄市、縣（市）以自治條例為應保持更長距離之規範。故系爭規定二、三、四所為電子遊戲場業營業場所應距離國民中、小學、高中、職校、醫院一千公尺、九百九十公尺、八百公尺以上等較嚴格之規定，尚難謂與中央與地方權限劃分原則有違，其對人民營業自由增加之限制，亦未逾越地方制度法概括授權之範圍，從而未牴觸法律保留原則。至系爭規定二另就幼稚園、圖書館，亦規定應保持一千公尺距離部分，原亦屬地方自治團體自治事項之立法權範圍，亦難謂與中央與地方權限劃分原則及法律保留原則有違。
隨時檢討，以避免產生實質阻絕之情事	因電子遊戲場業之經營，對社會安寧、善良風俗、公共安全及國民身心健康足以產生不利之影響，立法者乃制定電子遊戲場業管理條例以為管理之依據（電子遊戲場業管理條例第 1 條參照）。該條例第 9 條第 1 項規定，電子遊戲場業營業場所應距離國民中、小學、高中、職校、醫院五十公尺以上，為達成上開立法目的之一種手段。系爭規定二將限制級電子遊戲場業營業場所應保持之距離延長為一千公尺，且含幼稚園、圖書館為電子遊戲場業營業場所應保持距離之處所；系爭規定三、四則分別將應保持之距離延長為九百九十公尺、八百公尺以上。究其性質，實為對從事工作地點之執行職業自由所為限制，故除其限制產生實質阻絕之結果而涉及職業選擇自由之限制應受較嚴格之審查外，立法者如為追求一般公共利益，且該限制有助於目的之達成，又別無其他相同有效達成目的而侵害較小之手段可資運用，而與其所欲維護公益之重要性及所限制行為對公益危害之程度亦合乎比例之關係時，即無違於比例原則（本院釋字第 584 號、第 711 號解釋參照）。系爭規定二、三、四所欲達成維護社會安寧、善良風俗、公共安全及國民身心健康等公益之立法目的洵屬正當，所採取電子遊戲場業營業場所應與特定場所保持規定距離之手段，不能謂與目的之達成無關聯。且各直轄市、縣（市）就其工商輔導及管理之地方自治事項，基於因地制宜之政策考量，對電子遊戲場業營業場所設定較長之距離規定，可無須對接近特定場所周邊之電子遊戲場業，耗用鉅大之人力、物力實施嚴密管理及違規取締，即可有效達成維護公益之立法目的，係屬必要之手段。至該限制與所追求之公共利益間洵屬相當，亦無可疑。尚難謂已違反比例原則而侵害人民之營業自由。惟有鑑於電子遊戲場業之設置，有限制級及普通級之分，對社會安寧、善良風俗、公共安全及國民身心健康所可能構成妨害之原因多端，各項原因在同一直轄市、縣（市）之各區域，所能產生影響之程度亦可能不同。加之各直轄市、縣（市）之人口密度、社區分布差異甚大，且常處於變動中。各地方自治團體有關距離限制之規定，如超出法定最低限制較多時，非無可能產生實質阻絕之效果，而須受較嚴格之比例原則之審查。相關地方自治團體允宜配合客觀環境及規範效果之變遷，隨時檢討而為合理之調整，併此指明。

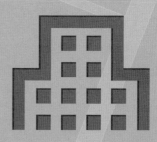

第 **5** 章

比較地方制度

●●●●●●●●●●●●●●●●●●●●●●●●●●●● 章節體系架構 ▼

UNIT **5-1**
權力分立制與權力一元制

從地方自治團體政府權力是否分立之角度可分成「權力分立制」與「非權力分立制」，其中非權力分立制又稱之為「權力一元制」。

（一）權力分立制

權力分立（separation of powers）的概念可上推至洛克（John Locke）的著作《政府論二篇》（Two Treatises of Civil Government）。而後由孟德斯鳩（Montesguieu）之名著《法意》（The Spirit of Laws）中，所推演出的行政、立法、司法「三權分立說」，成為現代民主國家憲政主義重要指標，是為憲法中具有本質之重要性而為規範秩序存立之基礎者。

但在地方自治領域中，因聯邦國與單一國之態樣上差異，在地方自治團體之權力分立也略有不同。

❶側重州權之聯邦國

側重州權，而採取州權主義之聯邦國家，地方自治團體之權力頗大，通常地方具有司法權，故在地方也採取行政、立法、司法之三權分立。如美國各州都有民選的州長、民選之州議會及州的初審法院、上訴法院、終審法院。這讓美國各州之司法審判規範差異很大，例如有些州有死刑，有些州則廢除死刑（美國第一個廢除死刑的州為密西根州）。

❷側重中央權之聯邦國

側重中央權之聯邦國家，通常地方不具有司法權，故地方採取的是行政、立法之權力分立機制，司法權是掌握在中央的，如比利時。

❸單一國

通常採取單一國設計之國家，中央賦予地方之自治權大概都僅限於行政與立法權。如我國給予地方之權力便限於行政、立法權，司法權是掌握在中央之司法院的。

（二）權力一元制

採權力一元制（Union of Powers）者，須將地方自治團體的權力交給一個機關來完全掌控，顯然不會交給一個民選的行政首長，否則就產生了一個民選的君王了。所以，必然將地方自治團體的權力交給一個「合議制」的機關，以避免權力的專擅。這個合議制的機關就是「議會」或「委員會」，決策係以議員合議表決的方式形成。

合議制機關之決策作成，一方面須經過繁雜的議事程序，另一方面，還要有各種勢力之協商妥協過程。通常這種權力一元制的型態較適合於不需要快速及有效率決策之人少事簡的鄉村，人多事繁且需要有效率決策之都市地區便較不適用。都市地區為快速決策通常需要一個有政治實力之民選行政首長。

😊實例說明

以我國為例，我國屬於單一國之態樣，所以各地方自治團體僅有行政權與立法權。各地方雖有地方法院或地檢署之設置，但皆隸屬中央。如臺灣士林地方法院係隸屬於司法院，而臺灣新北地檢署則隸屬於法務部。

權力分立之概念

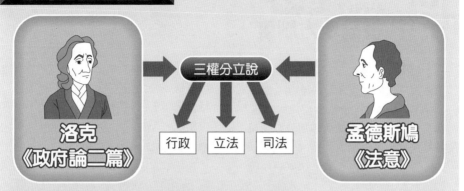

洛克
《政府論二篇》

三權分立說

行政　立法　司法

孟德斯鳩
《法意》

權力分立制與權力一元制之比較

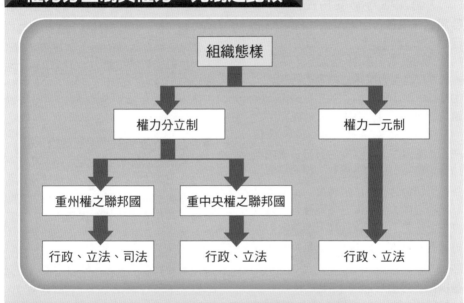

組織態樣

權力分立制

權力一元制

重州權之聯邦國

重中央權之聯邦國

行政、立法、司法

行政、立法

行政、立法

各地方法院與各地檢署係屬中央管轄

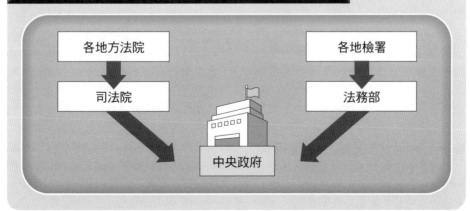

各地方法院

各地檢署

司法院

法務部

中央政府

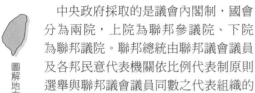

UNIT 5-2
德國地方制度

（一）德國政體

中央政府採取的是議會內閣制，國會分為兩院，上院為聯邦參議院、下院為聯邦議院。聯邦總統由聯邦議會議員及各邦民意代表機關依比例代表制原則選舉與聯邦議會議員同數之代表組織的「聯邦大會」選舉之。

（二）德國地方制度特色

❶憲法保障各邦自治及各邦內之地方自治

依德國基本法第 28 條規定，各邦之憲法秩序應符合基本法所定之共和、民主及社會法治國原則；各邦、縣市及鄉鎮人民應各有其經由普通、直接、自由、平等及祕密選舉而產生之代表機關。各鄉鎮在法定限度內自行負責處理地方團體一切事務之權利，應予保障。各鄉鎮聯合區在其法定職權內依法應享有自治之權。自治權之保障應包含財政自主之基礎；各鄉鎮就具有經濟效力的稅源有稅率權（Hebesatzrecht），即屬前開財政自主之基礎。

❷採行「多層次治理」架構

德國基本法第 28 條第 1 項後段規定：「於縣市與鄉鎮之選舉，具有歐洲共同體成員國國籍之人，依歐洲共同體法之規定，亦享有選舉權與被選舉權。」同法第 50 條規定：「各邦經由聯邦參議院參與聯邦立法、行政及歐洲聯合事務。」以此建構了歐洲聯盟、聯邦政府、各邦暨邦內的地方自治團體之「多層次治理」架構。

❸各邦參與中央決策權因人口數而異

德國基本法第 51 條第 2 項規定，聯邦參議院由各邦政府任命及徵召之各該邦政府委員組織之。每一邦至少應有 3 個投票權；人口超過 200 萬之邦應有 4 個投票權；人口超過 600 萬之邦應有 5 個投票權；人口超過 700 萬之邦應有 6 個投票權。

❹「剩餘權」歸屬各邦

德國基本法第 70 條規定，本基本法未賦予聯邦立法之事項，各邦有立法之權。

❺憲法明定中央應協力事項

德國基本法第 91 條之 1 規定，各邦執行其任務，如此等任務具整體意義而聯邦之參與對改善生活水準有必要時，下列情形聯邦應予協力：①大學包括大學醫院之建立與新建；②地方經濟結構之改善；③農業結構與海岸防禦之改善。且聯邦應負擔一半之支出。

❻地方自治團體具「解釋訴訟」權

德國基本法第 93 條規定，聯邦憲法法院審判下列案件：①關於聯邦法律或各邦法律與基本法在形式上及實質上有無牴觸或各邦法律與其他聯邦法律有無牴觸、發生歧見或疑義時，經聯邦政府、邦政府或聯邦議會議員三分之一之請求受理之案件；②關於法律是否符合基本法第 72 條第 2 項之要件（在聯邦領域內建立等值之生活關係，或在整體國家利益下為維護法律與經濟之統一，而認以聯邦法律規範為必要者，聯邦有立法權）發生歧見，而由聯邦參議院、邦政府或邦議會所提起之案件；③關於聯邦與各邦之權利義務，尤其關於各邦執行聯邦法律及聯邦對各邦行使監督，發生歧見之案件；④關於聯邦與各邦間、邦與邦間或一邦內之其他公法上爭議，而無其他法律途徑可循之案件；⑤鄉鎮及鄉鎮聯合區由於依第 28 條之自治權遭法律損害而提起違憲之訴願，該法律如係邦法，則須係無從在邦憲法法院提起者。

德國的多層次治理

德國之聯邦專屬立法權與共同立法範圍（基本法第73條及第74條）

聯邦關於右列事項有專屬立法權	外交及國防，包括平民保護	聯邦國籍
	遷徙自由、護照、移民及引渡	通貨、貨幣及鑄幣、度量衡及時間與曆法之規定
	航空運輸	關稅與通商區域之劃一、通商與航海協定、貨物之自由流通及國外貿易之支付，包括關稅保護與邊界保護
	郵政及電訊	完全或大部分屬聯邦所有財產之鐵路（聯邦鐵路）之運輸，聯邦鐵路之鋪設、保養或經營，以及使用聯邦鐵路費用之徵收
	聯邦與聯邦政府直轄公法團體服務人員之法律地位	工業財產權
	聯邦與各邦右列事項之合作	❶刑事警察事項
		❷保護自由民主之基本秩序、聯邦或一邦之持續與安全
		❸防止在聯邦境內使用暴力或準備使用暴力而危及德意志聯邦共和國外在意義之行為
右列事項屬於共同立法範圍	人口狀況事項	民法、刑法及判決執行、法院組織、司法程序、律師、公證及法律諮詢
	集會、結社	外僑居留、居住權
	公共福利	戰爭傷患及戰爭遺族之扶助以及以往戰俘之照顧
	武器法及炸藥法	難民及驅逐出國事項
	戰爭損害及回復	軍人基地、其他戰爭受害者及暴政受害者之基地
	有關經濟（礦業、工業、能源供應、手工業、貿易、商業、銀行與證券交易、民間保險）之法律	為和平目的之核能之生產與利用，為滿足上述目的之裝備之設立與操作，因核能或放射線外洩及放射性物料處理所生危險之防護
	學術補助之整頓及科學研究之促進	勞動法，包括企業組織、勞工保護與職業介紹，及社會保險，包括失業保險
	有關本基本法第73、74條列舉各事項之公用徵收法律	土地、地產、天然資源與生產工具之轉移公有或其他形式之公營經濟
	經濟權力濫用之防止	農林生產之促進、糧食供應之保障、農林產品之輸出輸入、遠洋與海洋漁業及海岸防禦
	地產交易、土地法（但不含拓路受益費法）與農地租佃制度、住宅制度、政府給予墾殖與家園制度	防止人畜傳染疾病之措施，醫師與其他醫業及醫療商執照之許可，藥品、麻醉藥品、毒藥之販賣
	醫院之經濟保障及醫院病人看護規則之整頓	食品、刺激性飲料、生活必需品、飼料、與農林苗種交易之保護，樹木植物病害之防止，及動物之保護
	陸路交通、汽車運輸及長途運輸公路之修建保養	遠洋與沿海航運、航業補助、內陸航運、氣象服務、海洋航路，及用於一般運輸之內陸水道
	非屬聯邦之鐵路，但山嶽鐵路不在此限	垃圾處理、防止空氣污染及防止噪音
	國家責任	人工受精、遺傳訊息之研究與人為改變及器官與組織之移植

UNIT **5-3**
英國地方制度

大不列顛及北愛爾蘭聯合王國，簡稱英國，中央政府採取的是議會內閣制，國會分為兩院，內閣對單一選區選出議員所組成的下議院負責；上議院則由世襲及加封之貴族、教士及社會賢達等組成。

英國歷史傳統上可分為英格蘭、威爾斯、蘇格蘭和北愛爾蘭四大區域。其中威爾斯政府（Welsh Government）、蘇格蘭政府（Scottish Government）和北愛爾蘭政府（Northern Ireland Executive）具「委任政府」（devolved government）之地位，職司健康、教育、文化、環境、交通等事項。英國的地方制度特色說明如下：

（一）一級制與二級制並存

英國地方政府（local government）是一級制（one-tier）與二級制（two-tiers）並存，第一級地方政府為郡（county），其下之第二級政府為市（city）或區（borough、district）。

❶郡議會及區議會

英格蘭多採郡議會及區議會兩級制，郡議會（county council）提供了包含學校教育、社會服務、大眾運輸等大部分之公共服務功能。每一個郡再劃分為數個區（district council）或市（city council），區議會或市議會提供住宅、公共保健、垃圾清運、體育和文化娛樂等服務功能。

❷鎮議會及教區議會

英國部分地區設有鎮議會（town council）或教區議會（parish council）或社區議會（community councils），其職能涉及公共廁所、停車場、運動中心等事項。事實上，鎮議會及教區議會有時也被認為屬第三級地方政府（the third tier of local government）。

（二）單一地方自治政府

英國有些地方是採取一級制，係由一個單一地方自治政府（unitary local authority）負責處理所有地方事務；此類單一地方政府型態，包含都會區議會（metropolitan district council）、區議會（borough council）、市議會（city council）、郡議會（county council）或區議會（district council）。

（三）大倫敦市

倫敦為具首都地位之直轄市，採二級制，第一級為大倫敦市（Greater London authority），有直接民選的市長及議會（assembly），採權力分立制。第二級為 32 個區（borough council）及1 個市（City of London Corporation），採權力一元制。

（四）跨域合作之實踐

為強化地方治理效能及資源共享，地方政府間在許多領域間進行跨域合作（joint services），特別是在警政、消防、大眾運輸事務上。

（五）地方財政自主性不足

英國地方政府支出約占全國公共支出四分之一強，而地方政府財政收入有三：❶中央政府之補助款（grants）；❷地方政府自行開徵之地方稅（council tax）；❸類似我國統籌分配稅制之非住家財產稅（national non-domestic rates）。其中「非住家財產稅」係針對商業財產和非住家之財產開徵，屬財產稅性質，亦稱商業稅（business rates）。又因地方稅僅占地方收入的四分之一，其他地方財政收入須仰賴補助款及商業稅，財政自主性不足；故工黨的地方政府改革計畫中便包括改善地方政府的財政困境。

英國地方政府（local government）比較表

<table>
<tr><td rowspan="9">英格蘭</td><td colspan="3">多數地區採二級制，少數地區採一級制</td></tr>
<tr><td rowspan="2">二級制</td><td>第一級：郡（country council）</td><td>教育、運輸、規劃、消防與公共安全、社會福利、圖書館、廢棄物管理、交易規範</td></tr>
<tr><td>第二級：區（district council）、區（borough council）、市（city council）</td><td>垃圾清理、資源回收、地方稅、住宅、規劃之執行</td></tr>
<tr><td rowspan="4">一級制之態樣</td><td>單一自治政府（unitary authorities in shire areas）</td><td>提供所有地方服務</td></tr>
<tr><td>區（London boroughs）</td><td rowspan="2">除消防、警政、公共運輸由聯合性政府職掌外，其他地方服務由區議會提供；此聯合性政府在倫敦為大倫敦市</td></tr>
<tr><td>區（metropolitan boroughs）</td></tr>
<tr><td colspan="2">英格蘭部分地區在區級之下，另有社區（Parish, community and town councils），亦為民選產生，職司小型農園、公眾時鐘、公車候車亭、社區活動中心、運動場、社團補助、鄰里規劃諮詢</td></tr>
</table>

<table>
<tr><td rowspan="2">威爾斯</td><td rowspan="2">一級制</td><td>有郡（county council）及郡區（county borough council）兩類型，目前共有 22 個單一地方自治政府</td></tr>
<tr><td>主要為交易標準、圖書館、休閒觀光、環境衛生、垃圾處理及資源回收、交通與公路、住宅、社會福利等服務</td></tr>
</table>

<table>
<tr><td rowspan="3">蘇格蘭</td><td rowspan="3">一級制</td><td rowspan="3">共有 32 個單一地方自治政府，擁有三類型權力</td><td>強制性權力，諸如教育、消防、社會福利</td></tr>
<tr><td>許可性權力，諸如經濟發展、休閒娛樂</td></tr>
<tr><td>監管性權力，諸如交易規範、環境衛生、執照發放</td></tr>
</table>

<table>
<tr><td rowspan="4">北愛爾蘭</td><td rowspan="4">一級制</td><td colspan="2">目前有 26 個地方議會，預計在 2015 年 4 月 1 日整併為 11 個</td></tr>
<tr><td>目前未具有權力事項</td><td>垃圾處理、資源回收、市容管理、場地維護、街道清潔、墓地、公共廁所、食品安全、健康安全、環境保護、環境改善、房地產管理、建築管理、寵物管理、執法規範、運動休閒服務、運動休閒服務設施、公園、社區活動中心、藝術文化、出生死亡及結婚登記</td></tr>
<tr><td>權力事項</td><td>教育、個人社會服務、道路、公共住宅、消防、警政、交易標準、排水、污水、圖書館、規劃、街道路燈、稅收、運輸</td></tr>
<tr><td>2015 年新增事項</td><td>地方規劃、非路邊停車、地方經濟發展、社區發展、都市再造</td></tr>
</table>

資料來源：整理自 Gov. UK、Scotland Government、Welsh Government、Northern Ireland Government 網站。

英國委任分權（devolution settlement）比較表

地區	分權方式	內容
威爾斯	委任分權予威爾斯的權力（subjects）	農漁林業及鄉村發展、歷史古蹟、文化、經濟發展、教育訓練、環境、消防救援、食品、健康、交通、住宅、地方政府、威爾斯議會、公共行政、社會福利、運動休閒、觀光、城鎮規劃、防禦洪水、威爾斯語
	保留於西敏寺的權力（non-devolved）	未明列於威爾斯的分權事項，皆保留於英國國會
蘇格蘭	保留於西敏寺的權力（reserved matters）	憲法、外交、國防、國際關係、公務員制度、財政、移民、藥物濫用、貿易、能源、交通、勞資關係、社會安全、墮胎與代孕、廣播、平等權
	委任分權予蘇格蘭的權力（devolved matters）	衛生福利、教育訓練、地方政府與住宅、司法與警政、農林漁業、環境、觀光、經濟發展與交通
北愛爾蘭議會	保留於西敏寺的權力（excepted matters）	憲法、皇室繼承、國際關係、國防武力、移民與庇護、選舉、國家安全、核能、國稅、貨幣、榮典權、國際條約
	經西敏寺同意，委任政府可行使的權力（reserved matters）	火器與炸藥、金融服務與年金規範、廣播、進出口管制、民用航空、國際貿易、電信、海床、議員除籍、消費者安全、智慧財產
	委任分權予北愛爾蘭的權力（transferred matters）	衛生福利、教育、就業、農業、社會安全、年金、住宅、經濟發展、地方政府、環境、交通運輸、文化、北愛爾蘭公務員、平等權、司法與警政

資料來源：Gov. UK, 2013。

英國地方政府之行政機制設計（executive arrangements）

<table>
<tr><td colspan="4">依英國的地方政府法（Local Government Act 2000）</td></tr>
<tr><td rowspan="7">地方政府組織（local authority executives）態樣</td><td rowspan="2">民選市長制（mayor and cabinet executive）</td><td colspan="2">an elected mayor of the authority</td></tr>
<tr><td colspan="2">two or more councillors of the authority appointed to the executive by the elected mayor</td></tr>
<tr><td rowspan="3">議會推舉首長制（leader and cabinet executive）</td><td colspan="2">a councillor of the authority（the executive leader）elected as leader of the executive by the authority</td></tr>
<tr><td rowspan="2">two or more councillors of the authority appointed to the executive by one of the following</td><td>the executive leader</td></tr>
<tr><td>the authority</td></tr>
<tr><td rowspan="2">市長／議會經理制（mayor and council manager executive）</td><td colspan="2">an elected mayor of the authority</td></tr>
<tr><td colspan="2">an officer of the authority（the council manager）appointed to the executive by the authority</td></tr>
</table>

UNIT **5-4**
法國地方制度

（一）法國政體

中央政府採取的是雙首長制，有一民選之總統及民選之上下兩院組成國會（上院為參議院，下院為國民議會）。

（二）法國地方制度設計

依法國第五共和憲法第 13 條規定，省長係由部長會議同意後由總統任命。第 72 條第 1 項，共和國之領土單元包含市鎮（communes）、省（departments）、區（regions）、特殊地位地區（special-status areas）及海外領地（overseas territories）。第 72 條第 2 項規定，共和國各領土單元就其事務，於其權限範圍內享有自主決定權。第 72 條第 3 項規定，共和國各領土單元選舉議會以實施自治，並制定法規。法國憲法第 72 條之 2，並賦予共和國各領土單元分享資源及稅收之權利。另法國憲法第 75 條之 1 規定，所有區域語言皆為法國之資產。

（三）法國地方制度的特色

❶「去中央集權化」之「地方自治化」發展

1982 年 3 月法國制定地方分權法（decentralisation law）以平衡中央政府與地方之權力，透過行政權及財政權之分權，賦予地方更高之自治權。

❷「區」、「省」和「市鎮」三級制地方政府

①區（regions）：法國共有 26 個區，其中 4 個為海外領地；在 1982 年地方分權法之後，區的主要職能為地方發展規劃、經濟發展、職業訓練、公共建設、設置及營運學校等。

區的決策機制為議會（regional councill），議員任期 6 年；議會選出之主席（regional council chairmen）則為區之行政首長（region's executive authority）。

②省（departments）：目前有 100 個省，其中 4 個為海外省（Martinique, Guadeloupe, Réunion and French Guiana），在 1982 年地方分權法之後，省的主要職能為健康與社會服務、鄉村基礎建設、省轄道路、相關資本支出、學校營運等。

省的決策機制為議會（general council），議員任期 6 年，由單一選區及期中改選（3 年改選半數）之「two-ballot uninominal majority poll」選制選出。

③市鎮（communes）：在法國有超過 37,000 個市鎮，其中百分之八十的居民數少於 1,000 人，因此法國政府鼓勵小的市鎮合併為大市鎮（communautés urbaines）或跨域合作，並在 1992 年 2 月通過相關法律以加速整併。

市鎮之權力機關為民選議會（the municipal council）及議會選出的市長（Mayor），議員任期通常 6 年。議會制定政策、審議預算，由市長加以執行。另市長同時兼具地方自治體的行政首長及國家政府代表，作為地方政府行政首長，須執行地方議會之決策；作為國家政府代表，須行使某些國家政府職能，如出生登記、結婚登記、配合檢察官刑法追訴等。

❸特殊地位地區

特殊地位地區（special-status areas）包含 Mayotte and St Pierre and Miquelon 等。

法國的地方制度

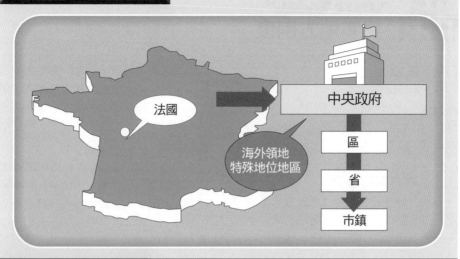

法國

海外領地
特殊地位地區

中央政府

區

省

市鎮

法國領土單元

Metropolitan France	divided into 22 regions
	subdivided into 96 departments
four overseas departments (DOM)	Guadeloupe, Martinique, Guyana (French Guiana) and Reunion
four overseas territories (TOM)	French Polynesia, New Caledonia, Wallis and Futuna and the French Southern and Antarctic Territories
"territorial communities" with special status	Mayotte and St Pierre and Miquelon

法國2008年修憲設置「人權保護官」

法國憲法
第71條之1

人權保護官係經由總統提名，並依憲法第13條之規定經國會同意後任命，任期6年，不得連任

人權保護官以確保國家行政部門、地方自治團體、公共機關以及所有與公共事務相關之機構對人權與自由的尊重

任何人倘認為被上述所列機關侵害，則可向人權保護官提出救濟

UNIT **5-5**
日本地方制度

（一）日本

日本領土由北海道、本州、四國、九州四個大島和 3,900 多個小島組成，中央政府採取的是議會內閣制，國會分為兩院，上院為參議院，下院為眾議院。

（二）地方制度設計

其地方制度設計分為二個層級。都、道、府、縣是位階相同的第一層級之地方自治團體；第二層地方自治團體，則為市、町、村。日本地方公共團體可分為普通地方公共團體和特殊地方公共團體兩種類型。

（三）普通地方公共團體

根據組織和功能不同，普通地方公共團體一般分為都道府縣和市町村這兩層構造。都道府縣和市町村是平等的地方公共團體，都道府縣負責廣域的地方行政事務，而市町村則直接掌管與居民密切相關的各種事務。都道府縣和市町村根據它們職責的分配在地方行政管理中互相合作。

❶都道府縣

都道府縣是包括市町村的廣域地方公共團體。現在，有 1 都（東京都）、1 道（北海道）、2 府（京都府和大阪府）和 43 縣。之所以有「都、道、府、縣」這樣不同的稱呼，有其歷史沿革上的理由；相對而言，「都」和「道」有些許例外，但「府」和「縣」之間在本質上沒有什麼區別。

❷市町村

市町村是與當地居民有直接關係的最基本的地方公共團體。

❸指定都市

擁有 50 萬人口以上的市被國家政府指定為「指定都市」。為了對應大城市問題，指定都市被允許制定一些與一般的市不同的特殊措施或規定。如大阪、名古屋等。

❹中核市

人口在 30 萬以上的市，可以被國家政府指定為「中核市」。除了和都道府縣共同處理才能有效實施的事務之外，中核市可以代表指定都市處理本市事務。

❺特例市

擁有 20 萬以上人口的城市被國家政府指定為「特例市」。它們被授權代表中核市負責處理一部分行政工作。

（四）特別地方公共團體

特別地方公共團體是根據地方自治政策觀點，為特殊目的而建立起來的。與普通地方公共團體的區別在於它們的區域、組織以及職權等有特殊性。特別地方公共團體有以下幾種：

❶特別行政區

特別行政區是指東京都內設置的 23 個區。原則上，特別行政區要服從適用於市的有關規定；但從人口高度集中的大城市地區應該保持行政上的整體性和統一性的觀點來看，特別行政區是在大城市制度下設立的特別地方公共團體。

❷其他特別地方公共團體

①組合：為共同處理地方公共團體的事務而設置。

②廣域聯合：為在大範圍內處理地方公共團體的事務而設置。

③財產區：管理並處置財產或公共設施。

④地方發展事業團：與有關地方公共團體共同實施公共事業。

日本之地方公共團體類型

地方公共團體	普通地方公共團體	都道府縣	都道府縣是包括市町村的廣域地方公共團體	
			目前有1都（東京都）、1道（北海道）、2府（京都府和大阪府）和43縣	
		市町村	都道府縣負責廣域的地方行政事務，而市町村則直接掌管與居民密切相關的各種事務	
			目前日本全國共有783個市（包括指定都市）、802個町和192個村	
		指定都市	擁有50萬人口以上的市，經國家指定者，如大阪市、名古屋市等	
		中核市	人口在30萬以上的市，經國家指定者，如函館市、秋田市等	
		特例市	人口在20萬以上的市，經國家指定者，如八戶市、長岡市等	
	特別地方公共團體	特別行政區	特別行政區是在大城市制度下設立的特別地方公共團體	
		其他特別地方公共團體	組合	為共同處理地方公共團體的事務而設置
			廣域聯合	為在大範圍內處理地方公共團體的事務而設置
			財產區	管理並處置財產或公共設施
			地方發展事業團	與有關地方公共團體共同實施公共事業

東京都的組織與結構

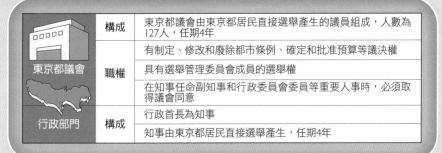

東京都議會	構成	東京都議會由東京都居民直接選舉產生的議員組成，人數為127人，任期4年
	職權	有制定、修改和廢除都市條例、確定和批准預算等議決權
		具有選舉管理委員會成員的選舉權
		在知事任命副知事和行政委員會委員等重要人事時，必須取得議會同意
行政部門	構成	行政首長為知事
		知事由東京都居民直接選舉產生，任期4年

東京都對特別行政區的財政調整制度

都政府與區政府共同分配稅收	東京都政府在23區所在的區域內執行了原屬於市範圍內的行政事務		
	三種都稅	市町村居民稅的法人稅	按確定比例劃撥給區政府
		固定資產稅	
		特殊土地保有稅	
	23個特別行政區之間的財政調整，也是為了調整由於對資金來源的分配不平均而出現的個別行政區的財政收入不平衡而設計的		

UNIT 5-6 中共地方制度

（一）中華人民共和國

簡稱中共，其政體是人民代表大會制度。憲法第 95 條、第 96 條、第 105 條規定，省、直轄市、縣、市、市轄區、鄉、民族鄉、鎮設立人民代表大會和人民政府。地方各級人民代表大會是地方國家權力機關，縣級以上的地方各級人民代表大會設立常務委員會。地方各級人民政府是地方各級國家權力機關的執行機關，是地方各級國家行政機關。地方各級人民政府實行省長、市長、縣長、區長、鄉長、鎮長負責制。

（二）中共地方制度特色

特色為「三級制和四級制並存」及「部分區域實施市管縣」，簡要說明：中共的行政區域基本上劃分為三級，即省（自治區、直轄市）；縣（自治縣、市）；鄉（民族鄉、鎮）。但在經濟比較發達的地區，為促進城鄉結合和工農結合，打破條塊分割，充分發揮城、鄉兩個方面的積極性，實行「市管縣」的行政體制。實行市管縣的地方，就是在省、縣之間增加一級政區，實行四級制。另外，在有些自治區，下轄自治州，州以下有縣，也是四級制。這就使中國現行行政區劃和地方行政建制層次形成了三級和四級並存的體制。

❶省級

省級行政單位是中共中央直接管轄的最高一級地方行政區域，目前有省、自治區、直轄市、特別行政區。

民族自治地方的自治機關是自治區、自治州、自治縣的人民代表大會和人民政府，是中共少數民族聚居地方實行民族區域自治而建立的相當於省的行政區域，目前有 5 個自治區，分別為內蒙古自治區、新疆維吾爾自治區、廣西壯族自治區、寧夏回族自治區、西藏自治區。

直轄市由國務院直接管轄，是人口較集中且在政治、經濟、文化等方面具有特別重要地位的大城市。目前設有北京、天津、上海、重慶等 4 個直轄市。

因中共所實施的「一國兩制」政策，依中共憲法第 31 條規定國家在必要時可以設立特別行政區。目前設有香港特別行政區、澳門特別行政區。

❷地級

地級行政單位是介於省級和縣級之間的一級地方行政區域，包括地區、自治州、行政區和盟。

「地區」是省、自治區的派出機構，管理幾個縣、自治縣和市，不是一級地方政權。「自治州」，是中國少數民族聚居地方為實行民族區域自治而建立的介於省級和縣級之間的一級行政區域，設人民代表大會和人民政府，是一級政權機構。自治州下分縣、自治縣、市。「盟」是中國內蒙古自治區地級行政區域，原是蒙古族旗的會盟組織，設人民代表大會和人民政府，是一級政權機構。盟包括幾個縣、旗、市。

❸縣級

縣級行政單位是中國地方二級行政區域，是地方政權的基礎。縣級行政單位包括縣、自治縣、旗、自治旗、特區、工農區、林區等。

❹市級

市作為一級政權組織，是中國人口比較集中，政治、經濟、文化地位比較重要的城市。除中央直轄市外，有省轄市（地級市）、地轄市（縣級市）、省轄市轄市（縣級市）等。

❺縣級以下的基層行政區域為鄉和鎮，是地方三級行政單位

中共行政區域劃分

中共行政區域劃分如右	全國分為省、自治區、直轄市
	省、自治區分為自治州、縣、自治縣、市
	縣、自治縣分為鄉、民族鄉、鎮
直轄市和較大的市分為區、縣。自治州分為縣、自治縣、市	
市管縣	
自治區、自治州、自治縣都是民族自治地方	
國家在必要時得設立特別行政區，在特別行政區內實行的制度按照具體情況由全國人民代表大會以法律規定	

民族自治區

民族自治地方的建立	原則	少數民族聚居的地方，根據當地民族關係、經濟發展等條件，並參酌歷史情況，可以建立以一個或者幾個少數民族聚居區為基礎的自治地方
	名稱	民族自治地方的名稱，除特殊情況外，按照地方名稱、民族名稱、行政地位的順序組成
	區域	民族自治地方的建立、區域界線的劃分、名稱的組成，由上級國家機關會同有關地方的國家機關，和有關民族的代表充分協商擬定，按照法律規定的程序報請批准
	自治機關	民族自治地方的自治機關是自治區、自治州、自治縣的人民代表大會和人民政府
自治機關的自治權	自治法規	民族自治地方的人民代表大會有權依照當地民族的政治、經濟和文化的特點，制定自治條例和單行條例
	語言權	民族自治地方的自治機關在執行職務的時候，依照本民族自治地方自治條例的規定，使用當地通用的一種或者幾種語言文字；同時使用幾種通用的語言文字執行職務的，可以以實行區域自治的民族的語言文字為主
	工作權	民族自治地方的企業、事業單位依照國家規定招收人員時，優先招收少數民族人員，並且可以從農村和牧區少數民族人口中招收
	邊境貿易權	民族自治地方依照國家規定，可以開展對外經濟貿易活動，經國務院批准，可以開闢對外貿易口岸；與外國接壤的民族自治地方經國務院批准，開展邊境貿易
	財政權	民族自治地方的財政是一級財政，是國家財政的組成部分；民族自治地方在全國統一的財政體制下，透過國家實行的規範的財政轉移支付制度，享受上級財政的照顧
	教育權	民族自治地方的自治機關根據國家的教育方針，依照法律規定，決定本地方的教育規劃，各級各類學校的設置、學制、辦學形式、教學內容、教學用語和招生辦法

城市行政區劃體系

類型	特大城市	指城市非農業人口超過100萬的城市
	大城市	指城市非農業人口超過50萬的城市
	中等城市	指城市非農業人口在20萬至50萬之間的城市
	小城市	指城市非農業人口在20萬以下的城市
行政級別	分為直轄市、副省級城市、地級市、縣級市	

UNIT **5-7** 美國地方制度

（一）美國

美國實行的是憲政聯邦共和制（constitutional federal republic），中央政府採取的是總統制。由總統職司行政權，為國家元首與最高行政長官；國會職司立法權，採參議院與眾議院之兩院制國會。

（二）美國地方制度特色

❶州權主義

①國會議員產生：美國參議院以每州人民選舉 2 位參議員組織之（不分大州或小州）；參議員各有一表決權，其任期為 6 年，每 2 年改選總數的三分之一。

②總統產生：美國總統係由「選舉人團」選出，其人數應與各該州所當選派於國會之參議員與眾議員之總數相等，總數為 538 名，取得過半數（270 張）選舉人團票者，當選總統。

③最高法院法官：最高法院法官由總統提名，經參議院（代表州）同意後產生。

④剩餘權歸屬於州：美國憲法中，未授予美國政府或未禁止各州行使之權限，皆保留於各州或其人民。

⑤修憲同意權歸屬為州：美國憲法之修正，國會遇兩院議員三分之二人數認為必要時，或諸州三分之二之州議會之請求而召集修憲會議，得提出本憲法之修正案。以上兩種情形中之任何一種修正案，經各州四分之三之州議會或經修憲會議四分之三絕對多數批准時，即認為本憲法之一部而發生效力。

❷形式上為三級制，實質上屬多級制

美國地方制度設計形式上分為聯邦政府、州、地方政府三個層級；惟因州以下之地方政府則由各州州憲法自行規範，讓各州州內之地方制度富含多樣性，致實質上屬多層級結構。

❸州政府結構與職權：分享主權

州政府不是聯邦政府的下屬；各州享有自主權，沒有服從聯邦政府的憲法責任。州政府一般具有與聯邦政府相同的結構，每州有一名經選舉產生的行政首長（州長），有一個獨立的司法體系，以及一個由民選產生的立法機構。有些州政府高級官員由選舉而不是任命產生，如副州長、州務卿、州司法部長、州審計官以及一些管理委員會和專門委員會的成員。

作為美國聯邦體制中的主權實體，各州有自己的憲法、民選官員和政府機構。各州有立法和執法權、稅收權，以及在基本不受聯邦政府或其他州干涉的情況下主宰本州事務的權力。州尚有指揮州國民警衛隊之權力。

❹州以下地方政府

各州憲法都包含對地方行政實體的規定。每個州都設有縣和市政府，大部分州還有其他形式的更小的行政實體，例如：行政小區、學區、保護區、鎮區以及交通管理當局等。基於各州憲法或法律的不同規定，地方政府的職權可包括管理、行政或稅務。

❺州與州之關係：完全之信賴與尊重

各州對於他州之法律、紀錄與司法程序，應有完全之尊重與信任。國會得以一般法律規定該項法律、紀錄與司法程序之證明方法及其效力。

❻哥倫比亞特區之特殊地位

哥倫比亞特區（District of Columbia），屬聯邦特區，美國首都，不屬於任何州。哥倫比亞特區有自己的市政府，其經費由國會控制，行政受國會監督。

美國州以下的地方制度

州以下地方政府	縣（郡）政府	縣政府是州政府之下的主要行政實體
		縣政府由民選官員組成，決策和行政往往由行政管理委員會（board of supervisors or county commission）負責
		除委員會成員外，其他民選縣級官員一般包括：治安官、法官、治安法官、法醫、審計官、估稅員、檢察官等
	自治行政體（municipality）	指在縣內或獨立於縣的、擁有自身行政和稅收權的市、鎮、村
		自治行政體規模不一，小的可能居民不過百人，大的可以跨幾個縣（例如紐約市）
		城市鄉鎮政府官員均由民選產生，其中包括負責決策的市長和市議會議員
		有些城市採用經理式政府，由市議會聘用一名專業主管負責市政運作。這名主管是城市的首席行政官，雖不由選舉產生，但必須對民選的市議會或市長直接負責
	特區政府（special district government）	特區政府不屬於任何地方政府，一般是基於一個地理區域內的某一具體需要而建立，如消防、教育等
		特區政府領導人可由選舉或任命產生。特區政府的權力大小不一，但多具有很大的管理權和稅收權
		特區政府的經費來源一般是所在特區的特別銷售稅或財產稅，有些也來自向用戶徵收的服務稅

美國特區政府：普通目的與特殊目的政府

類型			數目（2009年）
普通目的政府（general-purpose government）	郡政府（county government），共201個		3,033
	郡以下的政府（subcounty general-purpose government）	**市級政府（municipal government）** 包含city, boroughs（except in Alaska）, town（except in the six New England states, Minnesota, New York, and Wisconsin）, village	19,492
		鎮區政府（Township government） 包含 town in Connecticut, Maine（including organized plantations）, Massachusetts, Minnesota, New Hampshire（including organized locations）, New York, Rhode Island, Vermont, and Wisconsin, and townships in other states	16,519
特殊目的政府（special-purpose government）	類型	學區政府（school district government）	14,561
		特區政府（special dstrict government）	37,381
	特殊目的性	機場（air transportation）、公墓（cemetery）、教育（education）、電力（electric power）、消防（fire protectionr）、瓦斯（gas supply）、健康（health）、公路（highway）、醫療（hospital）、住宅與社區發展（housing and community development）、企業發展（Industrial development）、圖書館（library）、貸款（mortgage credit）、自然資源（natural resources）、停車場（parking facility）、公園和娛樂場所（parks and recreation）、港口設施（sea and inland port facility）、排水設施（sewerage）、垃圾清運（solid waste management）、大眾運輸（transit）、自來水（water supply）	

UNIT 5-8
美國州以下之市制──權力分立面向

圖解地方政府與自治

美國聯邦憲法僅規範聯邦和州之權限，州以下層級之地方制度則由各州自行規範，讓美國州以下之市制，呈現了多樣性之風貌。

（一）市長制或市長議會制
（Mayor-Council System）

❶有一由市民直接民選且具政治實權的市長，另有一市民選出之議員組成議會。市長掌握了行政權，議會掌握了立法權。市長與議會各有民意正當性基礎，採取權力分立與制衡（checks and balances）之機制，是一種「雙重民主正當性」（dual democratic legitimacy）之地方政府體制概念。

❷如果這個市長對所屬行政部門之機關首長，擁有完全之人事任命權；且在公共政策決策權上，也擁有最終的決定權，則是一種「大權或強權市長制」（Strong-Mayor Plan），此制類似我國現行的地方制度。

❸如果這個市長對所屬行政部門之機關首長，無法擁有完全之人事任命權，意即有部分或許多的機關首長係由民選產生（如警政首長、教育首長、財政或主計首長等）。這些具有民意基礎的機關首長，自不一定會服從市長之指揮監督，則市長的決策權也相對弱化，稱為「小權或弱權市長制」。弱權市長制可說是美國憲政聯邦共和制（constitutional federal republic）精神的體現，基於對政府官員、行政權力濫權之疑慮，主張政府所擁有的權力越少，所受的制衡越大，由人民掌握最大的權力，越能確保人民的權利。於此理念下，地方政府體制的權力集中於民選的地方議會，地方行政首長儘管仍是民選產生，但充其量其僅是被動的「庶務執行長」而已，並無任何實權，非有議會之授權即無權力，在此制下，市長無覆議權。

（二）市長經理制
（Mayor-Manger System）

❶本制是在考量到行政執行上之專門性或技術性，而引入工商企業界之專業經理人之思考來設計。有一市民直接民選且具政治實權的市長，另有一市民按選舉區選出議員所組成議會，仍屬權力分立與制衡之機制。由市長掌握行政權，由議會掌握立法權。

❷但因為市長除了行政決策與執行外，還須扮演許多禮儀性的角色（如模範母親的頒獎、出席各種婚喪喜慶場合），勢必影響到市政業務之推動。

❸為了有效地推動市政，由市長負責決策，執行之細節性與技術性問題，則交由市長所信任並由市長任命的專業經理人，這個專業經理人便是「市經理」。市經理是向市長負責，而非向議會負責。

❹市經理之所以能獲得市長之任命，乃是基於其行政執行上之專業性，可用最低的行政成本取得最高的行政效能產出。

市長議會制

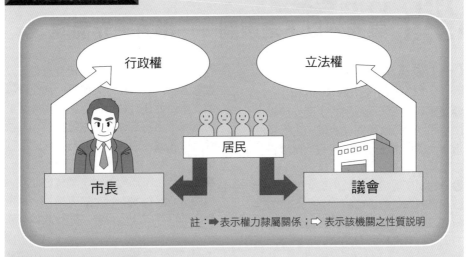

註：➡表示權力隸屬關係；⇨表示該機關之性質說明

市長經理制

聯邦與州之相互關係

聯邦政府	聯邦政府的權力和職責範圍由《憲法》限定
	聯邦政府的權力主要為州際貿易、國防、造幣、移民及入籍，以及與外國簽定條約等
（美國）聯邦政府與州政府合作	聯邦提供經費、州政府實施的法律和政策
	合作領域主要為教育、社會福利、住房補貼及營養、國土安全、交通和緊急行動等
	此種合作使聯邦政府具有影響州政府的能力。例如，在1970年代，聯邦政府希望通過降低高速公路的最高行駛時速減少能源消耗。但是，聯邦政府不是通過直接立法達到這一目標，而是宣布，凡不自動降低州內時速的州，將不能得到聯邦提供的公路項目經費

UNIT *5-9*
美國州以下之市制——權力一元面向

圖解地方政府與自治

（一）委員制
（Commission System）

❶委員制係由居民選出的一批委員們，由他們掌握行政權與立法權，也就是說市政大權集中在一個民選的「合議制」之委員會手中。

❷這種制度通常適用於人口數較少且市政業務較單純的小市鎮。有些市鎮的委員會之委員本身有其工作，是以兼職的方式，於有必要時召開市鎮會議進行決策。

❸委員制的委員與市長議會制的議員差別在於：

①委員制的委員人數通常較市長議會制的議員人數較少，一般委員會的委員約 7 人至 15 人。

②委員制的委員通常以全市鎮為選舉區（視為全市的代表），市長議會制的議員通常以各區為選舉區（視為區域性的代表）。

③有些地方的委員會採取分階段改選，讓委員任期交錯，以達經驗傳承效果。

（二）經理制
（Manager System）

❶這是高度模擬工商企業界之「經營權與所有權分離」所設計之機制。民間企業之股東選任出董事會，股東及董事會掌握所有權，基於專業經營能力而選任專業經理人。如台塑集團董事會（董事長王永慶）選任台塑石化、長庚醫院專業經理人；董事長只負責決策，實際經營交給專業經理人。

❷將民間企業的股東類比為居民，將民間企業的董事會類比為市議會；居民選出市議員組成市議會，而由市議會選任專業之市經理。由市議會負責規劃市政發展方向，並制定公共政策，再交由專業之市經理負責執行。至於市長通常是由議會選出，其性質為虛位首長，只擔負市政禮儀性的角色，並無任何政治實權。

❸市經理之所以能獲得市議會之任命，也是基於其行政執行上之專業性，可用最低的行政成本取得最高的行政效能產出。這點頗近似於「市長經理制」，但市長經理制是權力分立之制度（市經理由市長任命），經理制則為權力一元制（市經理由議會任命）。

🙂 小博士解說

現代公司治理重要的內涵，便是公司經營權與所有權分離的議題。簡言之，就是一家公司的大股東或者是董事長掌握企業的所有權，而基於專業任命一個總經理，由這個具有專業經營能力的總經理來掌管一家企業的經營權，董事長與股東、總經理兩者不應為同一人。

🙂 重要觀念釐清

委員制之委員會與經理制之議會都具有實際之公共政策決策權，但兩者略有不同，不同點在於：

❶委員制之委員是代表全市選民之利益，經理制之議員是代表各選區選民之利益。

❷委員制委員享有立法與行政權（包含決策權與執行權），經理制議員只有立法及行政決策權。

❸委員制不另設禮儀性虛位元首，經理制則有。

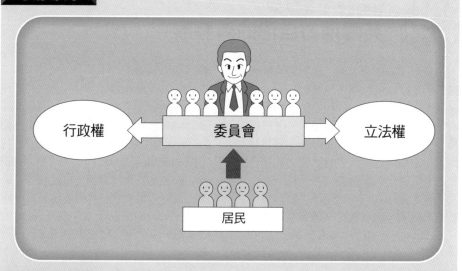

委員制

行政權 ← 委員會 → 立法權

居民

經理制

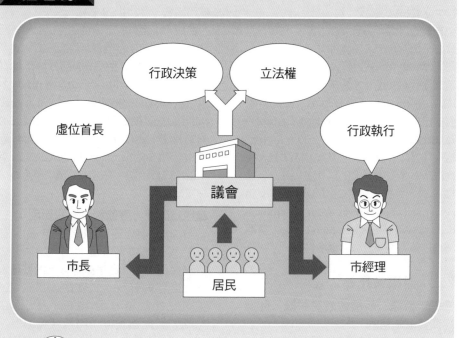

行政決策　立法權

虛位首長　　　　　　　　　行政執行

議會

市長　　　居民　　　市經理

知識補充站

美國州以下地方層級除了市（city）外，還有郡（country）的設計，通常涵蓋兩個以上的城鎮和一些鄉村。

UNIT 5-10
英國地方自治的新發展

2010 年英國國會改選，面對經濟危機議題，工黨提出的藥方是凱因斯理論；保守黨則以限縮政府的權力，擴張社會的功能為策略（Smith, 2010）。選舉結果，工黨結束長達 13 年的執政，政權移轉給保守黨與自由民主黨合組的新聯合政府。新聯合內閣政府，在強化社會的功能性（big society）理念下，積極減少政府的職能，諸如通過《地方主義法》（Localism Act 2011）與《警察改革與社會責任法》（Police Reform and Social Responsibility Act 2011）等。

（一）改革理念

長期受到福利國家理念影響，不斷增加政府干預力的結果，使得政府部門僅關心如何達成政府績效目標，而忽略如何真正地讓政府與人民大眾站在一起，形成官僚主義（bureaucracy）式的國家。英國新政府基於縮減政府權力（small government）及強化社會的功能性理念，以「向下分權」與「向外分權」之方式，推動地方制度改革，並強化其民主課責性。透過「還權於民、還權於社區」（radical shift in power and control away from government back to people and communities），讓地方政府擁有更多自由與靈活性。

（二）新政策作為

❶城市協議：賦權地方為手段，促進經濟發展為目的

城市是帶動經濟發展的引擎，在全球經濟蕭條情況下，考量目前除倫敦、布里斯托（Bristol）經濟表現高於全國平均水準外，其他核心城市（core city）的經濟表現皆低於全國平均水準，聯合內閣政府遂推動城市協議（City Deals）讓地方享有更高的自治權，以獲致發展區域經濟、增加地方財政收入、降低失業率等目標。2012 年第一波納入城市協議的核心城市區域有大伯明罕（Greater Birmingham and Solihull）、布里斯托（Bristol and the West of England）、大曼徹斯特（Greater Manchester）、里茲（Leeds City Region）、利物浦（Liverpool City Region）、諾丁漢（Nottingham）、紐卡索（Newcastle）及雪菲爾（Sheffield City Region）等 8 個城市區域（詳細內容見附錄一）。2013 年第二波則有布萊頓（Brighton and Hove）、南安普敦（Southampton and Portsmouth）等 20 個城市區域，合計共 28 個城市區域。

此城市協議具有下列特色：①以促進經濟發展、創造工作機會為目的，擴大地方政府之自治權為手段；②部分城市以直接民選市長制（directly elected mayor）以取代傳統的地方議會制（local council cabinet），如布里斯托；③以區域經濟圈為基礎，跨域（cross-area）整合鄰近城市，如 Southampton 與 Portsmouth 為兩個地方自治體，在城市協議中整合為一個城市區域。

❷地方改採「雙軌制」警政新制

依 2011 年《警察改革與社會責任法》，直轄市（大倫敦市，GLA）之警政首長受市長之指揮監督，其他倫敦以外之郡的警政首長則由人民直選。英國於 2012 年 11 月 15 日（週四）由完成登記之選民以「增補性投票制」（supplementary vote system），選出英格蘭和威爾斯地區的 41 個警政區的警察及犯罪事務專員（Police and Crime Commissioners）。新選出的警察及犯罪事務專員，有權制定各警政區之政策、決定預算配置、任免警察局長，讓英國警政制度進入一個新的里程碑。

英國2011年《地方主義法》之核心理念（DCLG，2010）

大政府
(big government)

❶ Lift the burden of bureaucracy
❷ Empower communities to do things their way
❸ Increase local control of public finance
❹ Diversify the supply of public services
❺ Open up government to public scrutiny
❻ Strengthen accountability to local people

大社會
(big society)

大倫敦市（GLA）之自治體系

大倫敦市	大倫敦市（GLA）採權力分立制		
	行政權：直接民選市長		
	立法權（監督權）：倫敦市議會（Assembly）	14名選區議員（Constituency）	
		11名不分區議員（London-wide）	
	具有首都地位的直轄市（special municipality）		
33個區／市	包含32個區（boroughs）及1個市（City of London Corporation），皆採權力一元制		
	由民選的議員組成地方議會（Local Council），地方議會兼有行政權與立法權		
	市長由議會選出，任期1年，為「禮儀性」角色，無政治實權		
	倫敦市（City of London Corporation）	土地面積僅約1平方英里，倫敦當地人多以「Square Mile」稱之	
		又因其位於大倫敦市（GLA）市中心之金融區，亦被稱為倫敦金融城	
		擁有自己的警察部門	

「特殊目的型」直轄市與「自治型」直轄市：臺灣直轄市改制的特殊性

傳統型直轄市：特殊目的型直轄市（special-purpose municipality）	特殊目的性（special-purpose/special requirement）		
	次類型	政治目的（首都）	英國倫敦（London）、美國華盛頓（Washington）、日本東京（Tokyo）
		經濟目的	中國上海及重慶，巴西為發展內陸地區將首都遷至巴西利亞（Brasília）
		軍事目的	俄羅斯聖彼得堡（St. Petersburg）、烏克蘭賽瓦斯托波爾（Sevastopol）、巴基斯坦伊斯蘭堡（Islamabad）
新型態直轄市：自治型直轄市（special-autonomous municipality）	兼具民主與效能（balancing efficiency and democracy）		
	比傳統直轄市更具地方特色性及文化多樣性		
	如國門之都的桃園市、文化古都的臺南市		

UNIT 5-11
英國城市協議：雙向協議分權模式

圖解地方政府與自治

英國歷史悠久的地方自治政府，主要提供地方居民日常生活所需的服務，諸如垃圾清運、體育和文化娛樂等；然而，20世紀晚期，隨著福利國家的發展，各國政府政策作為，已深入至社會、經濟、文化、環境、醫療衛生等各領域。其中促進經濟發展、降低失業率兼具經濟與社會面向，成為各國主政者的重要課題；而透過地方政府的再造或擴大地方的自治權，讓地方自治政府運用地方的特色與資源，發展區域經濟，進而帶動國家整體經濟發展，成為一種可能的經濟發展模式。例如，在西方都市學（urban studies）研究中，認為城市是推動國家經濟發展之引擎的「雅各假說」（Jacobs hypothesis）。

英國於2010年政黨輪替後，保守黨與自由民主黨所合組的聯合政府，制定《地方主義法》（Localism Act 2011）以推動地方政府再造。依《地方主義法》第15條至第20條的「核心城市條款」（Core Cities Amendment），聯合政府積極推動「城市協議」（City Deals）政策，讓英格蘭地區的28個城市區域，取得更高的自治權，俾利區域經濟之發展。英國「城市協議」之特徵為：中央政府邀請特定具有經濟發展潛力的城市，由地方自治政府就其地方特色與自治量能提出城市發展的長遠規劃方案，與中央政府協議，獲得中央政府認可後，由中央政府賦予相應所需之自治權，俾利地方自治政府發展經濟；而藉由主要城市的經濟發展，得以驅動全國的經濟成長。

申言之，「客製化」的城市協議（Bespoke Deal），意欲將城市轉化為經濟發展的火車頭。此城市協議政策有別於傳統的地方自治政府與委任分權政府，觀其大者為：

❶擴大地方自治政府的職能，地方政府從過去承擔居民日常生活服務的提供者，轉變為國家經濟發展的引擎。

❷非全面性的地方分權，以英格蘭地區中具有經濟發展潛能之特定大城市，為主要適用對象。

❸由各地方自治政府提出各自的發展計畫（ask），與中央政府協議，中央政府並依協議將權力移轉給地方（offer）。

❹採雙向協議移轉權力（two-way transaction）的分權模式，取得權力的城市，也須承諾負擔特定的義務。

❺嘗試平衡倫敦都會區與倫敦以外地區之發展差距。

事實上，城市協議所採取「雙向協議分權模式」，由中央政府與地方政府間，透過協議方式分享權力，旨在讓地方自治政府取得新的權力及更高的自主自治空間，重塑政府與社會間關係，活化社會功能，俾利繁榮地方商業活動，並促進整體經濟發展。

英國城市協議機制

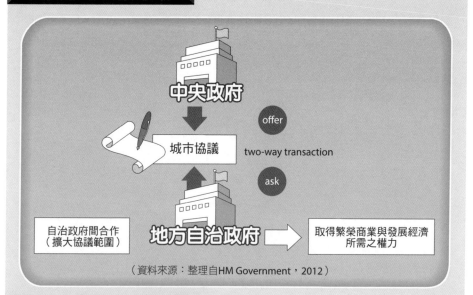

（資料來源：整理自HM Government，2012）

英國城市協議內容

第一波 （2012年） 8個	大伯明罕與索利哈（Greater Birmingham and Solihull）
	布里斯托與西英格蘭（Bristol and the West of England）
	大曼徹斯特（Greater Manchester）
	里茲（Leeds City Region）
	利物浦（Liverpool City Region）
	諾丁漢（Nottingham）
	紐卡索（Newcastle）及雪菲爾（Sheffield City Region）
第二波 （2013年） 20個	黑鄉（Black Country）
	伯恩茅斯（Bournemouth）
	布萊頓與霍夫（Brighton and Hove）
	大劍橋（Greater Cambridge）
	考文垂與沃里克（Coventry and Warwickshire）
	赫爾與亨伯（Hull and Humber）
	伊普斯威奇（Ipswich）
	萊斯特（Leicester and Leicestershire）
	米爾頓凱恩斯（Milton Keynes）
	大諾里奇（Greater Norwich）
	牛津（Oxford and Central Oxfordshire）
	雷丁（Reading）
	普利茅斯（Plymouth）
	普雷斯頓與蘭開夏（Preston and Lancashire）
	南安普敦與普茲茅斯（Southampton and Portsmouth）
	紹森德（Southend）
	斯托克與史塔福（Stoke and Staffordshire）
	桑德蘭（Sunderland and the North East）
	斯溫頓與威爾特（Swindon and Wiltshire）
	蒂斯（Tees Valley）
2014年8月	中央政府（Westminster）與蘇格蘭委任分權政府及8個地方政府共同簽署《格拉斯哥與克萊德城市協議》（Glasgow and Clyde Valley City Deal）

地方自治政府間的合作，並不一定要在地理疆界上相連，如第二波城市協議中的南安普敦與普茲茅斯（Southampton and Portsmouth）兩地間就存有其他鄉村型態的地方自治政府。

第 **6** 章

地方選舉與公民投票

● 章節體系架構 ▼

UNIT **6-1**
選舉權之性質

（一）意涵

❶選舉權是奠基於自由競爭的選舉制度，讓政治菁英以其政黨屬性、政見、個人特質等，吸引選民之支持，而賦予渠決定公共政策之統治權。其方式係透過書面或其他種類（如電子投票）之投票方式，讓統治者之產生經由被治者同意，讓執政者獲得民意正當性之程序機制。

❷現代立憲主義（constitutionalism）奠基於「統治者的產生是基於被治者之同意」的精神，這種被治者同意之機制便是透過投票方式之選舉制度，讓各政黨或政治參與者倡議其政見而獲取人民之支持，選舉制度具有決定政治權力分配之功能，乃成為民主政治中重要的規範（遊戲規則），即選舉法規可說是具有準憲法之特徵。

（二）性質

❶自由投票制

①導源於西方思想家洛克（John Locke）的思潮，在洛克思想，自然狀態是美好安樂的，因為人是有理性的（互相善待），因缺乏公正裁判者，乃交出自己執行正義之部分自然權利，訂立社會契約（由社會全體力量謀求公共利益），進而委託政府擔任公正裁判者。這種委託的程序就是透過選舉投票之方式。

②所以選舉投票是居民的天賦人權，是居民與生俱來的，國家必須保障居民之選舉投票權，但居民可以基於自主權決定行使或不行使此項權利，即不行使投票權也是人民權利的展現。

③依我國憲法第 17 條規定：「人民有選舉、罷免、創制及複決之權。」故我國係採自由投票制。

❷強制投票制

①採強制投票之觀點，係基於投票是公民履行其國家公民之責任，居民身為國家或地方自治團體的構成員，有責任也有義務參與國家或地方自治團體的統治者之選擇與產生。故選舉投票是居民的一項義務，為履行此義務乃採強制投票制。

②為要求居民履行其投票義務，選民如果無正當理由而未前往投開票所投票，於選舉結束，選務機關會寄出罰單，課予選民行政罰上之罰鍰。

③澳洲及馬爾他皆實施強制投票之制度。我國金馬地區於戒嚴時期也曾實施過強制投票制度。

❸兼具強制與自由投票制

①認為選舉不單是人民之權利，亦是人民之義務，係採兼具強制與自由投票制。如同我國憲法第 21 條規定，受國民教育是人民之權利與義務。

②採取此制者，除了選民可以主張自己之投票權外，國家亦可要求人民履行其投票之義務。

（三）觀念釐清：「罷免」（recall）

係指人民對於民選行政首長或民意代表責任的追究，不必有違法的事由，得於任期未滿之前，令其去職之制度。以往因罷免門檻較高（二分之一），罷免案不易通過，後來將罷免案通過門檻下修為四分之一，居民較易追究民選公職人員的政治責任。

選舉權之意涵

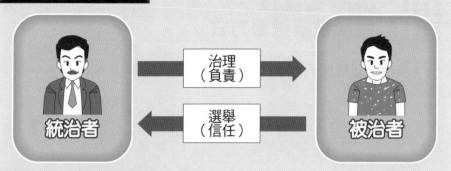

統治者 —— 治理（負責）→ 被治者

被治者 ←—— 選舉（信任） —— 統治者

選舉權之性質

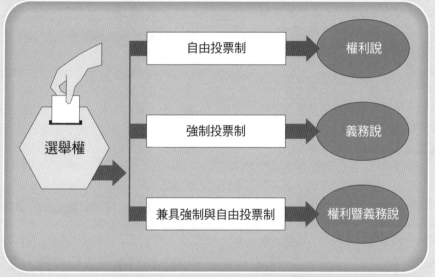

選舉權

自由投票制 → 權利說

強制投票制 → 義務說

兼具強制與自由投票制 → 權利暨義務說

懇請賜票

採書面投票才能落實憲法之無記名的祕密投票

UNIT **6-2**
我國投票選舉方式

（一）憲法層級規範

依我國憲法第 129 條規定：「本憲法所規定之各種選舉，除本憲法別有規定外，以普通、平等、直接及無記名投票之方法行之。」一般民主國家之投票選舉，概都採取這種方式。

❶普通

是指年紀達法定年齡（我國是滿 20 歲），除了法定要件之剝奪選舉權外（我國受監護宣告尚未撤銷者），皆可參加選舉成為選舉人。

❷平等

即一人一票，票票等值。不因身分、宗教、種族、階級、黨派而有差異，皆應平等。

❸直接

係指選舉人之投票能直接產生當選人，是有別於間接選舉的。我國公民直選總統或臺北市居民直選臺北市長，便是直接投票。選民選出國大代表，再由國大代表選出總統，是為間接選舉。

❹無記名

即祕密投票，投票權人不須也不能在選票上簽名或以任何符號註記，不得採取舉手或者記名的投票方式，否則可能就成為無效票。

（二）法律層級規範

❶依我國現行《公職人員選舉罷免法》第 3 條

①公職人員選舉，以普通、平等、直接及無記名單記投票法行之；②中央公職人員全國不分區、僑居國外國民之選舉，採政黨比例方式選出之；③公職人員罷免，由原選舉區之選舉人以無記名投票法決定之。另依《總統副總統選舉罷免法》第 2 條規定，總統、副總統選舉、罷免，除另有規定外，以普通、平等、直接及無記名投票之方法行之。

❷依我國現行《公民投票法》第 4 條

公民投票，以普通、平等、直接及無記名投票之方法行之。

（三）選舉罷免法適用之公職人員選舉

❶《公職人員選舉罷免法》適用之公職人員選舉

①中央公職人員：立法院立法委員。

②地方公職人員：直轄市議會議員、縣（市）議會議員、鄉（鎮、市）民代表會代表、直轄市山地原住民區民代表會代表、直轄市長、縣（市）長、鄉（鎮、市）長、直轄市山地原住民區長、村（里）長。

❷《總統副總統選舉罷免法》僅適用總統、副總統選舉

（四）我國選舉人與候選人之資格條件

❶積極條件

包含國籍、年齡、居住期間等。

❷消極條件

道德上（違法性）的原因、能力上的原因、職務上（身分上）的原因等。

（五）候選人登記種類之限制

❶二種以上公職人員選舉同時辦理時，申請登記為候選人者，以登記一種為限。同種公職人員選舉具有二個以上之候選人資格者，以登記一個為限。

❷同時為二種或二個以上候選人登記時，其登記無效。

選舉人與候選人積極條件

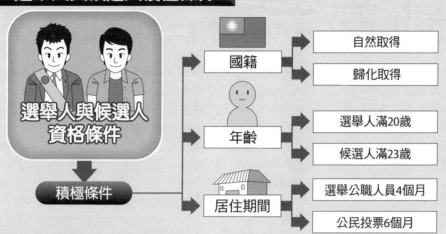

選舉人與候選人資格條件

積極條件

國籍 → 自然取得
國籍 → 歸化取得

年齡 → 選舉人滿20歲
年齡 → 候選人滿23歲

居住期間 → 選舉公職人員4個月
居住期間 → 公民投票6個月

候選人消極條件

違法性原因	❶動員戡亂時期終止後，曾犯內亂、外患罪，經依刑法判刑確定 ❷曾犯貪污罪，經判刑確定 ❸曾犯刑法第142條、第144條之罪，經判刑確定 ❹犯前三款以外之罪，判處有期徒刑以上之刑確定，尚未執行或執行未畢。但行緩刑宣告者，不在此限 ❺受保安處分或感訓處分之裁判確定，尚未執行或執行未畢 ❻受破產宣告確定，尚未復權 ❼依法停止任用或受休職處分，尚未期滿 ❽褫奪公權，尚未復權 ❾當選人因第120條第1項第2款、第3款情事之一，經法院判決當選無效確定者，不得申請登記為該次公職人員補選候選人
能力上原因	受監護或輔助宣告，尚未撤銷
職務上原因	❶現役軍人 ❷服替代役之現役役男 ❸軍事學校學生 ❹各級選舉委員會之委員、監察人員、職員、鄉（鎮、市、區）公所辦理選舉事務人員及投票所、開票所工作人員 ❺依其他法律規定不得登記為候選人者

我國罷免投票之規範

罷免

提出 ▶ 由原選舉區選舉人向選舉委員會提出

限制 ▶ 就職未滿一年者，不得罷免

成案 ▶ 提議人需百分之一，連署人需百分之十

投票 ▶ 罷免票應在票上刊印「同意罷免」、「不同意罷免」兩欄

通過 ▶ 有效同意票數多於不同意票數，且同意票數達原選舉區選舉人總數四分之一以上

否決 ▶ 有效罷免票數中，不同意票數多於同意票數或同意票數不足原選舉區選舉人總數四分之一者，均為否決

UNIT **6-3**
重視公平代表的標準之選舉區劃分

依李帕特（Arend Lijphart）的觀點，在專研選舉制度的專家間有著廣泛的一致看法：從選舉結果的比例代表性以及政黨體系這兩個主要結果來看，選舉制度最重要的兩個向度為選舉公式和選區規模。選舉公式的三個主要類型為：多數決制（主要子類型為相對多數決制、兩輪投票制、選擇投票制）、比例代表制（可細分為最大餘數法、最高平均數法、單記可轉讓投票制）、半比例代表制（如累積投票制與限制連記法）；選區規模被定義為一個選區應選的名額。

依道格拉斯（Douglas W. Rae）看法，選舉區（electoral districts）係指：匯集政黨或候選人所獲得之選票而將選票轉換成議會席次的單位。選舉區之劃分有以地域為基礎的，又有以人為基礎的。凡以地域為基礎而劃分者，即以地方區域為選舉區而產生代表者，稱為地域代表制（如我國直轄市、縣市選出之立委）；凡以人為基礎，已屬於某種團體性質的選舉人為劃分基準而產生代表者，稱為職業代表制（如我國動員戡亂時期職業團體選出之立委）。

李帕特認為，選區劃分不應違背「公平代表的標準」（criteria of fair representation），包括：

❶對每一位公民而言，皆應有平等的代表。

❷選區的疆界應儘量與地方的行政疆界一致。

❸選區在地域上必須是簡潔且連續的。

❹選區劃定應兼顧政治少數之意見。

❺選區劃分時應保障少數族群的參政權利。

❻選舉系統不應對任一政黨特別有利而有所偏差。

❼選舉系統不應對任何族群特別有利而產生偏差。

❽選舉系統應對選民在政黨偏好上的改變具有廣泛的回應。

❾選舉系統應有一種「經常的轉換比例」，即政黨所獲席次與選票數目的比例應對稱。

❿對任何特定的種族團體而言，其所得票數與席次之間應具有比例性。

⓫選區劃分應使其具競爭性，也就是每個政黨在每個選區都有當選的機會。

⓬每一位選民所投的票對選舉結果應具有同樣的影響力。

⓭每一位選民所投的票應盡可能被運用到，而儘量不要產生廢票。

⓮每一位立法者在立法機關中的權力應與代表選民的人數相稱。

⓯應有相等數目的代表為相等數目的選民進行服務的工作。

⓰大多數的選民應該可透過其代表控制立法結果，而少數的選民不應選出大多數的代表，此即基本多數原則。

🙂 小博士解說

我國在動員戡亂時期有從職業團體選出之立委，這些職業團體係指農民團體、漁民團體、工人團體、工業團體、商業團體、教育團體等六類。例如，在1983年之增額立委選舉時，農民團體應選席次為4席、漁民團體應選席次為2席、工人團體應選席次為4席、工業團體應選席次為2席、商業團體應選席次為2席、教育團體應選席次為2席，總計為16席。

圖解地方政府與自治

選舉公式的類型

選舉公式的類型

多數決制
- 相對多數決制
- 兩輪投票制
- 選擇投票制

比例代表制
- 最大餘數法
- 最高平均數法
- 單記可轉讓投票制

半比例代表制
- 累積投票制
- 限制連記法

職業代表制之民意代表

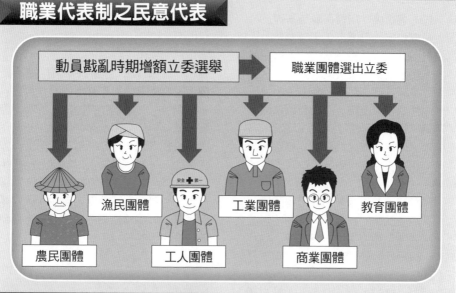

動員戡亂時期增額立委選舉 → 職業團體選出立委

漁民團體　工業團體　教育團體

農民團體　工人團體　商業團體

立法委員選舉區劃分

直轄市、縣（市）選出者	應選名額一人之縣（市）	以其行政區域為選舉區
	應選名額二人以上之直轄市、縣（市）	按應選名額在其行政區域內劃分同額之選舉區
	其名額分配及選舉區以第七屆立法委員為準，除本法或其他法律另有規定外，自該屆立法委員選舉區變更公告之日起，每十年重新檢討一次	
全國不分區及僑居國外國民選出者	以全國為選舉區	
平地原住民及山地原住民選出者	以平地原住民、山地原住民為選舉區	

UNIT 6-4 我國立委選區劃分係以縣市為基礎：保障地方自治團體

依憲法增修條文第 4 條規定，區域立委保障每縣市至少一人（自由地區直轄市、縣市 73 人，每縣市至少 1 人）。這個規定如果從側重憲法第十一章對地方自治團體公法人（司法院釋字第 467 號解釋）之保障，落實司法院釋字第 550 號及第 553 號解釋所架構出中央與地方的夥伴關係，是值得肯定的。

美國國會係由上、下兩院所構成；上議院為參議院，下議院為眾議院。參議院議員的選舉係以州權保障為基礎（不管大州或小州皆可選出 2 名參議員）；眾議員則以人口數作為基礎（人口數較多的大州選出較多席次的眾議員）。美國國會是兼具地方保障（參議院）及人口代表性的（眾議院）。而我國區域立委選舉，每縣市至少 1 人之保障及依各直轄市、縣市人口比例分配的規定，頗帶有美國兼具地方保障及人口代表性的精神。

但畢竟我國並不像美國採取兩院制，而係採取一院制。在僅採一院制的情況下，又要顧及地方保障，自然在人口代表性上似乎就有所爭議。以 2005 年 5 月底的人口數為基準，連江縣為 9,786 人，新竹縣為 453,752 人，兩者人口數相差 46 倍，但都只選出 1 名區域立委，有論者便主張這違反了票票等值之價值。如林濁水等立法委員便認為國會改革修憲案嚴重違反「票票等值」的精神，而提議立院再提修憲案，以落實「選票票票等值」的民主政治基本精神。另依各縣市選舉委員會所編印隨投票通知發送之國民大會代表選舉選舉公報，反對修憲案的臺灣團結聯盟、建國黨其政見中也主張修憲案違反票票等值的公平精神。

復依憲法第 129 條，本憲法所規定之各種選舉，除本憲法別有規定外，以普通、平等、直接及無記名投票之方法行之；故在憲法別有規定（增修條文第 4 條），可不適用平等之投票方法。是以，基於憲法對地方自治團體的保障，且未刻意偏袒一個國家中的特定地區或特定政黨之情況下；則對地方自治團體的特殊保障並未違反票票等值之民主政治原則。

進一步思考，票票等值議題本質上就是平等權的問題，依憲法第 7 條、《行政程序法》第 6 條及司法院釋字第 578 號解釋所架構出平等原則之精義為：
❶相同的事件應為相同的處理。
❷但有合理考量與正當理由時，得容許差別待遇；是為平等原則的二項子原則。基於對地方自治團體保障之正當理由及合理考量（保障僅為最低限度一席之保障），在選舉區人口數劃分時產生之差別待遇，是在容許範圍內的。故區域立法委員選舉，每縣市至少 1 人之規定，是合於平等原則的，也是符合票票等值之價值的。

美國州權保障 vs. 我國縣市立委席次保障

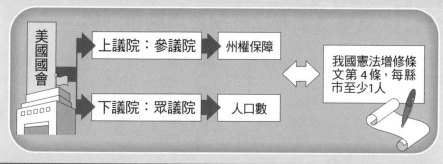

人口數多的大縣與人口數少的小縣皆選出1席立委並未違反票票等值

憲法平等權（第7、129條）		憲法增修條文第4條
↓	↔	↓
票票等值		保障縣市（地方自治團體）

立法委員選舉區每10年重新檢討一次之合憲性爭議

違憲說	公職人員選舉罷免法第35條之修正逾越憲法增修條文第4條「依各直轄市、縣市人口比例分配」規定之文義範圍
	區域立法委員應選名額分配及選舉區每10年重新檢討一次之規定，違反憲法「票票等值」之基本原則
	國外配合每10年一次之人口普查以檢討名額分配及選舉區劃分，公職人員選舉罷免法第35條修正理由之正當性不足
合憲說	憲法增修條文未明定須每屆檢討名額分配及選舉區劃分
	公職人員選舉罷免法第35條之修正係屬立法裁量範疇，尚未逾越憲法所容許之界限
	區域立法委員應選名額分配及選舉區每10年重新檢討一次可建構立法委員選舉區安定性

UNIT **6-5**
選舉區劃分比較制度與論證對話

（一）主要民主國家之國會議員選舉區劃分制度表

國內學界與實務界在作比較研究時多以大陸法系的德國、日本與海洋法系的美國、英國作為探討對象，本單元從席次分配方式、劃分機關之組成、選舉區重劃週期及劃分原則來比較上述四個國家之選舉區劃分制度如右表。

（二）選舉區劃分之公開性——論證對話

選舉制度攸關執政權的移轉、國政的發展與社會的穩定，是以在進行選舉區劃分時，應給予正反雙方經過充分的對話及論證的過程。為廣納社會各界意見以對選舉區劃分進行論證對話，在選舉區劃分過程，吾人建議應注意事項為：

❶公聽會之召開

①在劃分選舉區前，選舉區劃分機關應邀請政黨、立法委員、學者專家等，召開公聽會廣泛徵詢意見。

②匯集各界的意見後，選舉區劃分機關應擬具選舉區劃分初稿（含理由）公告周知。

③選舉區劃分初稿之公告須有相當期間，以讓社會各政黨、利益團體、大眾輿論進行思考及對話。

④初稿公告期滿應針對各政黨、利益團體、大眾輿論所提意見，再次召開公聽會匯集民意後，擬具選舉區劃分草案（含理由及劃分圖說）。

⑤公聽會之召開應依《行政程序法》第十節聽證程序辦理。

❷選舉區劃分草案之預告

選舉法規既具有準憲法的地位，而選舉區重劃本質上可說是選舉法規的變動，應以更慎重方式處理。故應比照《行政程序法》第 154 條之預告程序將選舉區劃分草案於政府公報或新聞紙公告，並應以適當之方法，將公告內容廣泛周知。

透過公聽會之召開及草案之預告，可使選舉區之劃分過程，讓各政黨、利益團體、大眾輿論得以論證對話，並讓選舉區劃分程序具有高度公開性。

❸國民主權之落實：人民正當合理之信賴

司法院釋字第 499 號解釋理由書略以：蓋基於國民主權原則（憲法第 2 條），國民主權必須經由國民意見表達及意思形成之溝通程序予以確保。易言之，國民主權之行使，表現於憲政制度及其運作之際，應公開透明以滿足理性溝通之條件，方能賦予憲政國家之正當性基礎。

選舉制度是人民藉以行使國民主權的主要方式，而選舉區重劃又是選舉制度核心部分；故應透過公聽會之召開及選舉區劃分草案之預告的手段，來達到公開透明以滿足理性溝通之條件，滿足全國國民之合理期待與信賴。

😊實例說明

依中央選舉委員會 2005 年 8 月間所訂定之《第七屆立法委員直轄市縣市選舉區劃分原則》第 4 條第 3 項規定：各級選舉委員會研擬選舉區劃分，應邀請政黨、立法委員、學者專家、社會賢達等，召開公聽會廣泛徵詢意見。

選區劃分機關

	態樣	案例
選區劃分機關的模式	設置獨立選區邊界委員會（Boundary Commission）	如英國《國會選區法》（Parliamentary Constituencies Act 1986）、加拿大《選區調整法》（Electoral Boundaries Readjustment Act）等
	選區劃分機關歸屬於行政部門	如日本《眾議院議員選區劃定審議會設置法》、我國中央選舉委員會等
	選區劃分由議會進行	如美國喬治亞州議會選區重劃委員會（Committee on Reapportionment and Redistricting）、賓夕法尼亞州議會選區重劃委員會（Pennsylvania Legislative Reapportionment Commission）等

選區重劃定期檢討

選區重劃定期檢討（periodically reviewed）	依定期人口普查之時間間隔	加拿大依《選區調整法》（Electoral Boundaries Readjustment Act）第3條規定，每10年人口普查後，檢討選區並重劃
		我國統計法第10條所定每10年人口普查
	依國會議員任期之時間間隔	英國2011年制定《固定任期制國會法》（Fixed-term Parliaments Act 2011）及《國會投票制度及選區法》（Parliamentary Voting System and Constituencies Act 2011），將國會議員任期定為5年，並規定每5年定期檢討選區
		我國區域立法委員選區「每十年重新檢討一次」規定，為政治協商結果，與定期人口普查並無直接相關

選舉區劃分之公開及論證對話

選舉區劃分之公開性 → 公聽會之召開、選舉區劃分草案之預告 ⇒ 人民正當合理之信賴 / 國民主權之落實

UNIT 6-6 選舉區劃分與大市效應：「大市效應」加速區域發展差距

（一）大市效應

所謂的「大市效應」係指在一個單一的立法委員選舉區中，包含著一個主要的核心都市之「大市」（人口數多）及數個相連的「小市」型（人口數少）的鄉鎮市。因為城鄉的差距，造成人口多數分布在這個核心都市，而這個選區的立法委員也由這個核心都市的居民所決定，也造成立法委員僅願意經營這個大市或服務這個大市的居民，吾人稱之為「大市效應」。例如第七屆立法委員選舉區劃分時，當時桃園縣立委選區劃分公聽會草案第六案中的第二選區由八德市（165,770 人）、大溪鎮（81,988 人）、復興鄉（3,334 人）等 3 個鄉鎮市所構成，其中八德市人口數就占了這個選舉區的 60%；單單八德市的選票就足以決定這個單一選舉區立法委員的當選人。

當然，必須釐清的是，有些小市型的鄉鎮市即便維持過去的複數選區仍舊無法選出其地域屬性的立委，如復興鄉。但可能在過去複數選區制度下，某些小市本來可有其地域屬性的立委，可能會因為單一選舉區之劃分而無法再產生其地域屬性之立委。

（二）區域發展差距的加速

而這個「大市效應」也可能會發生在臺北市這個首都中，吾人可藉信義區的發展來說明。松山區於 1990 年間將鐵路以南的地區分割出去獨立為信義區，也就是說現在的信義區是過去的南松山。今日的信義區成為臺北市的金融、百貨中心，世界最高的 101 大樓正位在此區，人口數約為 23 萬，已超過松山區的 20 萬人。而目前信義計畫區內，許多房屋建商推出了新的建案，鄰近信義計畫區的信義國宅更曾造成一股風潮；故基本上，信義區已發展成為一個大市。如果把信義區與相鄰的南港區（約 11 萬人）劃為一個選舉區，信義區與南港區人口數合計約為 34 萬人，與臺北市的平均人口數 32 萬差距在 5% 以內，符合「票票等值」的指標。但是，顯然未來這個立委選舉區的立法委員多為信義區之地域屬性的立委。

也就是說，不論在鄉村地區或都市地區都有可能會發生「大市效應」。而一旦發生「大市效應」後，立委所爭取回饋給地方的資源，將會集中在少數的大市，而這些大市因獲取較多的資源，也會有較佳的公共建設，自然會吸引更多的流入人口，形成「大市越大、小市越小」的情況。

亦即，因為選舉區的劃分，產生了「大市效應」，因為「大市效應」而加速了區域發展上的差距。

臺北市信義區的發展

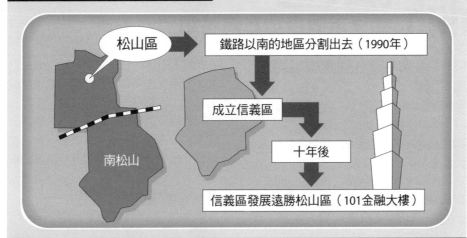

松山區 → 鐵路以南的地區分割出去（1990年）

↓

成立信義區

↓

十年後

↓

信義區發展遠勝松山區（101金融大樓）

南松山

選區劃分與大市效應

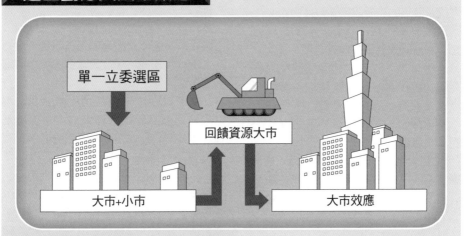

單一立委選區

回饋資源大市

大市＋小市

大市效應

地方公職人員選舉劃分

直轄市議員、縣（市）議員、鄉（鎮、市）民代表、原住民區民代表選舉	以其行政區域為選舉區，並得在其行政區域內劃分選舉區
	其由原住民選出者，以其行政區域內之原住民為選舉區，並得按平地原住民、山地原住民或在其行政區域內劃分選舉區
直轄市長、縣（市）長、鄉（鎮、市）長、原住民區長、村（里）長選舉	各依其行政區域為選舉區

UNIT **6-7**
國家須調整地方間差距

（一）國家有責任調整區域間差距

臺北市與中央在統籌分配稅款上之角力，常引起輿論的關注。前臺北市長馬英九更曾為了讓統籌分配稅款分配法律化而主導於立院修正《財政收支劃分法》，將統籌分配稅款的規模由過去的1,500 億元，直接擴大為 3,000 億元，並將北、高兩市的分配比例，直接明定於《財政收支劃分法》中。而所謂的統籌分配稅款，係由中央來統籌分配之地方稅，其目的在於調整區域間差距。

國家有責任縮短城鄉差距及貧富差距，故應給予發展較落後之縣（市）、鄉（鎮、市）較多之統籌分配稅款的照顧。而統籌分配稅款基於平衡城鄉發展之思維，正可說是憲法所保障之「平等權」的體現，讓城市與鄉村間能「平等地發展」。

由此，吾人可以獲得一個觀點，基於憲法平等權之要求，國家有義務去調整區域間之差距。意即，國家必須去處理「大市效應」，避免大市效應的擴大。

（二）人口的「流動性」與行政區域調整的「停滯性」

由於居民會因為工作、學業等因素而遷徙，而造成人口的「流動性」。但行政區域則會受限於法律及政治之限制，行政區域的調整是高度困難的，而產生了「停滯性」。

人口的「流動性」，較屬於個人行為動機論的角度，一個人會因為工作調職、求學、婚姻、對都市生活或鄉村生活的個人偏好等，從甲地遷徙到乙地；又會因為一個人行為動機的改變，從乙地遷徙到丙地。而一個人可能常常有遷徙行為，也可能數十年才有一次遷徙行為。普遍上大多都可以同意，都市居民的人口「流動性」是比較高的。

行政區域調整的「停滯性」，則屬於制度面較複雜的問題。就我國目前法制以觀，行政區域的調整涉及了《地方制度法》、《行政區劃法（草案）》、《公職人員選舉罷免法》之規範。

依《地方制度法》第 7 條第 1 項規定：「省、直轄市、縣（市）、鄉（鎮、市）及區之新設、廢止或調整，依法律規定行之。」亦即，行政區域的調整，須依法律規定，即依《行政區劃法》之規定；而行政區劃法目前尚未立法通過。則吾人進一步要問，《行政區劃法》為何遲遲無法完成立法程序？

其主因乃在，我國目前公職人員之選舉區係依附於行政區域之上；也就是說，公職人員之選舉區的劃分係以行政區域為基礎的（《公職人員選舉罷免法》第 36 條）。而行政區域之劃分、調整，便會影響到公職人員之選舉區；更會影響到現任民意代表所長期經營選舉區之變更，直接衝擊現任立法委員連任問題，乃造成《行政區劃法》一直以來不易完成立法程序。

惟因修憲案的通過讓立法委員選區重劃，剛好打開了這扇機會之窗。藉由立法委員單一選舉區制度的施行，在進行立法委員選舉區劃分的同時，實際上也隱含了行政區的調整或重劃。而行政區域調整的更進一步思考，乃是更宏觀的「國土重劃」及「國土空間發展策略規劃」之思維。

人口的變動與行政區域調整

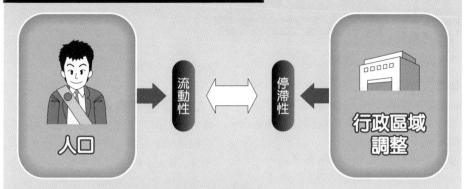

選舉區劃分隱含國土重劃

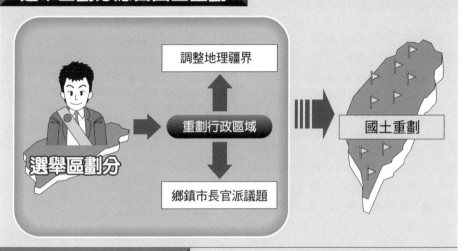

選舉區劃分之原則

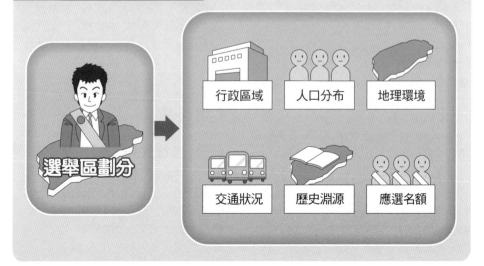

UNIT **6-8**
候選人產生與競選

一般候選人產生的方式大概有：

❶**個人申請制**：由個人基於其參政意願於選務機關公告之登記期間內，依法定方式與程序，向選務機關登記為候選人。

❷**政黨提名制**：由上次選舉具有一定得票率之政黨來提名（我國是 5%），藉此取得候選人資格。

❸**公民連署制**：由一定數量的公民之簽名連署推薦而取得候選人資格（我國是立法委員選舉選舉人總數 1.5%）。

❹**選民初選制**：即美國所採用之「直接初選制」（direct primary），地方政府以公費方式，由選民透過初選產生正式之候選人（全國性大選之候選人）。

而我國之《公職人員選舉罷免法》，僅採用「個人申請制」；《總統副總統選舉罷免法》則採取「政黨提名制」與「公民連署制」。國內在地方公職人員選舉常見的政黨提名，實際上是各政黨內部之程序，獲得了政黨提名並不代表便可印在選舉票上成為候選人，仍須於選務機關公告之登記期間內，依「個人申請制」向選務機關登記為候選人。有關競選活動分述如後：

（一）期間

❶公職人員選舉，候選人競選活動期間依下列規定：

　①直轄市長為 15 天。

　②立法委員、直轄市議員、縣（市）議員、縣（市）長、鄉（鎮、市）長、原住民區長為 10 天。

　③鄉（鎮、市）民代表、原住民區民代表、村（里）長為 5 天。

❷前項期間，以投票日前一日向前推算；其每日競選活動時間，自上午七時起至下午十時止。

（二）競選經費最高限額

❶各種公職人員競選經費最高限額，除全國不分區及僑居國外國民立法委員選舉外，應由選舉委員會依規定計算，於發布選舉公告之日同時公告之。

❷前項競選經費最高限額，依下列規定計算之：

　①立法委員、直轄市議員、縣（市）議員、鄉（鎮、市）民代表、原住民區民代表選舉為以各該選舉區之應選名額除選舉區人口總數百分之七十，乘以基本金額新臺幣 30 元所得數額，加上一固定金額之和。

　②直轄市長、縣（市）長、鄉（鎮、市）長、原住民區長、村（里）長選舉為以各該選舉區人口總數百分之七十，乘以基本金額新臺幣 20 元所得數額，加上一固定金額之和。

❸前項所定固定金額，分別定為立法委員、直轄市議員新臺幣 1,000 萬元、縣（市）議員新臺幣 600 萬元、鄉（鎮、市）民代表、原住民區民代表新臺幣 200 萬元、直轄市長新臺幣 5,000 萬元、縣（市）長新臺幣 3,000 萬元、鄉（鎮、市）長、原住民區長新臺幣 600 萬元、村（里）長新臺幣 20 萬元。

❹競選經費最高限額計算有未滿新臺幣 1,000 元之尾數時，其尾數以新臺幣 1,000 元計算之。

（三）各種民選公職人員之參選年齡門檻

❶總統副總統為 40 歲。

❷直轄市長及縣（市）長為 30 歲。

❸鄉（鎮、市）長為 26 歲。

❹立法委員及地方民代為 23 歲。

候選人產生的方式

候選人產生的方式

公職人員選舉罷免法 →

個人申請制

總統副總統選舉罷免法 → 政黨提名制

 公民連署制

選民初選制

競選辦事處

設立	候選人於競選活動期間，得在其選舉區內設立競選辦事處
	其設立競選辦事處二所以上者，除主辦事處以候選人為負責人外，其餘各辦事處，應由候選人指定專人負責，並應將各辦事處地址、負責人姓名，向受理登記之選舉委員會登記
禁止	候選人競選辦事處不得設於機關（構）、學校、依法設立之人民團體或經常定為投票所、開票所之處所及其他公共場所。但政黨之各級黨部辦公處，不在此限

競選經費之補貼

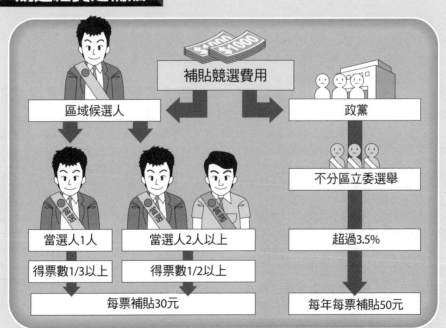

補貼競選費用

區域候選人		政黨
當選人1人	當選人2人以上	不分區立委選舉
得票數1/3以上	得票數1/2以上	超過3.5%
每票補貼30元		每年每票補貼50元

UNIT **6-9**
違反競選規範之處罰

對於選舉競選活動與宣傳助選等前面已將選罷法規定整理出來，但如果有候選人破壞這個公平的遊戲規則，選罷法上之處罰機制為何？分述如下：

（一）違反競選言論之處罰

違反「煽惑他人犯內亂罪或外患罪」之規定者，處 7 年以上有期徒刑；違反「煽惑他人以暴動破壞社會秩序」之規定者，處 5 年以上有期徒刑；違反「觸犯其他刑事法律規定之罪」之規定者，依各該有關處罰之法律處斷。

（二）公然聚眾暴動之處罰

❶利用競選或助選機會，公然聚眾，以暴動破壞社會秩序者，處 7 年以上有期徒刑；首謀者，處無期徒刑或 10 年以上有期徒刑。

❷前項之未遂犯罰之。

（三）賄選之處罰

❶對於候選人或具有候選人資格者，行求期約或交付賄賂或其他不正利益，而約其放棄競選或為一定之競選活動者，處 3 年以上 10 年以下有期徒刑，併科新臺幣 200 萬元以上 2,000 萬元以下罰金。

❷對於有投票權之人，行求期約或交付賄賂或其他不正利益，而約其不行使投票權或為一定之行使者，處 3 年以上 10 年以下有期徒刑，得併科新臺幣 100 萬元以上 1,000 萬元以下罰金。預備犯前項之罪者，處 1 年以下有期徒刑。預備或用以行求期約或交付之賄賂，不問屬於犯罪行為人與否，沒收之。

❸直轄市、縣（市）議會議長、副議長、鄉（鎮、市）民代表會、原住民區民代表會主席及副主席之選舉，對於有投票權之人，行求期約或交付賄賂或其

他不正利益，而約其不行使投票權或為一定之行使者，處 3 年以上 10 年以下有期徒刑，得併科新臺幣 200 萬元以上 2,000 萬元以下罰金。前項之選舉，有投票權之人，要求期約或收受賄賂或其他不正利益，而許以不行使其投票權或為一定之行使者，亦同。預備犯前二項之罪者，處 1 年以下有期徒刑。預備或用以行求期約或交付之賄賂，不問屬於犯罪行為人與否，沒收之。犯第 1 項、第 2 項之罪，於犯罪後 6 個月內自首者，減輕或免除其刑；因而查獲候選人為正犯或共犯者，免除其刑。在偵查中自白者，減輕其刑；因而查獲候選人為正犯或共犯者，減輕或免除其刑。

（四）政黨提名候選人

政黨辦理各種民選公職人員候選人黨內提名，自公告其提名作業之日起，於提名作業期間，對於黨內候選人或有投票資格之人，有期約賄選行為者，依《公職人員選舉罷免法》相關規定處斷。

（五）意圖使候選人當選或不當選

意圖使候選人當選或不當選，或意圖使被罷免人罷免案通過或否決者，以文字、圖畫、錄音、錄影、演講或他法，散布謠言或傳播不實之事，足以生損害於公眾或他人者，處 5 年以下有期徒刑。

公營事業與公營事業民營化

公營事業

經濟面向
政府公權力介入市場經濟活動最直接的做法

政治面向
政府掌握及可運用較雄厚的社會資源

公營事業民營化

↓

公營事業移轉民營條例

地方派系政治

解說	依趙永茂解說：地方派系是地方政治人物以地緣、血緣、宗族或社會關係為基礎，互相聯合以爭取地方政治權力的組合；地方派系並無固定之正式組織與制度，其領導方式依賴個人政治、社會經濟關係，其活動則採半公開方式，而以選舉、議會為主要的活動場域，並在此等政治場域中擴展其政治或社會關係勢力，具有在地方政治上決定選票、推薦人才、影響選舉與決策的功能		
理論	恩庇／侍從理論	恩庇者提供侍從者政治、經濟資源，換取侍從者之效忠	
	人際關係網絡理論	地方派系是透過人際關係網絡運作而發揮力量	
	宗親政治理論	宗親和政治結合時，重視宗親之選舉動員與政治結盟關係（王業立）	
類型	行政層級	縣（市）層級	如原高雄縣的紅派（林益世）／白派（王金平）
		鄉鎮市層級	如原臺北縣三重市的三重幫（林榮三）
	政黨認同	認同國民黨	如苗栗縣的新黃（徐耀昌）／小劉（劉政鴻）
		認同民進黨	如原高雄縣的黑派（余政憲）
	政治職位	縣長派／議長派	
		公所派／農會派	

UNIT **6-10**
選舉訴訟

選舉訴訟制度採二審制，受理法院應於 6 個月內審理終結，其訴訟共分為二種：

（一）選舉無效之訴

❶選舉委員會辦理選舉（罷免）違法，足以影響選舉結果，檢察官、候選人（被罷免人或罷免案提議人），得自當選人名單或罷免投票結果公告之日起15 日內，以各該選舉委員會為被告，向管轄法院提起選舉或罷免無效之訴。

❷選舉或罷免無效之訴，經法院判決無效確定者，其選舉或罷免無效，並定期重行選舉或罷免。其違法屬選舉或罷免之局部者，局部之選舉或罷免無效，並就該局部無效部分，定期重行投票。

（二）當選無效之訴

❶當選人有下列情事之一者，選舉委員會、檢察官或同一選舉區之候選人得以當選人為被告，自公告當選人名單之日起 30 日內，向該管轄法院提起當選無效之訴：

　①當選票數不實，足認有影響選舉結果之虞者。

　②對於候選人、有投票權人或選務人員，以強暴、脅迫或其他非法之方法，妨害他人競選、自由行使投票權或執行職務者。

　③有競選行賄或競選受賄之行為者、有行賄妨害投票之行為者。

❷當選無效之訴經判決無效確定者，當選人之當選無效。

（三）行政救濟之選舉罷免訴訟

❶依《行政訴訟法》第 2 條，公法上爭議，除法律別有規定外，得依本法提起行政訴訟。

❷依《行政訴訟法》第 10 條與第 11 條，選舉罷免事件之爭議，除法律別有規定外，得依本法提起行政訴訟；並準用撤銷、確認、給付訴訟之有關規定。

😊 小博士解說

選罷法就選舉訴訟二審終結不得再審之規定是否違憲？

憲法第 16 條規定人民有訴訟之權，旨在確保人民得依法定程序提起訴訟及受公平之審判。至於訴訟救濟應循之審級制度及相關程序，立法機關自得衡量訴訟性質以法律為合理之規定。基於目的性之要求暨選舉、罷免訴訟之特性，其予排除再審之非常程序，本為增進公共利益所必要，難認其有逾越憲法第23 條之規定（司法院釋字第 422 號理由書）。

😊 重要觀念釐清

❶違反《公職人員選舉罷免法》的賄選行為（第 97 條、第 99 條第 1 項、第101 條第 1 項、第 102 條第 1 項第 1 款），循刑事訴訟程序；《公職人員選舉罷免法》第 120 條當選無效，則依民事訴訟程序。兩者最大差異為證據能力要求及舉證責任分配。

❷因《公職人員選舉罷免法》賄選行為致當選無效（第 120 條第 1 項第 3 款），地方民意代表可依第 74 條第 2 項（落選頭遞補條款）由落選人依得票數之高低順序遞補；惟地方行政首長、村（里）長，則應補選。

選舉訴訟制度

法律依據	類別	事由	被告	管轄法院	效果
總統副總統選舉罷免法	選舉無效之訴	選舉委員會辦理選舉、罷免違法	選舉委員會	中央政府所在地之高等法院（二審終結）	選舉無效，定期重行選舉
	當選無效之訴	當選票數不實、妨害他人選舉、行賄或受賄	當選人	中央政府所在地之高等法院（二審終結）	原當選人之當選無效
公職人員選舉罷免法	選舉無效之訴	選舉委員會辦理選舉、罷免違法	選舉委員會	行為地之地方法院（二審終結）	選舉無效，定期重行選舉
	當選無效之訴	當選票數不實、妨害他人選舉、行賄或受賄	當選人	行為地之地方法院（二審終結）	當選無效
行政訴訟法	選舉罷免訴訟	選舉罷免事件之公法上爭議	作成處分機關	高等行政法院	行政救濟

各種選舉制度比較

選舉制度類型		代表國家
單一選區	相對多數決（第一名過關制）	英國、美國
	絕對多數決（二輪投票制）	法國
	選擇（偏好）投票制	澳大利亞
複數選區	有限投票制（複席單記多數決）	我國地方民意代表
	單記可轉讓	愛爾蘭
政黨名單比例代表制	百分百比例代表制（一票制）	以色列、比利時、盧森堡
混合制（二票制）	並立制	日本、義大利
	聯立制	德國、紐西蘭

我國地方選舉之選制比較

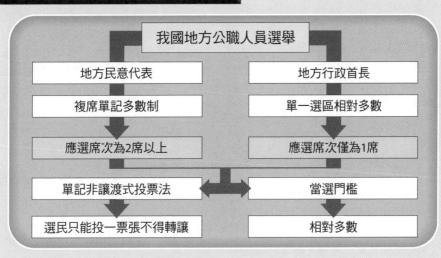

UNIT **6-11** 地方性公民投票

依據憲法主權在民之原則，為確保國民直接民權之行使，我國於 2003 年 12 月 31 日制定《公民投票法》，嗣於 2018 年 1 月 3 日修正全文。有關地方性公投之概念及規範機制略為：

（一）居民之直接民權體現

❶依公民投票法草案總說明，公民投票（referendum）係指公民就被提議之事案，表明贊成與否時所舉行之投票；按 referendum 一詞在我國憲法學中，稱之為複決，與罷免（recall）、創制（initiative）合稱為直接民主，有別於「選舉」之代議民主。

❷地方性公民投票適用事項為：①地方自治條例之複決；②地方自治條例立法原則之創制；③地方自治事項重大政策之創制或複決；④預算、租稅、薪俸及人事事項不得作為公民投票之提案。

❸地方性公民投票之主管機關為直轄市政府、縣（市）政府。

（二）地方性公民投票案之受理

❶公民投票案應分別向直轄市、縣（市）政府提出。公民投票案相關事項，除本法已有規定外，由直轄市、縣（市）以自治條例定之。直轄市、縣（市）政府對於公民投票提案，是否屬地方自治事項有疑義時，應報請行政院認定。

❷公民投票案之公告、公投票之印製、投票權人名冊之編造、公告閱覽、更正、公民投票公報之編印、公民投票程序之中止、辦事處之設立、經費之募集、投票、開票及有效票、無效票之認定，除主管機關外，準用第 17 條至第 24 條規定。

❸公民投票案提案、連署人數、應附具文件、查核程序及發表會或辯論會之舉辦，由直轄市、縣（市）以自治條例定之。

（三）公民投票結果

❶**通過門檻**

①公民投票案投票結果，有效同意票數多於不同意票，且有效同意票達投票權人總額四分之一以上者，即為通過。

②有效同意票未多於不同意票，或有效同意票數不足前項規定數額者，均為不通過。

❷**公民投票案通過者，投票結果之公告及處理方式**

①公民投票案經通過者，各該選舉委員會應於投票完畢 7 日內公告公民投票結果，並依下列方式處理：🅰有關自治條例之複決案，原自治條例於公告之日算至第三日起，失其效力；🅱有關自治條例立法原則之創制案，直轄市、縣（市）政府應於 3 個月內研擬相關之自治條例提案，並送直轄市議會、縣（市）議會審議。直轄市議會、縣（市）議會應於下一會期休會前完成審議程序；🅲有關重大政策者，應由權責機關為實現該公民投票案內容之必要處置。

②直轄市議會或縣（市）議會依第 1 項第 2 款制定之自治條例與創制案之立法原則有無牴觸發生疑義時，提案人之領銜人得聲請司法院解釋之。

③經創制之立法原則，立法機關不得變更；於自治條例實施後，2 年內不得修正或廢止。

④經複決廢止之自治條例，立法機關於 2 年內不得再制定相同之自治條例。

⑤經創制或複決之重大政策，行政機關於 2 年內不得變更該創制或複決案內容之施政。

地方性公民投票之概念架構

主管機關

各地方政府

地方性公民投票

不得提案事項

創制

立法原則

重大政策

複決

自治條例

重大政策

地方性公民投票案結果之處理

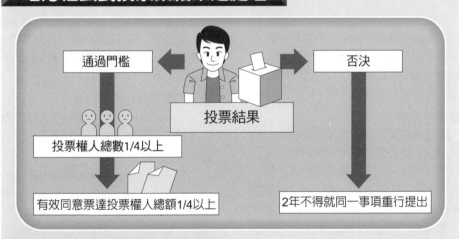

通過門檻

投票結果

否決

投票權人總數1/4以上

有效同意票達投票權人總額1/4以上

2年不得就同一事項重行提出

離島博弈業公民投票

《公民投票法》第30條（舊法）	公民投票案投票結果，投票人數達全國、直轄市、縣（市）投票權人總數二分之一以上，且有效投票數超過二分之一同意者，即為通過
	投票人數不足前項規定數額或未有有效投票數超過二分之一同意者，均為否決
《離島建設條例》第10條之2	開放離島設置觀光賭場，應依公民投票法先辦理地方性公民投票
	其公民投票案投票結果，應經有效投票數超過二分之一同意，投票人數不受縣（市）投票權人總數二分之一以上之限制
2009年9月26日，澎湖的博弈公投，在支持與反對陣營激烈對戰之下，投票結果，為同意票13,397票，不同意票17,359票，澎湖博弈公投不通過	

UNIT *6-12* 公民投票訴訟

對於公投之結果，涉及的機關與人民或提案人，如果對投票程序與結果有疑義，則有法律上之救濟機制。

❶公民投票投票無效之訴

有下列情事之一者，檢察官、提案人之領銜人得於投票結果公告之日起 15 日內，以各該選舉委員會為被告，向管轄法院提起公民投票投票無效之訴：①各級選舉委員會辦理公民投票違法，足認有影響投票結果之虞；②對於提案領銜人、有公民投票權人或辦理公民投票事務人員施以強暴、脅迫或其他非法方法，妨害公民投票之宣傳、自由行使投票權或執行職務，足認有影響投票結果之虞；③有違反第 36 條、第 37 條、刑法第 146 條第 1 項、第 2 項規定之情事，足認有影響投票結果之虞。

❷重新投票

公民投票無效之訴，經法院判決無效確定者，其公民投票之投票無效，並定期重行投票。其違法屬公民投票之局部者，局部之公民投票投票無效，並就該局部無效部分定期重行投票。但局部無效部分顯不足以影響結果者，不在此限。

❸公民投票案通過或不通過確認之訴

公民投票案之通過或不通過，其票數不實足以影響投票結果者，檢察官、公民投票案提案人之領銜人，得於投票結果公告之日起 15 日內，以該管選舉委員會為被告，向管轄法院提起確認公民投票案通過或不通過之訴。公民投票案通過或不通過確認之訴，經法院判決確定，變更原投票結果者，主管機關應於法院確定判決送達之日起 7 日內，依第 30 條、第 31 條之規定辦理。

❹投票權人之舉發

投票權人發覺有構成公民投票投票無效、公民投票案通過或不通過無效之情事時，得於投票結果公告之日起 7 日內，檢具事證，向檢察官舉發之。

❺公民投票之管轄法院

公民投票之管轄法院，依下列之規定：①第一審全國性公民投票訴訟，專屬中央政府所在地之高等行政法院管轄；第一審地方性公民投票訴訟，由公民投票行為地之該管高等行政法院管轄，其行為地跨連或散在數高等行政法院管轄區域內者，各該高等行政法院均有管轄權；②不服高等行政法院第一審裁判而上訴、抗告之公民投票訴訟事件，由最高行政法院管轄。

❻公民投票訴訟不得再審

公民投票訴訟不得提起再審之訴；各審受理之法院應於 6 個月內審結。

❼行政救濟

主管機關駁回公民投票提案、認定連署不成立或於法定期間內不為決定者，提案人之領銜人得依法提起行政爭訟。公民投票訴訟程序，除本法規定者外，適用行政訴訟法之規定。

公民投票訴訟程序適用規定

公民投票 訴訟程序	主管機關駁回公民投票提案、認定連署不成立或於法定期間內不為決定者,提案人之領銜人得依法提起行政爭訟
	公民投票訴訟程序,除本法規定者外,適用行政訴訟法之規定
	高等行政法院實施保全證據,得囑託地方法院為之
	民事訴訟法第 116 條第 3 項規定,於保全證據時,得準用之

公民投票法與公職人員選舉罷免法

	公民投票法	公職人員選舉罷免法
投票年齡	年滿 18 歲	年滿 20 歲
居住期間	6 個月	4 個月
投票方式	主管機關辦理全國性公民投票,得以不在籍投票方式為之,其實施方式另以法律定之	選舉人,除另有規定外,應於戶籍地投票所投票

全國性公民投票之不在籍投票

日出條款		《公民投票法》第 25 條,主管機關辦理全國性公民投票,得以不在籍投票方式為之,其實施方式另以法律定之。
《全國性公民投票不在籍投票法草案》		行政院會 2021 年 9 月 30 日第 3771 次會議通過
	定義	本法所稱不在籍投票,指投票權人於投票日至移轉投票地之投票所投票
	適用	全國性公民投票之不在籍投票,除本法另有規定外,適用公民投票法之規定
	不適用	下列公民投票,不適用本法之規定:❶總統依公民投票法第 16 條規定交付之公民投票;❷與總統、副總統選舉、立法委員選舉或地方公職人員選舉同日舉行之公民投票

UNIT 6-13
電子投票的型態

參考行政院研究發展考核委員會2005 年 3 月編印之《電子化民主之研究》委託研究報告，電子投票類型略有：

❶線上投票

①投票所線上投票（poll-site online voting）：投票權人可以在其戶籍所在地之同一公職人員候選人的選舉區內的任一投票所投票。

②資訊亭投票（kiosk voting）：除了在投票所外，投票權人還可以在其他被監督管理的公共場所進行投票，如公立圖書館。

③遠距投票（remote voting）：投票權人可以不用在指定的地方投票，而可藉由許多不同的電子設備，如電話、手機簡訊、網路等方式來進行投票。例如，英國 2002 年 5 月地方選舉在利物浦選區兼採手機簡訊與線上投票。

❷電子計票系統（electronic counting system）

投票權人仍需至投票所投票，而在投票權人投票後，透過電腦自動計算實體選票，藉以縮短開票、計票流程。

❸電腦輔助投票（computer-assise voting）

投票權人仍需到投票所投票，而在投票所中，藉由電腦電子設備（如滑鼠、觸碰式電子螢幕）來進行投票。這種方式又可分為：①印出實體選票以供投票權人確認；②不印出實體選票，直接由電腦加總計算。

🙂實例說明

日本於 2001 年 1 月 11 日通過《電子投票法》，並於 2002 年 6 月間，在關西的岡山鄉新見市長及市議員選舉中，首次採用電子投票。依謝相慶說明，其作業流程略為：選務機關先將投票入場券寄給有投票權的選舉人，選舉人必須持券進入投票所，經驗明身分後，以入場券換取電子投票卡，將投票卡插入投票機（類似自動提款機 ATM），電腦螢幕即顯示所有候選人的姓名及相片，每位候選人旁邊有按鈕，只要按下自己要選的候選人，即完成投票，投票卡自動退出。整個投票結束後，選務工作人員從投票機中取出儲存投票資料的磁碟片，裝入特製箱子運送到開票中心，透過統計程式即可計算出每位候選人得票數，並決定當選名單。這套投票作業由於宣傳得早，老年人可以很輕易地投票；身障者坐輪椅也可使用這種機器。投票機可列印出投票單，以備有爭議時驗票用。

而在我國則是在選務前端與末端皆採用電子化作業，僅有中間（選民投票）採取人工之方式。我國選務前端之選舉人名冊造報與投票通知單印製都是藉由電腦化之全國戶役政系統來產生，選務末端之計票，投開票所人工計票結果，送到鄉鎮市區選務作業中心，透過電腦計票系統核算後，送到直轄市、縣市選舉委員會，也是透過電腦計票系統核算，再送到中央選舉委員會。

我國選務電子化作業

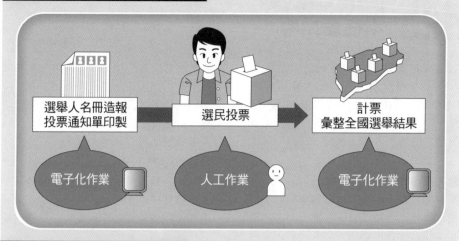

選舉人名冊造報 投票通知單印製	選民投票	計票 彙整全國選舉結果
電子化作業	人工作業	電子化作業

電子投票之爭議性

電子投票
需考慮 →

· 政黨的認同度
· 選民之支持度
· 執行機關配合度
· 選務辦理公信度
· 電腦能力養成度

在當選人與落選人差距很接近時，是否應有重新計票制度，依內政部於2007年5月31日報請行政院之草案

案別	規範	效果
甲案	區域立法委員、直轄市長、縣（市）長選舉結果，得票數次高之候選人與最高者之得票數差距，或原住民立法委員選舉結果，得票數第四高之候選人與第三高者之得票數差距，小於有效票數千分之三，得於投票日後 7 日內，向中央選舉委員會申請全部或一部之重新計票。	行政驗票
乙案	區域立法委員、直轄市長、縣（市）長選舉結果，得票數最高與次高之候選人得票數差距，或原住民立法委員選舉結果得票數第三高與第四高之候選人得票數差距，在有效票數千分之三以內時，次高票或得票數第四高之候選人得於投票日後 7 日內，向第108條（現為第126條）規定之管轄法院聲請查封全部或一部分投票所之選舉票就查封之投票所於20日內完成重新計票，並將重新計票結果通知各主管選舉委員會。各主管選舉委員會應 於7日內依管轄法院重新計票結果，重行審定選舉結果。審定結果，有不應當選而已公告當選之情形，應予撤銷；有應當選而未予公告 之情形，應重行公告。	非訟驗票

註：公職人員選舉罷免法修正採「非訟驗票」。

UNIT *6-14* 不在籍投票

根據各國實務經驗之統計，選舉人行使不在籍投票，其方式大致可分為6種，即通訊投票、代理投票、提前投票、特設投票所投票、移轉投票、電子投票，略述如下（高永光，2004；內政部，2009）：

❶通訊投票（postal voting）

意指選舉人於投票當日無法親自前往指定之投票所投票時，可事前向選務機關申請以郵寄投票的方式，代替親自前往投開票所投票；選務機關於審定申請人的選舉人資格後，寄出選舉票予符合規定者，選舉人依法祕密圈選完畢後，於法定日期前密封郵寄送還選務機關。此種投票方式適用於政府駐外人員、派駐海外軍人及其眷屬或僑居海外之選舉人；或失明、顏面傷殘、不良於行之身心障礙選舉人；或重病在醫院之選舉人。

❷代理投票（proxy voting）

意指選舉人於投票當日無法親自前往指定之投票所投票時，可事前向選務機關申請委託他人代表投票；經選務機關審定申請人的選舉人資格後，由代理人於投票當日持委託書至投票所代替本人投票。適用於失明、不願出門顏面傷殘、不良於行等之身心障礙選舉人。

我國《總統副總統選舉罷免法》第14條第4項及《公職人員選舉罷免法》第18條第3項規定，身心障礙者可由家屬代為圈投，可說是「半套式」的代理投票。

❸提前投票（early voting）

意指選舉人於投票當日不在其國內或選舉區，得向選務機關申請於投票日前數日先行投票。投票日期及投票所係由選務機關安排，並由選務人員管理與監督。

❹特設投票所投票（polling booths in special institutions）

意指對於某些特定身分之選舉人，選務機關在其工作或生活場所另予設置特別投票所，以方便此類選舉人行使投票權。最常使用在監所服刑的受刑人、在療養機構就養的老年人或軍人。

❺移轉投票（constituency voting）

意指選舉人得向選務機關申請在其工作地或就學地所屬之投票所投票，並將選舉票移轉至其指定地點，於投票日當日，讓選舉人就近投票。

❻電子投票（electronic voting）

包含「投票所線上投票」、「資訊亭投票」、「遠距投票」等。如愛沙尼亞於2007年之國會選舉，採行網路投票，讓選民可以遠距投票。

上開各種不在籍投票方式，在一般民主國家，如英國採行通訊投票與代理投票；法國則完全採行代理投票；德國以通訊投票為主，兼採行特設投票所投票及移轉投票；美國由於是聯邦制，各州的規定並不一致，上述各種投票方式都有，甚至也有些州同時採行數種方式。至我國主管機關規劃先從總統副總統選舉實施不在籍投票，內政部所規範不在籍投票有三大類型：

①選舉人申請移轉至戶籍地以外之直轄市、縣（市）投票之「移轉投票」。

②矯正機關收容之選舉人，應於矯正機關內設置之投票所投票之「指定投票所投票」。

③投票所工作人員，應於工作地之投票所投票之「工作地投票」。

內政部原計畫於2012年總統副總統選舉施行不在籍投票，惟後來中選會堅持不在籍投票規劃方案與「簡併選舉政策」間是互斥的，致不在籍投票之良法美意，最終無法實現。

革新選舉投票制度：應採集中開票

我國現制	「分散投票、分散開票」
	採投票完畢，即於現地唱名開票（投票所立即改為開票所）
西方國家	「分散投票、集中開票」
	即各投票所於投票時間截止後，由工作人員將選舉票包封後，送往選務作業中心（鄉鎮市區公所）指定之開票所集中開票
集中開票優點	❶可延長投票時間：選民便利性高 ❷降低賄選：端正選風助益性高 ❸投開票分離：計票正確性高 ❹減少有效票與無效票認定爭議：無效票認定結果一致性高

以移轉投票行使不在籍投票：與簡併選舉可併行（非互斥政策）

類別		可行使之投票權	與現行制度比較
一般選民	選項一	將總統副總統選舉票由戶籍地移轉至居住地，放棄立法委員選舉票	讓無法返回戶籍地投票者，尚可行使總統副總統選舉投票權
	選項二	不移轉總統副總統選舉票，回戶籍地圈投總統副總統選舉票與立法委員選舉票	不變
矯正機關收容人		於矯正機關內圈投總統副總統選舉票，但無法圈投立法委員選舉票	從原無法投票，增加可圈投總統副總統選舉票
投票所工作人員		於工作地之投票所圈投總統副總統選舉票與立法委員選舉票（部分工作人員其戶籍地與工作地分屬不同立法委員選舉區者，無法圈投總統副總統選舉票與立法委員選舉票）	不變
顯見移轉投票仍較現制落實公民參政權之保障			

「選務行政便利性」vs.「選民投票便利性」

選務行政便利性		選民投票便利性／公民參政權保障	
公職人員選舉罷免法第17條第2項但書規定	在工作地之投票所投票者，以戶籍地及工作地在同一選舉區為限	主管機關應從「人本關懷」出發，將「參政權保障至高性」、「選民投票便利性」及「保障公民參政權」作為決定政策之最優先價值	
2010年直轄市市長、議員、里長三合一選舉時，中選會基於選務之便利性，逕行規定辦理工作地投票須戶籍地及工作地在同一里者為限，致工作人員因跨里（工作地與戶籍地不同里）失去里長投票權		不應讓許多選民有心卻因投票日需工作而無法行使其投票權	不應讓選民在投票日奔波返回戶籍地投票
縱使直轄市長、議員選舉仍在同一選舉區，也喪失市長及市議員投票權		不應讓許多身心障礙者費盡氣力穿越大街小巷前往投票所投票	不應讓許多選民忍受風吹日曬在投票所外大排長龍
		建議推動「通訊投票」或「電子投票」	

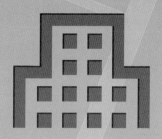

第 **7** 章
我國地方議會

●●●●●●●●●●●●●●●●●●●●●●●●●●● 章節體系架構 ▼

UNIT **7-1** 省諮議會

憲法增修條文之「精省」設計將「省議會」變更為「省諮議會」，讓省之地位由地方自治團體公法人地位，轉變為行政院之派出機關。

（一）省議會

❶依憲法第 112 條：「省得召集省民代表大會，依據省縣自治通則，制定省自治法，但不得與憲法牴觸。省民代表大會之組織及選舉，以法律定之。」

❷依憲法第 113 條：「省自治法應包含⋯⋯一、省設省議會，省議會議員由省民選舉之。二、省設省政府，置省長一人。省長由省民選舉之。三、省與縣之關係。屬於省之立法權，由省議會行使之。」

❸是以，省議會議員係由省民選舉產生，並由省議會來行使省之立法權，具有地方自治團體公法人地位。

（二）省諮議會

❶依憲法增修條文第 9 條第 1 項第 2 款：「省設省諮議會，置省諮議員若干人，由行政院院長提請總統任命之。」

❷依《地方制度法》之規定：①第 5 條第 1 項：「省設省政府、省諮議會」；②第 10 條：「省諮議會對省政府提供諮詢及興革意見」是為省諮議會之功能；③第 11 條：「省諮議會置諮議員，任期三年，為無給職，其人數由行政院參酌轄區幅員大小、人口多寡及省政業務需要定之，至少五人，至多二十九人，並指定其中一人為諮議長，綜理會務，均由行政院院長提請總統任命之。」是為省諮議會之組織結構。又憲法增修條文第 9 條第 1 項規定，並未排除福建省設諮議會，為符合憲法規定，並考量二省轄區幅員為懸殊，為使設置

之諮議會議員有所區別，爰明定其人數，由行政院參酌轄區幅員大小及省政府業務需要訂定之；④第 12 條：「省政府及省諮議會之預算，由行政院納入中央政府總預算，其預算編列、執行及財務收支事項，依預算法、決算法、國庫法及其他相關法令規定辦理。」故已無自治財政權；⑤第 13 條：「省政府組織規程及省諮議會組織規程，均由行政院定之。」顯無自治組織權。

❸精省後之省諮議會，既已無「住民自治」與「團體自治」自不具司法院釋字第 467 號解釋之地方自治團體公法人地位。

❹依《臺灣省諮議會組織規程》之規定：

①第 2 條：「臺灣省諮議會」之職掌為：Ⓐ關於省政府業務之諮詢及建議事項；Ⓑ關於縣（市）自治監督及建設規劃之諮詢事項；Ⓒ關於地方自治事務之調查、分析及研究發展事項；Ⓓ關於議政史料之保存、整理、典藏及展示事項；Ⓔ其他依法律或中央法規賦予之職權。

②第 3 條：臺灣省諮議會置諮議會議員至多 23 人，任期 3 年，由行政院院長提請總統任命之。

③第 4 條：臺灣省諮議會置諮議長 1 人，由行政院院長就諮議員中提請總統任命之，綜理會務；諮議長因故不能執行職務時，由諮議長指定諮議員一人代理，並報行政院備查。

❺精省後的省諮議會組織架構原設議事組、研究組、行政組三組，持續運作相當時間。惟行政院 2018 年 6 月 28 日第 3606 次會議決定，自 2019 年起臺灣省政府、臺灣省諮議會、福建省政府等三個省級機關預算歸零，員額與業務則從 2018 年 7 月 1 日起移撥至國發會等相關部會承接。

憲法設計之省制

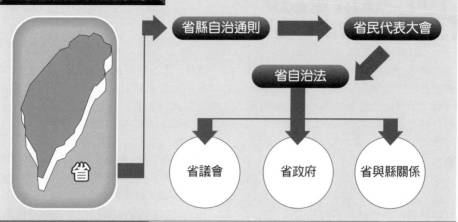

省 → 省縣自治通則 → 省民代表大會 → 省自治法 → 省議會 / 省政府 / 省與縣關係

省諮議會開會

會期	每6個月開會一次，由諮議長召集之，每次會期不得超過15日
	經諮議員總數三分之一以上之請求，或諮議長認為必要時，諮議長應於10日內召集臨時會，其會期每次不得超過5日；每年不得超過4次
決議	非有全體諮議員過半數之出席，不得開議
	提案之表決，除另有規定者外，以出席諮議員過半數之同意行之；可否同數時，取決於主席
費用	本會諮議員為無給職。但開會時得支出席費、膳食費、交通費

知識補充站 ★臺灣省諮議會沿革

時間	沿革
1946年5月1日	臺灣省參議會
1951年12月	臨時省議會
1959年6月	臺灣省議會
1998年12月	臺灣省諮議會

UNIT **7-2**
地方議會議員之產生

我國各地方自治團體採「強權市長制」之行政權與立法權分立制，設有一民選之議會作為監督機關，與行政機關相互制衡。有關地方民意代表產生方式說明如下：

❶組織及任期

地方立法機關，指直轄市議會、縣（市）議會、鄉（鎮、市）民代表會，其議員或代表由該地方自治團體之居民選出，任期4年，連選得連任。

❷名額配置

地方民意代表名額，應參酌各該地方自治團體「財政」、「區域狀況」、「人口數」，於地方立法機關組織準則定之。

①直轄市議會議員總額

Ⓐ區域議員名額：直轄市人口扣除原住民人口在200萬人以下者，不得超過55人；超過200萬人者，不得超過62人。

Ⓑ原住民議員名額：有平地原住民人口在2,000人以上者，應有平地原住民選出之議員名額；有山地原住民人口在2,000人以上或改制前有山地鄉者，應有山地原住民選出之議員名額。

Ⓒ另直轄市議員由原住民選出者，以其行政區域內之原住民為選舉區，並得按平地原住民、山地原住民或在其行政區域內劃分選舉區。

②縣（市）議員總額

Ⓐ縣（市）人口在1萬人以下者，不得超過11人；人口在20萬人以下者，不得超過19人；人口在40萬人以下者，不得超過33人；人口在80萬人以下者，不得超過43人；人口在160萬人以下者，不得超過57人；人口超過160萬人者，不得超過60人。

Ⓑ縣（市）有平地原住民人口在1,500人以上者，於前目總額內應有平地原住民選出之縣（市）議員名額。有山地鄉者，於前目總額內應有山地原住民選出之縣

議員名額。有離島鄉且該鄉人口在2,500人以上者，於前目總額內應有該鄉選出之縣議員名額。

③鄉（鎮、市）民代表總額

Ⓐ鄉（鎮、市）人口在1,000人以下者，不得超過5人；人口在1萬人以下者，不得超過7人；人口在5萬人以下者，不得超過11人；人口在15萬人以下者，不得超過19人；人口超過15萬人者，不得超過31人。

Ⓑ鄉（鎮、市）有平地原住民人口在1,500人以上者，於前目總額內應有平地原住民選出之鄉（鎮、市）民代表名額。

④婦女名額之保障

Ⓐ各選舉區選出之直轄市議員、縣（市）議員、鄉（鎮、市）民代表名額達4人者，應有婦女當選名額1人；超過4人者，每增加4人增1人。

Ⓑ直轄市選出之原住民名額在4人以上者，應有婦女當選名額；縣（市）選出之山地原住民、平地原住民名額在4人以上者，應有婦女當選名額；鄉（鎮、市）選出之平地原住民名額在4人以上者，應有婦女當選名額。

❸落選者依序遞補（落選頭遞補條款）

為防杜選舉當中之賄選情形，鼓勵其他候選人勇於檢舉賄選，並補救其他清白參選人之權益，《公職人員選舉罷免法》第74條第2項規定，地方民意代表當選人因期約或交付賄賂或其他不正利益，經法院判決當選無效確定者或當選人有褫奪公權尚未復權之情形時，其缺額由落選人依得票數之高低順序遞補，不適用重行選舉或缺額補選之規定。但遞補人員之得票數不得低於選舉委員會原公告該選舉區得票數最低之當選人得票數二分之一。另遞補名額仍應適用《地方制度法》關於婦女保障名額規定。

原住民身分之認定

原住民身分之認定

依《原住民身分法》

山地原住民 —— 臺灣光復前原籍在山地行政區域內，且戶口調查簿登記其本人或直系血親尊親屬屬於原住民者

平地原住民 —— 臺灣光復前原籍在平地行政區域內，且戶口調查簿登記其本人或直系血親尊親屬屬於原住民，並申請戶籍所在地鄉（鎮、市、區）公所登記為平地原住民有案者

地方議員之名額分配與保障

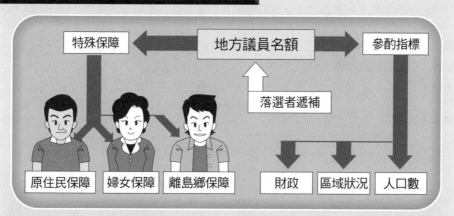

特殊保障 ← 地方議員名額 → 參酌指標

落選者遞補

原住民保障　婦女保障　離島鄉保障　　財政　區域狀況　人口數

山地鄉與離島鄉

山地鄉	宜蘭縣大同鄉	宜蘭縣南澳鄉	新竹縣尖石鄉	新竹縣五峰鄉	苗栗縣泰安鄉
	南投縣信義鄉	南投縣仁愛鄉	嘉義縣阿里山鄉	屏東縣三地門鄉	屏東縣霧臺鄉
	屏東縣瑪家鄉	屏東縣泰武鄉	屏東縣來義鄉	屏東縣春日鄉	屏東縣獅子鄉
	屏東縣牡丹鄉	花蓮縣秀林鄉	花蓮縣萬榮鄉	花蓮縣卓溪鄉	臺東縣海端鄉
	臺東縣延平鄉	臺東縣金峰鄉	臺東縣達仁鄉	臺東縣蘭嶼鄉	
山地鄉改制為區	新北市烏來區	桃園市復興區	臺中市和平區	高雄市桃源區	高雄市茂林區
	高雄市那瑪夏區				
無山地鄉（區）之直轄市、縣（市）：臺南市、彰化縣、雲林縣、澎湖縣、金門縣、連江縣、基隆市、新竹市、嘉義市					
離島鄉	相對於縣治所在地而言				
	如臺東縣綠島鄉、澎湖縣望安鄉、連江縣東引鄉等				
臺東縣蘭嶼鄉是山地鄉，非離島鄉					

UNIT **7-3**
地方議會之會議召開

我國地方自治採權力二元制之行政、立法分立機制，有一民選之地方議會，有關地方議會之會議召開說明如次：

（一）定期會之召開

直轄市議會、縣（市）議會、鄉（鎮、市）民代表會會議，除每屆成立大會外，定期會每6個月開會一次，由議長、主席召集之，議長、主席如未依法召集時，由副議長、副主席召集之；副議長、副主席亦不依法召集時，由過半數議員、代表互推1人召集之。每次會期包括例假日或停會在內，依下列規定：

❶直轄市議會不得超過70日。
❷縣（市）議會議員總額40人以下者，不得超過30日，41人以上者不得超過40日。
❸鄉（鎮、市）民代表會代表總額20人以下者，不得超過12日，21人以上者，不得超過16日。

（二）定期會之延長

每年審議總預算之定期會，會期屆滿而議案尚未議畢或有其他必要時，得應直轄市長、縣（市）長、鄉（鎮、市）長之要求，或由議長、主席或議員、代表三分之一以上連署，提經大會決議延長會期。延長之會期，直轄市議會不得超過10日，縣（市）議會、鄉（鎮、市）民代表會不得超過5日，並不得作為質詢之用。

（三）臨時會之召開

❶原因

直轄市議會、縣（市）議會、鄉（鎮、市）民代表會遇有下列情事之一時，得召集臨時會：①直轄市長、縣（市）長、鄉（鎮、市）長之請求；②議長、主席請求或議員、代表三分之一以上之請求；③有覆議之情事時。

❷限制

臨時會之召開，議長、主席應於10日內為之，其會期包括例假日或停會在內，直轄市議會每次不得超過10日，每12個月不得多於8次；縣（市）議會每次不得超過5日，每12個月不得多於6次；鄉（鎮、市）民代表會每次不得超過3日，每12個月不得多於5次。但有覆議之情事時，不在此限。

（四）地方立法機關之行政單位組織

❶直轄市議會置秘書長1人、副秘書長1人；下得分設9組（室）辦事。
❷縣（市）議會置秘書長1人；下分設組（室）辦事。其縣（市）人口未滿50萬人者，得設5組（室）；人口在50萬人以上，125萬人以下者，得設6組（室）；人口超過125萬人者，得設7組（室）。
❸鄉（鎮、市）民代表會置秘書1人，下得設組辦事；人口超過15萬人者，其代表會得分設2組辦事。
❹編制員額：地方立法機關擬訂組織自治條例報權責機關核定時，其編制員額，應依下列因素決定之：①行政院員額管制政策及規定；②業務職掌、功能及各部門工作量；③預算規模；④人力配置及運用狀況。

地方議會之會議召開

| | 定期會 | → 每 6 個月開會一次 |

地方議會開會 → 臨時會 →
❶行政首長或議長之請求
❷議員1/3請求
❸覆議

地方立法機關之行政單位

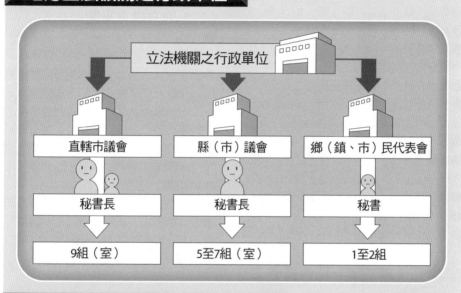

立法機關之行政單位

直轄市議會	縣（市）議會	鄉（鎮、市）民代表會
秘書長	秘書長	秘書
9組（室）	5至7組（室）	1至2組

地方民意代表之特殊保障機制

地方民意代表之原住民名額保障機制	原僅「原住民議員選區」，再劃分為「平地原住民議員選區」與「山地原住民議員選區」		
	山原雙軌制：山地原住民議員採「人口2,000人以上」及「改制前有山地鄉」之「雙軌制」保障		
縣議員之原住民及離島保障	內含制：原住民議員「內含」於議會議員總額內（總額固定）		
	山原單軌制：山地原住民議員僅採「山地鄉」之行政區域式的「單軌制」保障；未有山地鄉之縣（市）則無山地原住民議員		
	離島鄉保障：「內含」於議會議員總額內		
婦女名額保障	區域議員以「選舉區」為基礎	各選區有確定之婦女保障名額	
		選區劃分可強化或弱化婦女名額保障	
	原住民議員以「全縣原住民議員名額」為基礎	婦女保障名額「浮動」於各選區間	
		以各選區中婦女得票最高者	

UNIT **7-4**
我國各級地方議會之職權

為有效監督地方行政部門，地方議會享有以下之職權：

（一）直轄市議會、縣（市）議會之職權

❶議決直轄市法規、縣（市）規章。
❷議決直轄市、縣（市）預算。
❸議決直轄市、縣（市）特別稅課、臨時稅課及附加稅課。
❹議決直轄市、縣（市）財產之處分。
❺議決直轄市、縣（市）政府組織自治條例及所屬事業機構組織自治條例。
❻議決直轄市、縣（市）政府提案事項。
❼審議直轄市、縣（市）決算之審核報告。
❽議決直轄市、縣（市）議員提案事項。
❾接受人民請願。
❿其他依法律賦予之職權。

（二）鄉（鎮、市）民代表會之職權

❶議決鄉（鎮、市）規約。
❷議決鄉（鎮、市）預算。
❸議決鄉（鎮、市）臨時稅課。
❹議決鄉（鎮、市）財產之處分。
❺議決鄉（鎮、市）公所組織自治條例及所屬事業機構組織自治條例。
❻議決鄉（鎮、市）公所提案事項。
❼審議鄉（鎮、市）決算報告。
❽議決鄉（鎮、市）民代表提案事項。
❾接受人民請願。
❿其他依法律或上級法規、規章賦予之職權。

（三）其他監督行政部門之職權，尚有「議會議決案之執行」、「預算權」、「決算審核報告」等權

（四）地方議會黨團

❶直轄市議會議員、縣（市）議會議員依其所屬政黨參加黨團，每一黨團至少須有 3 人以上。未能依前項規定組成黨團之政黨或無黨籍之直轄市議會議員、縣（市）議會議員，得加入其他黨團或由直轄市議會議員、縣（市）議會議員總額五分之一以上之議員合組政團。但每一政團至少須有 3 人以上（政團準用有關黨團之規定）。
❷黨團辦公室得視實際需要，由直轄市議會、縣（市）議會提供之；其設置辦法，由直轄市議會、縣（市）議會訂定，分別報行政院、內政部備查。

（五）「列舉」與「概括」

按鄉（鎮、市）為地方自治團體，鄉（鎮、市）公所與鄉（鎮、市）民代表會分別為該團體之行政與立法機關，各有所司，其中鄉（鎮、市）民代表會之職權，依《地方制度法》第37條係採列舉之規定，明確規定其職權；而鄉（鎮、市）公所之職權，《地方制度法》則採概括之規定，於第57條規定鄉（鎮、市）公所置鄉（鎮、市）長，對外代表該鄉（鎮、市），並綜理鄉（鎮、市）政。相同的原則，也規範於直轄市、縣（市）之地方自治團體。

地方議會職權

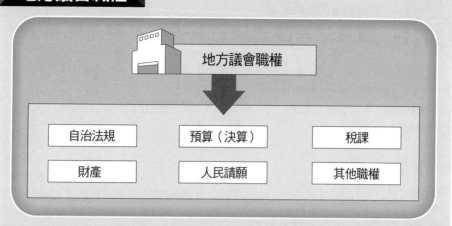

地方議會職權

自治法規	預算（決算）	稅課
財產	人民請願	其他職權

鄉（鎮、市）財產出租及撥用應否經代表會同意疑義

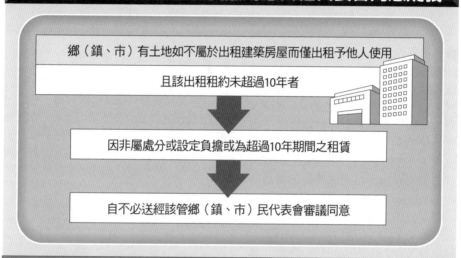

鄉（鎮、市）有土地如不屬於出租建築房屋而僅出租予他人使用

且該出租租約未超過10年者

因非屬處分或設定負擔或為超過10年期間之租賃

自不必送經該管鄉（鎮、市）民代表會審議同意

縣（市）議會組織自治條例經核定後，縣（市）政府不得提起覆議

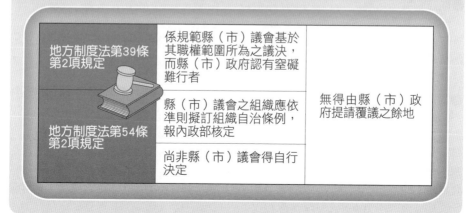

地方制度法第39條第2項規定	係規範縣（市）議會基於其職權範圍所為之議決，而縣（市）政府認有窒礙難行者	無得由縣（市）政府提請覆議之餘地
地方制度法第54條第2項規定	縣（市）議會之組織應依準則擬訂組織自治條例，報內政部核定	
	尚非縣（市）議會得自行決定	

UNIT **7-5**
議員之言論表決免責權與不受逮捕特權

地方民意代表職司「為民喉舌」之角色，必須能暢所欲言，為保障其言論自由，乃賦予其「言論表決免責權」與「不受逮捕特權」之特權。

（一）言論表決免責權

❶淵源

肇始於 17 世紀英國光榮革命後國會避免遭受王室迫害，在 1689 年發表《權利宣言》（Bill of Rights）第 9 條謂：「在國會內之言論及辯論或程序，不得受到法院或其他機關之追訴或審問。」

❷理論基礎

①議會主權思想，謂民主政治主權屬於人民，國會為民意機關，即為實際掌握主權之機關，國會內之言論及表決，對會外自不須負責；②言論自由之思想，謂言論自由乃民主政治之靈魂，國會代表人民宣達民意，倘議員在國會內言論尚不自由，而顧忌其他機關之干涉，尚有何言論自由可言？③三權分立之思想，即立法、行政、司法互不侵犯，國會既不能干涉司法之言論行動，則議員在國會內之言論與表決自亦不受法院之追訴與處罰。

❸地方制度法之規定

地方議會開會時，地方民意代表對於有關會議事項所為之言論及表決，對外不負責任。但就無關會議事項所為顯然違法之言論，不在此限。

❹司法實務

①司法院釋字第 165 號解釋：地方議會議員在會議時就有關會議事項所為之言論，應受保障，對外不負責任。但就無關會議事項所為顯然違法之言論，仍難免責。

②司法院釋字第 401 號解釋：憲法第 32 條及第 73 條規定國民大會代表立法委員言論及表決之免責權，係指國民大會代表在會議時所為之言論及表決，立法委員在立法院內所為之言論及表決，不受刑事訴追，亦不負民事賠償責任，除因違反其內部所訂自律之規則而受懲戒外，並不負行政責任之意。又罷免權乃人民參政權之一種，憲法第 133 條規定被選舉人得由原選舉區依法罷免之。則國民大會代表及立法委員因行使職權所為言論及表決，自應對其原選舉區之選舉人負政治上責任。從而國民大會代表及立法委員經國內選舉區選出者，其原選舉區選舉人得以國民大會代表及立法委員所為言論及表決不當為理由，依法罷免之，不受憲法第 32 條及第 73 條規定之限制。

③司法院釋字第 435 號解釋：憲法第 73 條規定立法委員在院內所為之言論及表決，對院外不負責任，旨在保障立法委員受人民付託之職務地位，並避免國家最高立法機關之功能遭致其他國家機關之干擾而受影響。為確保立法委員行使職權無所瞻顧，此項言論免責權之保障範圍，應作最大程度之界定，舉凡在院會或委員會之發言、質詢、提案、表決以及與此直接相關之附隨行為，如院內黨團協商、公聽會之發言等均屬應予保障之事項。越此範圍與行使職權無關之行為，諸如蓄意之肢體動作等，顯然不符意見表達之適當情節致侵害他人法益者，自不在憲法上開條文保障之列。

（二）不受逮捕特權（身體自由權之保障）

直轄市議員、縣（市）議員、鄉（鎮、市）民代表除現行犯、通緝犯外，在會期內，非經直轄市議會、縣（市）議會、鄉（鎮、市）民代表會之同意，不得逮捕或拘禁。

民意代表之對外責任

民意代表 → 對外責任

不負
刑事責任
民事責任
行政責任

須負
政治責任（罷免）

地方議會議員之保障

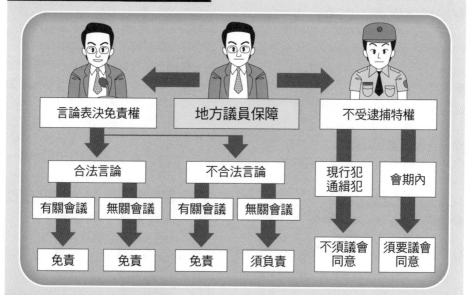

言論表決免責權 ← 地方議員保障 → 不受逮捕特權

言論表決免責權

合法言論
- 有關會議 → 免責
- 無關會議 → 免責

不合法言論
- 有關會議 → 免責
- 無關會議 → 須負責

不受逮捕特權

現行犯通緝犯 → 不須議會同意

會期內 → 須要議會同意

現行犯及通緝犯

	大法官釋字第90號解釋
現行犯	憲法上所謂現行犯係指刑事訴訟法第88條第2項之現行犯（犯罪在實施中或實施後即時發覺者），及同條第3項以現行犯論者（被追呼為犯罪人者；因持有兇器、贓物或其他物件、或於身體、衣服等處露有犯罪痕跡，顯可疑為犯罪人者）
	遇有刑事訴訟法第88條所定情形，不問何人均得逕行逮捕之，不以有偵查權人未曾發覺之犯罪為限
通緝犯	通緝為追訴處罰訴訟程序之一，通緝被告顯為追訴權之行使行為
	刑事訴訟法第84條，被告逃亡或藏匿者，得通緝之

UNIT *7-6*
地方民代之費用與兼職禁止

現代國家型態已從「夜警國家」轉變為「福利國家」，公共事務繁雜，地方民意代表多須專職方能有效行使其職權，為使其生活無虞，乃有從公庫給予費用；因係從公庫支領費用，自有相關限制。

（一）費用之支領

❶直轄市議員、縣（市）議員、鄉（鎮、市）民代表得支研究費等必要費用；在開會期間並得酌支出席費、交通費及膳食費。

❷違反規定召開之會議，不得依前項規定支領出席費、交通費及膳食費，或另訂項目名稱、標準支給費用。

❸各費用支給項目及標準，以法律定之；非依法律不得自行增加其費用。

（二）兼職之禁止

❶直轄市議員、縣（市）議員、鄉（鎮、市）民代表，不得兼任其他公務員，公私立各級學校專任教師或其他民選公職人員，亦不得兼任各該直轄市政府、縣（市）政府、鄉（鎮、市）公所及其所屬機關、事業機關任何職務或名義。但法律、中央法規另有規定者，不在此限。

❷直轄市議員、縣（市）議員、鄉（鎮、市）民代表當選人有前項不得任職情事者，應於就職前辭去原職，不辭去原職者，於就職時視同辭去原職，並由行政院、內政部、縣政府通知其服務機關解除其職務、職權或解聘。就職後有前項情事者，亦同。

（三）紀律委員會

❶直轄市議會、縣（市）議會、鄉（鎮、市）民代表會、山地原住民區民代表會，得設紀律委員會、小組審議懲戒案件。其設置辦法，由直轄市議會、縣（市）議會、鄉（鎮、市）民代表會、山地原住民區民代表會訂定，分別報行政院、內政部、縣政府、直轄市政府備查。

❷直轄市議會、縣（市）議會、鄉（鎮、市）民代表會、山地原住民區民代表會開會時，由會議主席維持議場秩序。如有違反議事規則或其他妨礙秩序之行為，會議主席得警告或制止，並得禁止其發言，其情節重大者，得付懲戒。懲戒，由各該立法機關紀律委員會、小組審議，提大會議決後，由會議主席宣告之；其懲戒方式為：①口頭道歉；②書面道歉；③申誡；④定期停止出席會議。

（四）觀念釐清：地方民意代表性質上屬「無給職」

按我國地方民意代表以往地方自治法規均明定為無給職，但得支研究費，在開會期間並得酌支交通、膳食等費用。省縣自治法及直轄市自治法制定後，雖將「無給職」一詞刪除，其餘規定大致相同；《地方制度法》制定後，該法第52條規定，地方民意代表得支研究費等必要費用；在開會期間並得酌支出席費、交通費及膳食費，與上開二項自治法規定復相同。其立法原意並無將地方民意代表為無給職之性質，加以改變；另參酌司法院釋字第299號解釋意旨，所謂「無給職」係指非應由國庫固定支給歲費、公費或相當於歲費、公費之給與而言，地方民意代表集會行使職權，雖仍得受領各項合理之報酬，性質上仍應為無給職。

地方議會議員之規範

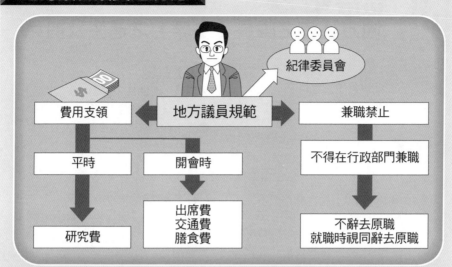

紀律委員會

| 費用支領 | ← 地方議員規範 → | 兼職禁止 |

費用支領 → 平時 → 研究費

費用支領 → 開會時 → 出席費 交通費 膳食費

兼職禁止 → 不得在行政部門兼職 → 不辭去原職 就職時視同辭去原職

地方民意代表在會期內如逢星期例假日，其費用支給疑義

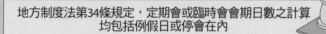

地方制度法第34條規定，定期會或臨時會會期日數之計算均包括例假日或停會在內

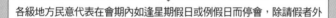

各級地方民意代表在會期內如逢星期假日或例假日而停會，除請假者外

該停會日之出席費、交通費及膳食費應准予發給

地方民代不得兼任之職務

不得兼任 公務員	依公務員服務法第15條規定，公務員除法令所定外，不得兼任他項公職或業務
	地方民意代表自不得兼任公務員
不得兼任公私 立各級學校 專任教師	公私立各級學校專任之教師工作繁忙
	如准兼任地方民意代表，勢將影響學生之課業
	爰規定地方民意代表亦不得同時擔任公私立各級學校專任教師，以符實際
不得兼任 行政工作	本行政分立原則，地方民意代表為立法者，自不得兼任行政工作，影響行政運作
	是以除前述不得兼任公私立各級學校專任教師外，各該地方政府及所屬機關、事業機構之職務或名義，自亦不得兼任，以明分際
各級民選公職 人員不得兼任	依憲法第103條、司法院大法官釋字第19號、第24號、第74號解釋意旨
就職時 視同辭職	司法院大法官釋字第1號解釋意旨，相關人員當選地方民意代表後，應於就職前辭去原職，不辭去原職者，於就職時視同辭職，並由各該上級政府通知其服務機關

UNIT **7-7**
地方議會之議長（主席）之產生及罷免

地方議會議長代表地方立法機關，地位崇高，有其代表性與正當性，有關議長（主席）之產生及罷免方式如下：

（一）設置

直轄市議會、縣（市）議會置議長、副議長各1人，鄉（鎮、市）民代表會置主席、副主席各1人，由直轄市議員、縣（市）議員、鄉（鎮、市）民代表以記名投票分別互選或罷免之（2016年6月22日由原「無記名」投票修正為「記名」投票）。但就職未滿1年者，不得罷免。

（二）地位

議長、主席對外代表各該議會、代表會，對內綜理各該議會、代表會會務。

（三）產生

❶直轄市議會、縣（市）議會議長、副議長，鄉（鎮、市）民代表會主席、副主席之選舉，應於議員、代表宣誓就職典禮後即時舉行，並應有議員、代表總額過半數之出席，以得票達出席總數之過半數者為當選。選舉結果無人當選時，應立即舉行第二次投票，以得票較多者為當選；得票相同者，以抽籤定之。補選時亦同。

❷前項選舉，出席議員、代表人數不足時，應即訂定下一次選舉時間，並通知議員、代表。第三次舉行時，出席議員、代表已達議員、代表總額三分之一以上者，得以實到人數進行選舉，並均以得票較多者為當選；得票相同者，以抽籤定之。第二次及第三次選舉，均應於議員、代表宣誓就職當日舉行。

（四）就職

❶議長、副議長、主席、副主席選出後，應即依《宣誓條例》規定宣誓就職。
❷第1項選舉投票及前項宣誓就職，均由第33條第7項規定所推舉之主持人主持之。

（五）罷免

直轄市議會、縣（市）議會議長、副議長，鄉（鎮、市）民代表會主席、副主席之罷免，應有議員、代表總額過半數之出席，及出席總數三分之二以上之同意罷免為通過。罷免案如經否決，於該被罷免人之任期內，不得對其再為罷免案之提出。

（六）選舉罷免方式

除依前述規定外，直轄市議會、縣（市）議會議長、副議長及鄉（鎮、市）民代表會主席、副主席之選舉罷免，應於直轄市議會、縣（市）議會、鄉（鎮、市）民代表會組織準則定之。

😊實例說明

依內政部2003年1月21日所召開之「地方民意代表停職及罷免相關規定之檢討」公聽會紀錄指出：議長、副議長或主席、副主席既係地方議會或代表會之首長，應可增訂「停權」之相關規定，但議員、代表部分則不宜；至議長、副議長或主席、副主席如受停權處分後，其議員身分部分如非有其他法定事由應予解除職權外，原則上其議員身分仍應予維持。進而內政部於2006年9月21日部務會報所討論通過《地方制度法》修正草案，對於直轄市、縣（市）議會議長及副議長，將比照直轄市長、縣（市）長，也增訂停止職務及其代理、出缺的處理規定。

議長之當選及罷免：容易當選但難罷免

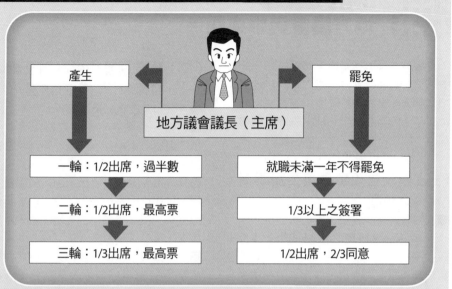

產生	地方議會議長（主席）	罷免
一輪：1/2出席，過半數		就職未滿一年不得罷免
二輪：1/2出席，最高票		1/3以上之簽署
三輪：1/3出席，最高票		1/2出席，2/3同意

地方民代之宣誓（宣誓條例）

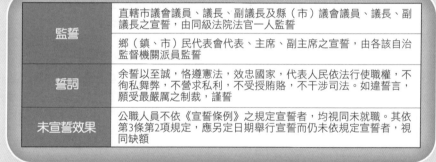

監誓	直轄市議會議員、議長、副議長及縣（市）議會議員、議長、副議長之宣誓，由同級法院法官一人監誓
	鄉（鎮、市）民代表會代表、主席、副主席之宣誓，由各該自治監督機關派員監誓
誓詞	余誓以至誠，恪遵憲法，效忠國家，代表人民依法行使職權，不徇私舞弊，不營求私利，不受授賄賂，不干涉司法。如違誓言，願受最嚴厲之制裁，謹誓
未宣誓效果	公職人員不依《宣誓條例》之規定宣誓者，均視同未就職。其依第3條第2項規定，應另定日期舉行宣誓而仍未依規定宣誓者，視同缺額

地方議會議長（主席）、副議長（副主席）選舉行賄及受賄行為規範

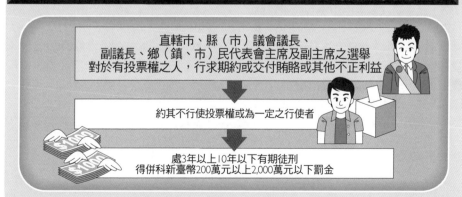

直轄市、縣（市）議會議長、
副議長、鄉（鎮、市）民代表會主席及副主席之選舉
對於有投票權之人，行求期約或交付賄賂或其他不正利益

約其不行使投票權或為一定之行使者

處3年以上10年以下有期徒刑
得併科新臺幣200萬元以上2,000萬元以下罰金

UNIT **7-8**
地方議會與中央關係

　　我國地方自治權是中央所賦予的，地方一方面有基於其自治權而來的自治事項，一方面又有基於國家所屬機關之地位而產生的委辦事項，地方處理上開事項時，與中央間之關係，詳述如下：

（一）議決自治事項與委辦事項之位階

❶直轄市議會議決自治事項與憲法、法律或基於法律授權之法規（即是《行政程序法》之法規命令）牴觸者無效；議決委辦事項與憲法、法律、中央法令（包含《行政程序法》之法規命令、行政規則）牴觸者無效。

❷縣市議會議決自治事項與憲法、法律或基於法律授權之法規牴觸者無效；議決委辦事項與憲法、法律、中央法令牴觸者無效。

❸鄉（鎮、市）民代表會議決自治事項與憲法、法律、中央法規、縣規章牴觸者無效；議決委辦事項與憲法、法律、中央法令、縣規章、縣自治規則牴觸者無效。

❹前三項議決事項無效者，除總預算案應依第 40 條第 5 項規定處理外，直轄市議會議決事項由行政院予以函告；縣（市）議會議決事項由中央各該主管機關予以函告；鄉（鎮、市）民代表會議決事項由縣政府（即上級自治監督機關）予以函告。

❺第 1 項至第 3 項議決自治事項與憲法、法律、中央法規、縣規章有無牴觸發生疑義時，得聲請司法院解釋之。

（二）地方議會組織準則及組織自治條例之擬訂核定

❶直轄市議會之組織，由內政部擬訂準則，報行政院核定；各直轄市議會應依準則擬訂組織自治條例，報行政院核定。

❷縣（市）議會之組織，由內政部擬訂準則，報行政院核定；各縣（市）議會應依準則擬訂組織自治條例，報內政部核定。

❸鄉（鎮、市）民代表會之組織，由內政部擬訂準則，報行政院核定；各鄉（鎮、市）民代表會應依準則擬訂組織自治條例，報縣政府核定。

❹新設之直轄市議會組織規程，由行政院定之；新設之縣（市）議會組織規程，由內政部定之；新設之鄉（鎮、市）民代表會組織規程，由縣政府定之。

❺直轄市議會、縣（市）議會、鄉（鎮、市）民代表會之組織準則、規程及組織自治條例，其有關考銓業務事項，不得牴觸中央考銓法規；各權責機關於核定後，應函送考試院備查。

😊實例說明

　　如《臺北市議會組織自治條例》第 1 條首先敘明該自治條例係依《地方制度法》第 54 條第 1 項及地方立法機關組織準則第 3 條第 1 項規定制定；並於第 9 條設置了：①民政委員會；②財政、建設委員會；③教育委員會；④交通委員會；⑤警政、衛生委員會；⑥工務委員會；⑦法規委員會。

地方議會議決自治事項與委辦事項

地方議會議決 —— 自治事項 —— 不得牴觸 ➤ 憲法、法律、法律授權之法規

地方議會議決 —— 委辦事項 —— 不得牴觸 ➤ 憲法、法律、中央法令

地方議會依地方立法機關組織準則制定其組織自治條例

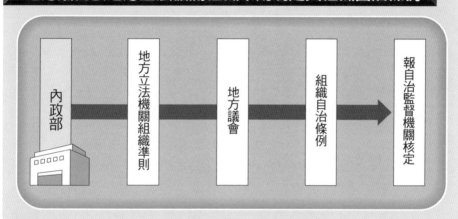

內政部 ➤ 地方立法機關組織準則 → 地方議會 → 組織自治條例 → 報自治監督機關核定

地方立法機關組織自治條例之生效

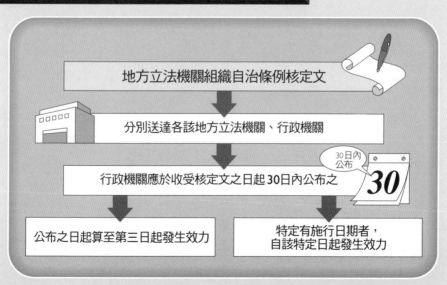

地方立法機關組織自治條例核定文

↓

分別送達各該地方立法機關、行政機關

↓

行政機關應於收受核定文之日起30日內公布之

30日內公布

30

公布之日起算至第三日起發生效力 / 特定有施行日期者，自該特定日起發生效力

第 **8** 章

我國地方政府與府會關係

●●●●●●●●●●●●●●●●●●●●●●●●● 章節體系架構 ▼

UNIT **8-1**
省政府之變革

1997 年 7 月 21 日公布之憲法增修條文第 9 條施行後，臺灣省乃成為行政院之派出機關，不再具有自治區域之特性。臺灣省實際上轉化性質變成一個行政院派出機關，精確來說，臺灣省是精簡（喪失公法人地位，組織功能極小化）。

（一）發展沿革

《臺灣省行政長官公署組織條例》於 1945 年 9 月 20 日公布，暫設臺灣省行政長官公署，隸屬行政院，為臺灣省地方最高行政機關。行政院於 1947 年 4 月第 784 次會議決議，成立臺灣省政府。《省縣自治法》於 1994 年 7 月 29 日公布施行，選出臺灣首任民選省長（也僅此一任）。憲法於 1997 年 7 月 21 日憲法增修條文第 9 條，臺灣省精簡走入歷史。另依司法院釋字第 467 號解釋，精省後之省政府已不具地方自治團體公法人地位。

（二）現行省政府之地位：非地方自治團體，為行政院之派出機關

❶憲法增修條文

第 9 條第 1 項第 1 款：「省設省政府，置委員九人，其中一人為主席，均由行政院院長提請總統任命之。」第 7 款：「省承行政院之命，監督縣自治事項。」第 9 條第 2 項：「臺灣省政府之功能、業務與組織之調整，得以法律為特別之規定。」

❷地方制度法

《地方制度法》第 2 條第 1 款及第 8 條，省政府之定位為行政院派出機關，省為非地方自治團體；並受行政院指揮監督，辦理下列事項：①監督縣（市）自治事項；②執行省政府行政事務；③其他法令授權或行政院交辦事項。

（三）精省後的省政府組織架構

❶省政府組織設計為，省政府置委員 9 人，組成省政府委員會議，行使職權，其中 1 人為主席，由其他特任人員兼任，綜理省政業務，其餘委員為無給職，均由行政院院長提請總統任命之。

❷依《臺灣省政府組織規程》規定，設置 4 組、3 室、12 區車輛行車事故鑑定委員會。另依《福建省政府組織規程》規定，設置 3 組、3 室；福建省未設有「行車事故鑑定委員會」。

（四）省政府職權

❶依《臺灣省政府組織規程》第 4 條，臺灣省政府委員會議議決事項為：①監督縣（市）自治事項；②涉及各組、室共同關係重大事項；③主席交議事項；④其他法令授權、行政院交辦或有關省政之重要事項。

❷依《福建省政府組織規程》第 4 條，福建省政府委員會議議決下列事項：①監督縣自治事項；②涉及各組、室共同關係重大事項；③主席交議事項；④其他法令授權、行政院交辦或有關省政之重要事項。

精省前後省政府地位之差異

地方自治團體
公法人

行政院派出機關

省政府（精省前）　　　　　省政府（精省後）　　　　委員9人由行政院長
提請總統任命

精省後省政府地位之職權

精省後的
省政府

- 監督縣（市）自治事項
- 涉及各組、室共同關係重大事項
- 主席交議事項
- 其他法令授權
- 行政院交辦或有關省政之重要事項

無政治實權機關

★福建省政府之沿革

我國除了臺灣省外，還有一個福建省

時間	事件	大事紀
1947年8月	隨國軍遷駐金門	❶督導所屬金門和莆田、連江、羅源、長樂等縣實際轄區推行縣政 ❷將莆田縣屬烏坵暫歸金門縣管轄 ❸羅源縣所屬東引島、西引島及長樂縣所屬東莒、西莒等島劃歸連江縣管轄
1956年7月	中央為適應戰時需要，統一戰地軍政指揮，實施《金門、馬祖地區戰地政務實驗辦法》	移駐臺灣，負責研究有關收復福建地區之重建計畫方案及對大陸福建地區廣播、閩僑聯繫、人才儲備與不屬戰地政務之一般省政工作
1992年11月7日	金馬地區戰地政務終止，實施地方自治	於1996年1月15日從臺北新店遷回金門辦公

UNIT **8-2**
直轄市之組織結構

　　所稱地方行政機關，指直轄市政府、縣（市）政府、鄉（鎮、市）公所、直轄市山地原住民區及其所屬機關。但不包括所屬事業經營、公共造產性質機關（構）。

（一）直轄市政府

❶直轄市政府置市長 1 人，對外代表該市，綜理市政，由市民依法選舉之，每屆任期 4 年，連選得連任一屆。置副市長 2 人，襄助市長處理市政；人口在 250 萬人以上之直轄市，得增置副市長 1 人，職務均比照簡任第 14 職等，由市長任命，並報請行政院備查。

❷直轄市政府置秘書長 1 人，由市長依公務人員任用法任免；其一級單位主管或所屬一級機關首長除主計、人事、警察及政風之主管或首長，依專屬人事管理法律任免外，其餘職務均比照簡任第 13 職等，由市長任免之。副市長及職務比照簡任第 13 職等之主管或首長，於市長卸任、辭職、去職或死亡時，隨同離職。

❸直轄市政府所屬機關以分二層級為限，其名稱如下：①局、處、委員會：一級機關用之；處限於輔助兼具業務性質之機關用之。委員會，以協調統合業務或處理特定事務，並採合議制方式運作者為限；②處、大隊、所、中心：二級機關用之。

❹直轄市政府一級單位為處或委員會：直轄市政府一級單位及所屬一級機關，人口未滿 200 萬人者，合計不得超過 29 處、局、委員會；人口在 200 萬人以上者，合計不得超過 32 處、局、委員會。所屬一級機關內部輔助單位不得超過 6 個；所屬二級機關內部輔助單位不得超過 5 個。另一級單位得置副主管，所屬一級機關得置副首長，除法律另有規定外，

均由市長依公務人員任用法任免之。

❺直轄市政府一級單位下設科、組、室，最多不得超過 9 個，科下並得設股。直轄市政府所屬一級機關內部單位為科、組、室、中心，其下得設課、股；所屬二級機關內部單位為科、組、室、課，科、室下得設股。但為執行特殊性質業務者，得設廠、場、隊、站。

（二）區公所

❶直轄市、市（與縣同級）之區公所，置區長一人，由市長依法任用，承市長之命綜理區政，並指揮監督所屬人員。

❷直轄市之區由鄉（鎮、市）改制者，改制日前一日仍在職之鄉（鎮、市）長，由直轄市長以機要人員方式進用為區長；其任期自改制日起，為期 4 年。但有下列情事之一者，不得進用：①涉嫌犯地方制度法第 78 條第 1 項第 1 款及第 2 款所列之罪，經起訴；②涉嫌犯總統副總統選舉罷免法、公職人員選舉罷免法、農會法或漁會法之賄選罪，經起訴；③已連任二屆；④依法代理。

❸前項以機要人員方式進用之區長，有下列情事之一者，應予免職：①有前項第 1 款、第 2 款或第 79 條第 1 項各款所列情事；②依刑事訴訟程序被羈押或通緝。

❹直轄市之區由山地鄉改制者，為「直轄市山地原住民區」。

❺直轄市之區設區公所，置區長 1 人、主任秘書 1 人；人口在 20 萬人以上之區，得置副區長一人，除法律另有規定外，均由市長依公務人員任用法任免之。區公所內部單位不得超過 9 課（室）；但區人口在 40 萬人以上，未滿 50 萬人者，不得超過 10 課（室）；人口在 50 萬人以上者，不得超過 11 課（室）。

直轄市政府組織之變革

修法前	現行規定	修正理由
直轄市政府置市長一人,對外代表該市,綜理市政,由市民依法選舉之,任期四年,連選得連任一次。置副市長二人,襄助市長處理市政,職務均比照簡任第十四職等,由市長任命,並報請行政院備查。	直轄市政府置市長一人,對外代表該市,綜理市政,由市民依法選舉之,任期四年,連選得連任一次。置副市長二人,襄助市長處理市政;**人口在二百五十萬人以上之直轄市,得增置副市長一人**,職務均比照簡任第十四職等,由市長任命,並報請行政院備查。	縣市改制直轄市後,因轄區幅員較以往之直轄市遼闊,且除臺南縣(市)外,人口數皆高達二百五十萬以上,是以市長政務之推動,若仍僅設置副市長二人輔佐恐有不足,第一項爰增訂直轄市人口在二百五十萬以上者,得增設副市長一人,以為妥適。
直轄市政府置秘書長一人,由市長依公務人員任用法任免;其所屬一級機關首長除主計、人事、警察及政風首長,依專屬人事管理法律任免外,其餘職務均比照簡任第十三職等,由市長任免之。	直轄市政府置秘書長一人,由市長依公務人員任用法任免;**其一級單位主管或所屬一級機關首長**除主計、人事、警察及政風主管或首長,依專屬人事管理法律任免外,其餘職務均比照簡任第十三職等,由市長任免之。	現行直轄市政府以下均設一級機關而無內部一級單位,部分機關(如秘書處)實無須以「機關」型態設置,其組織設計欠缺彈性,為使直轄市政府組織符合實際需要。
副市長及職務比照簡任第十三職等之機關首長,於市長卸任、辭職、去職或死亡時,隨同離職。	副市長及職務比照簡任第十三職等之**主管或首長**,於市長卸任、辭職、去職或死亡時,隨同離職。	

鄉(鎮、市)改制為區之區長

改制日前一日仍在職之鄉(鎮、市)長	由直轄市長以機要人員方式進用為區長	
	其任期自改制日起,為期4年	
	有下列情事之一者,不得進用	❶涉嫌犯地方制度法第78條第1項第1款及第2款所列之罪,經起訴 ❷涉嫌犯總統副總統選舉罷免法、公職人員選舉罷免法、農會法或漁會法之賄選罪,經起訴 ❸已連任二屆 ❹依法代理

過渡規定

地方行政機關組織準則	臺北市政府	2010年6月14日修正之條文施行前,已設立之臺北市政府所屬一級機關內部單位名稱為處者,得維持原名稱
	高雄市政府	2010年12月25日合併改制前之高雄市政府所屬一級機關內部單位名稱為處,於合併改制後仍設相同單位者,得維持原名稱

UNIT **8-3**
縣（市）之組織結構

我國地方自治採權力二元制之行政、立法分立機制，有一民選之地方行政首長，以下說明縣（市）政府之組織。

（一）縣、市（與縣同級）政府

❶縣（市）政府置縣（市）長1人，對外代表該縣（市），綜理縣（市）政，縣長並指導監督所轄鄉（鎮、市）自治。縣（市）長均由縣（市）民依法選舉之，每屆任期4年，連選得連任一屆。置副縣（市）長1人，襄助縣（市）長處理縣（市）政，職務比照簡任第13職等；人口在125萬人以上之縣（市），得增置副縣（市）長1人，均由縣（市）長任命，並報請內政部備查。

❷縣（市）政府置秘書長1人，由縣（市）長依公務人員任用法任免；其一級單位主管及所屬一級機關首長，除主計、人事、警察、稅捐及政風之主管或首長，依專屬人事管理法律任免，其總數二分之一得列政務職，職務比照簡任第12職等，其餘均由縣（市）長依法任免之。副縣（市）長及職務比照簡任第12職等之主管或首長，於縣（市）長卸任、辭職、去職或死亡時，隨同離職。《地方制度法》施行後，與過去省縣自治法相比較，縣（市）長增加之人事權為：①副縣（市）長；②一級單位主管。

❸縣（市）政府所屬機關以分二層級為限，其名稱如下：①局：一級機關用之；②隊、所：二級機關用之。

❹縣（市）政府一級單位定名為處，所屬一級機關定名為局，二級單位及所屬一級機關之一級單位除主計、人事及政風機構外，定名為科。但因業務需要所設之派出單位與警察及消防機關之一級單位，得另定名稱。

❺縣（市）政府一級單位或所屬一級機關，除警察機關得置副首長1人至3人外，其餘編制員額在20人以上者，得置副主管或副首長1人，襄助主管或首長處理事務，均由縣（市）長依公務人員任用法或各專屬人事管理法律任免之。

❻縣（市）政府一級單位下設科，最多不得超過7個；其所屬一級機關下設科，科之人數達10人以上者，得分股辦事；其所屬二級機關下得設課、股、組、室，最多不得超過8個。

❼直轄市長、縣（市）長、鄉（鎮、市）長，應支給薪給；退職應發給退職金；因公死亡或病故者，應給與遺族撫卹金。上開人員之薪給、退職金及撫卹金之支給，以法律定之。

（二）區公所

市之區設區公所，置區長1人、秘書1人，均由市長依公務人員任用法任免之。區公所內部單位不得超過6課（室）。

（三）中央與地方人事權爭議

按中國時報2006年5月25日報導，臺北縣警察局局長職缺懸而未決，警政署將在5月25日舉行交接儀式，將未獲周錫瑋同意的彰化縣警局局長林國棟任命為臺北縣警局局長，臺北縣長周錫瑋已揚言，將不准林國棟參與縣務會報。這項議題涉及了中央與地方人事權上之爭議：❶在中央部分，依《警察人員管理條例》第21條，警察職務之遴任權限：警監職務，由內政部遴任或報請行政院遴任；警正、警佐職務，由內政部遴任或交由直轄市政府遴任；❷在地方（臺北縣）部分，依《地方制度法》第19條第11款與第56條，主張地方有警察局長之人事權，特別是臺北縣警察局之預算是由臺北縣政府支應及臺北縣警察局長也須至臺北縣議會備詢。

縣（市）政府一級單位及所屬一級機關

縣（市）政府一級單位及所屬一級機關之設立		主計、人事及政風單位依專屬人事管理法律設立
	公式化原則	縣（市）政府一級單位及所屬一級機關，依下列公式計算之數值及第三項規定定其設立總數：〔各該縣（市）前一年 12 月 31 日人口數÷10,000×80%〕+〔各該縣（市）前一年 12 月 31 日土地面積（平方公里）÷10,000×10%〕+〔各該縣（市）前三年度決算審定數之自有財源比率之平均數 ×10%〕
		依公式計算所得數值，縣（市）政府得設立之一級單位及所屬一級機關總數，為 13 處（局）至 23 處（局）之間。
		自有財源比率，指各該年度歲入扣除補助及協助收入後占歲出之比率
上述各款之處、局之編制員額		縣（市）人口未滿 5 萬人者	不得低於 10 人
		縣（市）人口在 5 萬人以上，未滿 20 萬人者	不得低於 15 人
		縣（市）人口在 20 萬人以上者	不得低於 20 人
縣（市）政府所屬一級機關不得超過 7 個；縣（市）政府所屬二級機關得依業務性質，於所轄鄉（鎮、市、區）分別設立之			

縣（市）政府中之「科」

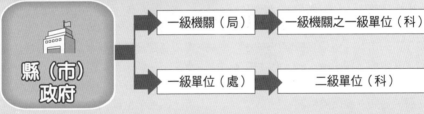

臺灣省縣市長鄉鎮縣轄市長退職酬勞金給與辦法

資格	縣（市）長、鄉（鎮、市）長有右列情形之一者，得請領退職酬勞金	❶任期屆滿者 ❷因公奉准辭職或當選民意代表，於任期屆滿前辭職，其任現職連同曾任得合併計算之公職年資滿2年者 ❸任期奉令延長，於延長期間內奉准辭職者 ❹心神喪失或身體殘廢致不能勝任職務，經自治監督機關免職者
給與		稱心神喪失或身體殘廢之認定，均以公務人員保險殘廢給付標準表所定之全殘廢或半殘廢而不能從事本身工作者為準
		退職酬勞金，應由各最後服務機關專列經費支給之
		以退職人員最後在職時之月俸額及本人實物代金為基數，任職每滿半年給與1個基數，不滿半年以半年計，但最高以61個基數為限

UNIT **8-4**
鄉（鎮、市）之組織結構

我國地方自治團體在縣以下，設有鄉（鎮、市）之自治團體，以下說明鄉（鎮、市）公所之組織。

（一）鄉（鎮、市）公所

❶鄉（鎮、市）公所置鄉（鎮、市）長1人，對外代表該鄉（鎮、市），綜理鄉（鎮、市）政，由鄉（鎮、市）民依法選舉之，每屆任期4年，連選得連任一屆；其中人口在30萬人以上之縣轄市，得置副市長1人，襄助市長處理市政，以機要人員方式進用，或以簡任第10職等任用，以機要人員方式進用之副市長，於市長卸任、辭職、去職或死亡時，隨同離職。山地鄉鄉長以山地原住民為限。

❷鄉（鎮、市）公所除主計、人事、政風之主管，依專屬人事管理法律任免外，其餘一級單位主管均由鄉（鎮、市）長依法任免之。

❸鄉（鎮、市）公所所屬機關以一層級為限，其名稱為隊、所、館。鄉（鎮、市）公所內部單位設課（室）；並得依業務發展需要，設所屬機關。

（二）區政諮詢委員

❶鄉（鎮、市）改制為區者，改制日前1日仍在職之鄉（鎮、市）民代表，除依法停止職權者外，由直轄市長聘任為區政諮詢委員；其任期自改制日起，為期4年，期滿不再聘任。

❷區政諮詢委員職權如下：①關於區政業務之諮詢事項；②關於區政之興革建議事項；③關於區行政區劃之諮詢事項；④其他依法令賦予之事項。

❸區長應定期邀集區政諮詢委員召開會議。區政諮詢委員為無給職，開會時得支出席費及交通費。

❹區政諮詢委員有下列情事之一者，應予解聘：①依刑事訴訟程序被羈押或通緝；②有第79條第1項各款所列情事。

（三）村里

❶村（里）置村（里）長1人，受鄉（鎮、市、區）長之指揮監督，辦理村（里）公務及交辦事項。由村（里）民依法選舉之，任期4年，連選得連任。村（里）長選舉，經2次受理候選人登記，無人申請登記時，得由鄉（鎮、市、區）公所就該村（里）具村（里）長候選人資格之村（里）民遴聘之，其任期以本屆任期為限。

❷村（里）非地方自治團體，性質為「編組」；村（里）長非地方民意代表，為一行政職性質；惟村（里）長並非鄉（鎮、市、區）公所組織法規所定之編制人員。村（里）得召集村（里）民大會或基層建設座談會；其實施辦法，由直轄市、縣（市）定之。

❸村（里）長，為無給職，由鄉（鎮、市、區）公所編列村（里）長事務補助費，其補助項目及標準，以法律定之。事務補助費為村（里）長處理村（里）公務之公費，並非薪津。

鄉（鎮、市）公所之組織

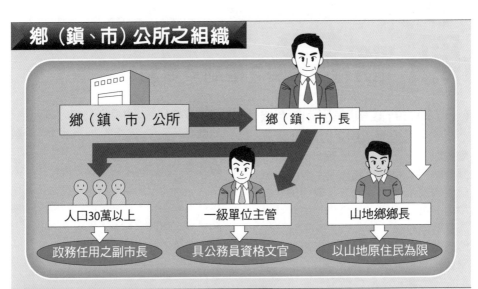

| 鄉（鎮、市）公所 | → | 鄉（鎮、市）長 |

| 人口30萬以上 | 一級單位主管 | 山地鄉鄉長 |
| 政務任用之副市長 | 具公務員資格文官 | 以山地原住民為限 |

鄉（鎮、市）公所設置人員

設置人員	人口未滿3萬人者	置秘書1人
	人口在3萬人以上，未滿6萬人者	置主任秘書1人、秘書1人
	人口在6萬人以上，未滿10萬人者	置主任秘書1人、秘書1人、專員1人
	人口在10萬人以上，未滿20萬人者	置主任秘書1人、秘書1人、專員2人
	人口在20萬人以上，未滿30萬人者	置主任秘書1人、秘書1人、專員3人
	人口在30萬人以上，未滿50萬人者	置主任秘書1人、秘書1人、專員4人
	人口在50萬人以上者	置主任秘書1人、秘書1人、專員5人
內部單位設課（室）	人口未滿5,000人者	不得超過6課（室）
	人口在5,000人以上，未滿1萬人者	不得超過7課（室）
	人口在1萬人以上，未滿3萬人者	不得超過8課（室）
	人口在3萬人以上，未滿10萬人者	不得超過9課（室）
	人口在10萬人以上，未滿15萬人者	不得超過10課（室）
	人口在15萬人以上，未滿30萬人者	不得超過11課（室）
	人口在30萬人以上，未滿50萬人者	不得超過12課（室）
	人口在50萬人以上者	不得超過13課（室）

區公所與村里之組織

| 直轄市、市之區公所 | → | 村（里） | ← | 鄉（鎮、市）公所 |

| 性質為「編組」 | 村（里）長一人 | 村（里）民大會　基層建設座談會 |

UNIT **8-5**
地方行政機關之編制及員額

（一）地方行政機關組織自治條例或組織規程之擬訂與備查

❶各地方行政機關之組織，由內政部擬訂準則，報行政院核定；各地方行政機關應依準則（地方行政機關組織準則）擬訂組織自治條例，經各該地方議會同意後，報上級自治監督機關院備查；各地方行政機關所屬機關及學校之組織規程由各該地方行政機關定之（鄉鎮市公所僅所屬機關組織規程）。所稱地方行政機關，指直轄市政府、縣（市）政府、鄉（鎮、市）公所及其所屬機關。但不包括學校、醫院、所屬事業經營、公共造產性質機關（構）。

❷新設之直轄市政府組織規程，由行政院定之；新設之縣（市）政府組織規程，由內政部定之；新設之鄉（鎮、市）公所組織規程，由縣政府定之。

❸直轄市政府、縣（市）政府、鄉（鎮、市）公所與其所屬機關及學校之組織準則、規程及組織自治條例，其有關考銓業務事項，不得牴觸中央考銓法規；各權責機關於核定或同意後，應函送考試院備查。

（二）地方行政機關組織自治條例或組織規程之原則

❶地方行政機關組織自治條例或組織規程，其內容應包括下列事項：①機關名稱；②設立之法源依據；③權限及職掌；④首長職稱，置副首長者，其職稱及人數；⑤一級單位名稱，有所屬一級機關者，其名稱；⑥首長辭職及代理程序；⑦其他有關組織運作規定。

❷地方行政機關及其內部單位應依職能類同、業務均衡、權責分明、管理經濟、整體配合及規模適中之原則設立或調整；其業務性質相同或相近者，應劃由同一機關或單位掌理。

❸地方行政機關之內部單位得依其組織與職能運作之需要，分設如下：①業務單位，指執行本機關目的之組織；②輔助單位：指負責秘書、總務、人事、主計、法制、研考、資訊、政風、公共關係等工作，以配合遂行機關目的或提供服務之組織。

（三）編制及員額

❶地方行政機關之員額，包括各該地方行政機關公職人員、政務人員及訂有職稱、官等之人員。直轄市政府、縣（市）政府、鄉（鎮、市）公所所屬各一級機關及所屬機關之員額，由直轄市政府、縣（市）政府、鄉（鎮、市）公所於其員額總數分配之；所屬二級機關之員額，由所屬一級機關於其員額總數分配之。

❷地方行政機關員額之設置及分配，應於其員額總數範圍內，依下列因素決定之：①行政院員額管制政策及規定；②業務職掌及功能；③施政方針、計畫及優先順序；④預算收支規模及自主財源；⑤人力配置及運用狀況。

❸地方行政機關編制之職稱及員額，應於各該地方行政機關組織法規及其編制表定之。地方行政機關，應就其層級、業務性質及職責程度，依其所適用之職務列等表選用職稱，並妥適配置各官等、職等員額。

❹地方行政機關之聘（僱）用人員、技工、工友人數及用人計畫所需人事費用，應循預算程序辦理。地方行政機關增加員額時，應配合預算之編列，相對精簡現有聘（僱）用人員。

地方行政機關組織自治條例之制定程序

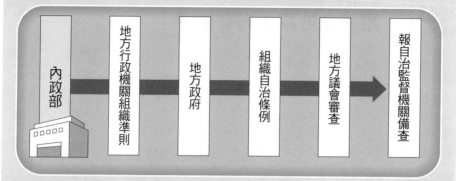

內政部 → 地方行政機關組織準則 → 地方政府 → 組織自治條例 → 地方議會審查 → 報自治監督機關備查

地方行政機關之不得設立與調整

不得設立情況	業務與現有機關職掌重疊者
	業務可由現有機關調整辦理者
	業務性質由民間辦理較為適宜者
應予調整或裁撤情況	階段性任務已完成或政策已改變者
	業務或功能明顯萎縮或重疊者
	管轄區域調整或裁併者
	職掌以委託或委任方式辦理較符經濟效益者
	經專案評估績效不佳應予裁併者
	業務調整或移撥至其他機關或單位者

有關地方制度法第62條第3項規定與主計、人事及政風等專屬人事管理法律競合疑義

《地方制度法》第62條第2項並未明定主計、人事及政風等，應依專屬人事管理法律設置，同條第3項亦無就其名稱交由專屬人事管理法律規範之意

特別規定與 普通規定之認定	拘泥於法規名稱或文字所能判斷
	而應就各法規之立法目的、宗旨、制（訂）定時間、法規整體規定及條文間關聯意義為綜合判斷

難認《地方制度法》有意將該等單位或機關之組織設置事項，另交由專屬人事管理法律規範

為符合當前政府組織改造作用法不得規範機關組織之基本原則，並期維護地方自主組織權限之完整性

縣（市）政府主計、人事及政風等單位或機關之組織設置事項，宜優先適用《地方制度法》及《地方行政機關組織準則》

UNIT **8-6**
預算之審議（府會關係）

職司監督行政部門之地方議會，最重要監督行政部門之權力便是預算權，依《預算法》第 1 條，預算以提供政府於一定期間完成作業所需經費為目的；預算之編製及執行應以財務管理為基礎，並遵守總體經濟均衡之原則。

❶預算案之送達

直轄市總預算案，直轄市政府應於會計年度開始 3 個月前送達直轄市議會；縣（市）、鄉（鎮、市）總預算案，縣（市）政府、鄉（鎮、市）公所應於會計年度開始 2 個月前送達縣（市）議會、鄉（鎮、市）民代表會。直轄市議會、縣（市）議會、鄉（鎮、市）民代表會應於會計年度開始 1 個月前審議完成，並於會計年度開始 15 日前由直轄市政府、縣（市）政府、鄉（鎮、市）公所發布之。

❷預算審議原則

①學理上，關於預算審議原則略有：Ａ不得為增加支出提議之原則；Ｂ不得任意調整預算科目之原則；Ｃ不得違反禁反言原則；Ｄ不得違反預算不二審原則；Ｅ利益迴避原則；Ｆ議決明確性原則。

②《地方制度法》規範為：Ａ直轄市議會、縣（市）議會、鄉（鎮、市）民代表會對於直轄市政府、縣（市）政府、鄉（鎮、市）公所所提預算案不得為增加支出之提議。直轄市、縣（市）、鄉（鎮、市）總預算案之審議，應注重歲出規模、預算餘絀、計畫績效、優先順序，其中歲入以擬變更或擬設定之收入為主，審議時應就來源別分別決定之；歲出以擬變更或擬設定之支出為主，審議時應就機關別、政事別及基金別分別決定之；Ｂ法定預算附加條件或期限者，從其所定。但該條件或期限為法律、自治法規所不許者，不在此限。直轄市議會、縣（市）議會、鄉（鎮、市）民代表會就預算案所為之附帶決議，應由直轄市政府、縣（市）政府、鄉（鎮、市）公所參照法令辦理。

❸暫支預算

直轄市、縣（市）、鄉（鎮、市）總預算案，如不能依前述規定期限審議完成時，其預算之執行，依下列規定為之：

①收入部分暫依上年度標準及實際發生數，覈實收入。

②支出部分：Ａ新興資本支出及新增科目，須俟本年度預算完成審議程序後始得動支；Ｂ前目以外之科目得依已獲授權之原訂計畫或上年度執行數，覈實動支。

③履行其他法定義務之收支。

④因應前三款收支調度需要之債務舉借，覈實辦理。

❹改制後之首年度直轄市總預算案

①改制後之首年度直轄市總預算案，應由改制後之直轄市政府於該年度 1 月 31 日之前送達改制後之直轄市議會，該直轄市議會應於送達後 2 個月內審議完成，並由該直轄市政府於審議完成日起 15 日內發布之，不受第 40 條第 1 項規定之限制。

②會計年度開始時，前項總預算案如未送達或審議通過，其預算之執行，依下列規定為之：Ａ收入部分依規定標準及實際發生數，覈實收入；Ｂ支出部分，除新興資本支出外，其維持政府施政所必須之經費得按期分配後覈實動支；Ｃ履行其他法定及契約義務之收支，覈實辦理；Ｄ因應前三款收支調度需要之債務舉借，覈實辦理。相關收支，均應編入該首年度總預算案。

預算案之送達

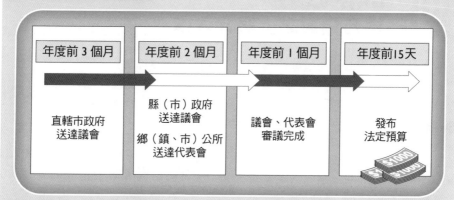

年度前 3 個月	年度前 2 個月	年度前 1 個月	年度前 15 天
直轄市政府送達議會	縣（市）政府送達議會 鄉（鎮、市）公所送達代表會	議會、代表會審議完成	發布法定預算

預算審議原則

預算審議原則

- 不得為增加支出之提議
- 歲入 來源別
- 歲出 → 機關別 → 政事別 → 基金別
- 附加條件或期限 從其所定
- 附帶決議 參照法令辦理

基金類型

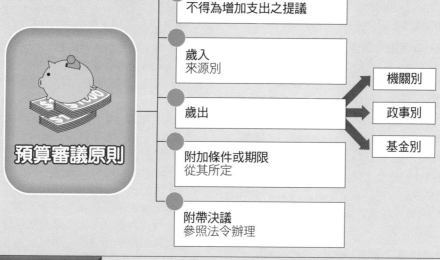

稱基金者，謂已定用途而已收入或尚未收入之現金或其他財產	
普通基金	歲入之供一般用途者，為普通基金
特種基金	歲入之供特殊用途者，為特種基金，其種類如下： ❶供營業循環運用者，為營業基金 ❷依法定或約定之條件，籌措財源供償還債本之用者，為債務基金 ❸為國內外機關、團體或私人之利益，依所定條件管理或處分者，為信託基金 ❹凡經付出仍可收回，而非用於營業者，為作業基金 ❺有特定收入來源而供特殊用途者，為特別收入基金 ❻處理政府機關重大公共工程建設計畫者，為資本計畫基金

157

UNIT 8-7
地方預算之上級介入權

地方議會透過預算權來監督行政部門，在行使這項職權時，發生府會僵局時，上級介入處理之機制為：

❶議會怠惰審議預算之上級介入權

直轄市、縣（市）、鄉（鎮、市）總預算案在年度開始後 3 個月內未完成審議，直轄市政府、縣（市）政府、鄉（鎮、市）公所得就原提總預算案未審議完成部分，報請行政院、內政部、縣政府邀集各有關機關協商，於 1 個月內決定之；逾期未決定者，由邀集協商之機關逕為決定之。

❷預算審議府會僵局之上級介入權

直轄市、縣（市）、鄉（鎮、市）總預算案經覆議後，仍維持原決議，或重行議決時，如對歲入、歲出之議決違法（違反相關法律、基於法律授權之法規規定或逾越權限），或窒礙難行（對維持政府施政所必須之經費、法律規定應負擔之經費及上年度已確定數額之繼續經費之刪除已造成窒礙難行時），準用第 40 條第 5 項之規定（怠惰審議預算之上級介入）。

❸決算案之送達、審核、列席說明

①直轄市、縣（市）決算案，應於會計年度結束後 4 個月內，提出於該管審計機關，審計機關應於決算送達後 3 個月內完成其審核，編造最終審定數額表，並提出決算審核報告於直轄市議會、縣（市）議會。總決算最終審定數額表，由審計機關送請直轄市、縣（市）政府公告。直轄市議會、縣（市）議會審議直轄市、縣（市）決算審核報告時，得邀請審計機關首長列席說明；②鄉（鎮、市）決算報告應於會計年度結束後 6 個月內送達鄉（鎮、市）民代表會審議，並由鄉（鎮、市）公所公告。

❹名詞意涵釐清

①各主管機關依其施政計畫初步估計之收支，稱「概算」；預算之未經立法程序者，稱「預算案」；其經立法程序而公布者，稱「法定預算」；在法定預算範圍內，由各機關依法分配實施之計畫，稱「分配預算」。

②稱「基金」者，謂已定用途而已收入或尚未收入之現金或其他財產。

③稱「經費」者，謂依法定用途與條件得支用之金額。法定經費之設定、變更或廢止，以法律為之。經費按其得支用期間分下列三種：Ⓐ歲定經費，以一會計年度為限；Ⓑ繼續經費，依設定之條件或期限，分期繼續支用；Ⓒ法定經費，依設定之條件，於法律存續期間按年支用。

④稱「歲入」者，謂一個會計年度之一切收入，但不包括債務之舉借及以前年度歲計賸餘之移用。稱「歲出」者，謂一個會計年度之一切支出，但不包括債務之償還。

⑤稱「未來承諾之授權」者，謂立法機關授權行政機關，於預算當期會計年度，得為國庫負擔債務之法律行為，而承諾於未來會計年度支付經費。政府機關於未來四個會計年度所需支用之經費，立法機關得為未來承諾之授權。

⑥追加歲出預算，各機關因下列情形之一，得請求提出追加歲出預算：Ⓐ依法律增加業務或事業致增加經費時；Ⓑ依法律增設新機關時；Ⓒ所辦事業因重大事故經費超過法定預算時；Ⓓ依有關法律應補列追加預算者。

⑦特別預算，有下列情事之一時，行政院得於年度總預算外，提出特別預算：Ⓐ國防緊急設施或戰爭；Ⓑ國家經濟重大變故；Ⓒ重大災變；Ⓓ不定期或數年一次之重大政事。

議會总惰審議預算與府會僵局之上級介入權

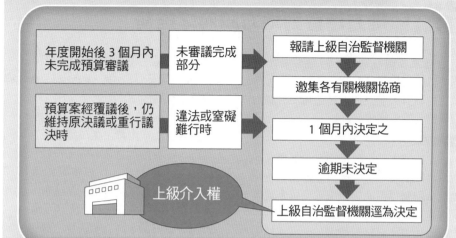

年度開始後 3 個月內未完成預算審議 → 未審議完成部分 → 報請上級自治監督機關

預算案經覆議後，仍維持原決議或重行議決時 → 違法或窒礙難行時

報請上級自治監督機關 ↓ 邀集各有關機關協商 ↓ 1 個月內決定之 ↓ 逾期未決定 ↓ 上級自治監督機關逕為決定

上級介入權 → 上級自治監督機關逕為決定

決算案之送達與審核

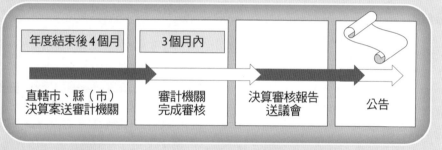

年度結束後4個月	3個月內		
直轄市、縣（市）決算案送審計機關	審計機關完成審核	決算審核報告送議會	公告

預算種類

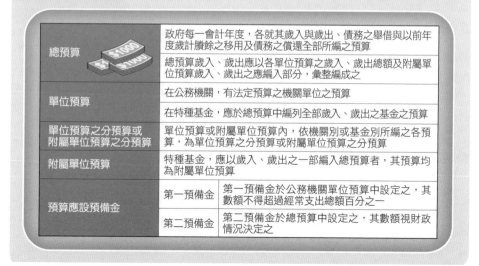

總預算	政府每一會計年度，各就其歲入與歲出、債務之舉借與以前年度歲計賸餘之移用及債務之償還全部所編之預算		
	總預算歲入、歲出應以各單位預算之歲入、歲出總額及附屬單位預算歲入、歲出之應編入部分，彙整編成之		
單位預算	在公務機關，有法定預算之機關單位之預算		
	在特種基金，應於總預算中編列全部歲入、歲出之基金之預算		
單位預算之分預算或附屬單位預算之分預算	單位預算或附屬單位預算內，依機關別或基金別所編之各預算，為單位預算之分預算或附屬單位預算之分預算		
附屬單位預算	特種基金，應以歲入、歲出之一部編入總預算者，其預算均為附屬單位預算		
預算應設預備金	第一預備金	第一預備金於公務機關單位預算中設定之，其數額不得超過經常支出總額百分之一	
	第二預備金	第二預備金於總預算中設定之，其數額視財政情況決定之	

UNIT **8-8**
地方議會對地方政府之監督

地方議會對於地方政府有監督的責任，以督促地方政府避免濫用權力、善盡行政職責，並促進人民福利。有關地方議會的監督權責簡介如下：

❶施政報告

立法機關對於行政機關有監督權，而行政機關對立法機關提出之業務報告應屬立法監督權行使之一環，爰規定地方議會定期會開會時，地方行政首長應提出施政報告；直轄市政府各一級單位主管及所屬一級機關首長，縣（市）政府、鄉（鎮、市）公所各一級單位主管及所屬機關首長，均應就主管業務提出報告。

❷質詢

地方民意代表於議會、代表會定期會開會時有向各該首長或單位主管，就其主管業務質詢之權；其質詢分為施政總質詢與業務質詢，業務質詢時，相關之業務主管應列席備詢。

❸列席說明

①直轄市議會、縣（市）議會、鄉（鎮、市）民代表會大會開會時，對特定事項有明瞭必要者，得邀請前條第1項各該首長或單位主管列席說明。

②直轄市議會、縣（市）議會委員會或鄉（鎮、市）民代表會小組開會時，對特定事項有明瞭必要者，得邀請各該直轄市長、縣（市）長、鄉（鎮、市）長以外之有關業務機關首長或單位主管列席說明。

❹議決案延不執行或執行不當

①直轄市政府、縣（市）政府、鄉（鎮、市）公所，對直轄市議會、縣（市）議會、鄉（鎮、市）民代表會之議決案應予執行，如延不執行或執行不當，直轄市議會、縣（市）議會、鄉（鎮、市）民代表會得請其說明理由，必要時得報請行政院、內政部、縣政府邀集各有關機關協商解決之。

②本條規定旨在課以各地方政府、公所對議會、代表會之議決案予以適切的執行，避免行政怠惰，如延不執行或執行不當，經議會、代表會要求說明理由，未予理會或其理由不為議會、代表會所接受時，議會、代表會得函報自治監督機關協調。而為解決地方政府、公所與議會、代表會之爭議、自治監督機關當以邀集議會、代表會及政府、公所等相關機關共同協商，以督促地方政府、公所執行或促使議會、代表會理解或共商折衷執行方案，因此，條文中所指「各有關機關」當指爭議兩造府會或相關機關而言。

❺縣（市）議會審議總預算案時是否可邀請縣（市）長列席說明？

預算係以具體數字記載政府維持其正常運作及執行各項施政計畫所需之經費，乃政府施政之體現，議會經由預算案議決權之行使，具有批准年度施政計畫之性質，如認有必要，自得邀請相關人員列席說明。另查《預算法》第48條有關立法院審議總預算案時，由行政院院長、主計長及財政部長列席，與《地方制度法》第49條第1項規定意旨並無競合關係。同法第96條第2項既已明定地方政府預算之法律未制定前得準用之規定。故縣（市）議會審議總預算案時，得邀請縣（市）長列席報告施政計畫。

副縣（市）長應否列席縣（市）議會定期會報告及接受質詢疑義

如有代理縣（市）長職務之情事

非地方制度法第48條規定應列席議會定期會報告及接受質詢之人員

副縣（市）長係襄助人員而非業務主管

應依規定於議會定期會開會時提出施政報告並接受質詢

惟依臺北市之例，副市長均有列席議會

應可視行政機關與立法機關的互動情形來決定

地方議會對地方政府之監督

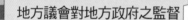

地方議會對地方政府之監督

議決案延不執行或執行不當

施政報告 → 政府首長

業務報告 → 一級機關或單位首長

施政總質詢 → 政府首長

業務質詢 → 業務主管

列席說明 → 政府首長 業務主管

請行政部門說明理由

必要時

報請上級協商解決

現行民意代表個人行使之職權

民意代表個人行使之職權

出席權

發言權

表決權

質詢權

無文件調閱權 → 屬立法機關之職權

UNIT **8-9**
府會僵局解決機制：覆議

覆議（veto）係行政機關對立法機關所為之決議，請求立法機關確認是否維持其決議之謂，是作為解決行政與立法雙方就某些議案出現爭議與僵持不下之時的一項解決辦法與途徑。

（一）覆議為府會僵局解決機制

覆議權通常是出現在採取權力分立之市長議會制。當地方議會通過一個議案，而行政首長認為窒礙難行時，便可依法要求議會重行審議，再行表決。而此時行政首長是基於其直接民選之民意正當性為基礎來對抗議會這個民意機關，如果議會要維持原決議時，通常要以較高的門檻表決通過（大部分是三分之二）。因為議會要維持原決議必須以三分之二多數通過，行政首長只要掌握三分之一以上的支持，便可否決這個議案，屬「行政首長之立法否決權」。

（二）覆議案之提出

❶我國採取的是權力分立之市長議會制，有一民選且具實權的直轄市長、縣（市）長、鄉（鎮、市）長，另有一民選之地方民意代表組成地方議會。覆議案之提出，自然是由民選的行政首長為之。性質上，既是行政權與立法權制衡關係，亦是府會僵局解決機制；❷直轄市政府、縣（市）政府、鄉（鎮、市）公所對地方民意機關所議決之自治條例（法規或規章或規約）、預算、相關稅課、財產之處分等，如認為窒礙難行時，應於該議決案送達直轄市政府 30 日內，就窒礙難行部分敘明理由送請直轄市議會覆議。至有關決算之審核報告、議員提案事項之議決案，如執行有困難時，應敘明理由函復直轄市議會，

毋庸進入覆議程序。

（三）覆議案之處理與效果

❶直轄市議會、縣（市）議會、鄉（鎮、市）民代表會對於直轄市政府、縣（市）政府、鄉（鎮、市）公所移送之覆議案，議會或代表會之會期中，應於送達 15 日內作成決議。如為休會期間，應於 7 日內召集臨時會，並於開議 3 日內作成決議。覆議案逾期未議決者，原決議失效。覆議時，如有出席議員、代表三分之二維持原議決案，直轄市政府、縣（市）政府、鄉（鎮、市）公所應即接受該決議；❷直轄市、縣（市）、鄉（鎮、市）預算案之覆議案，如原決議失效，直轄市議會、縣（市）議會、鄉（鎮、市）民代表會應就直轄市政府、縣（市）政府、鄉（鎮、市）公所原提案重行議決，並不得再為相同之決議，各該行政機關亦不得再提覆議；❸直轄市、縣（市）、鄉（鎮、市）總預算案經覆議後，仍維持原決議，或有違法、窒礙難行時，報請行政院、內政部、縣政府邀集各有關機關協商，於 1 個月內決定之；逾期未決定者，由邀集協商之機關逕為決定之。

（四）觀念釐清：復議

❶議案經三讀後，原支持議案並表決獲勝一方，認為考慮未周或基於其他理由，於議案尚未送出議會時，要求重新考慮，可提出復議；❷復議動議若得勝，則其效力有打消表決，而使議案復回於未決前之狀況，以得再從事於種種之討論，然後再行表決也。此動議若失敗，則其效力為確定前之表決，而不許再有異議。

我國中央與地方覆議權門檻差異

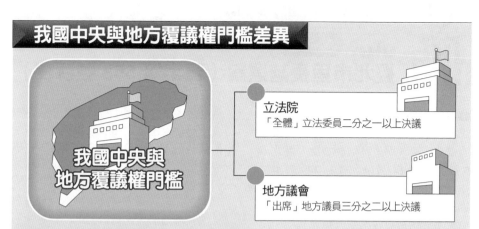

立法院
「全體」立法委員二分之一以上決議

地方議會
「出席」地方議員三分之二以上決議

三讀程序（立法院官網）

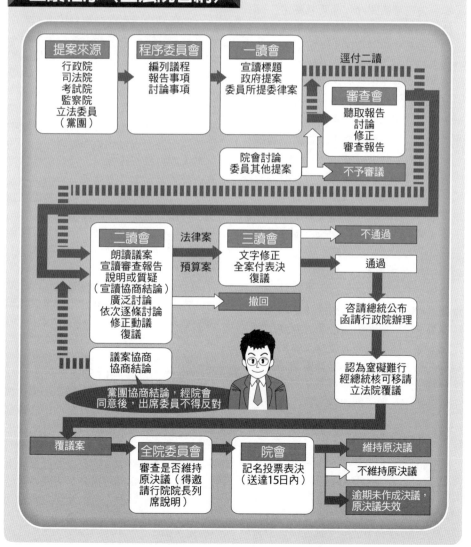

提案來源
行政院
司法院
考試院
監察院
立法委員
（黨團）

程序委員會
編列議程
報告事項
討論事項

一讀會
宣讀標題
政府提案
委員所提委律案

逐付二讀

審查會
聽取報告
討論
修正
審查報告

院會討論
委員其他提案

不予審議

二讀會
朗讀議案
宣讀審查報告
說明或質疑
（宣讀協商結論）
廣泛討論
依次逐條討論
修正動議
復議

法律案
預算案

三讀會
文字修正
全案付表決
復議

不通過

通過

撤回

議案協商
協商結論

咨請總統公布
函請行政院辦理

認為窒礙難行
經總統核可移請
立法院覆議

黨團協商結論，經院會
同意後，出席委員不得反對

覆議案

全院委員會
審查是否維持
原決議（得邀
請行院院長列
席說明）

院會
記名投票表決
（送達15日內）

維持原決議

不維持原決議

逾期未作成決議，
原決議失效

UNIT *8-10*
臺北市里長延選案（釋字第 553 號解釋）

❶背景說明

臺北市議會 2002 年 6 月 26 日三讀通過臺北市第 5 期里區域調整案，臺北市 9 月起增加 14 個里，成為 449 個里。依《地方制度法》第 83 條第 3 項，延期辦理里長改選之核准權，屬臺北市政府，臺北市政府遂為配合里界調整，決定延期辦理里長改選。

惟中央主管機關內政部認其決定違背《地方制度法》第 83 條第 1 項規定，經報行政院依同法第 75 條第 2 項予以撤銷。行政院於 2002 年 5 月 2 日正式以公文行文臺北市政府，撤銷臺北市政府延期辦理里長改選之決定。行政院表示，內政部報請撤銷的理由包括：①臺北市政府因為進行里鄰調整作業而延選里長，不符合《地方制度法》第 83 條所稱因「特殊事故」得延期辦理改選規定；②臺北市政府進行里鄰調整，並非事實上有不能改選的原因，與司法院釋字第 499 號解釋揭示的國民主權原則及定期改選的民主契約原則不符。

❷司法院釋字第 553 號解釋

①臺北市里長延選案涉及憲法爭議：有關行政院撤銷臺北市政府決定延期辦理里長選舉，事關修憲及地方制度法制定後，地方與中央權限劃分及紛爭解決機制之釐清與確立，非純屬機關爭議或法規解釋之問題，亦涉及憲法層次之民主政治運作基本原則與地方自治權限之交錯，自應予以解釋（非屬司法院釋字第 527 號解釋之範圍）。

②特殊事故之定義與有權認定者為中央或地方：《地方制度法》第 83 條第 1 項，地方行政首長、地方民意代表及村（里）長任期屆滿或出缺應改選或補選時，如因特殊事故，得延期辦理改選或補選。其中所謂「特殊事故」，在概念上無從以固定之事故項目加以涵蓋，而係泛指不能預見之非尋常事故，致不克按法定日期改選或補選，或如期辦理有事實足認將造成不正確之結果或發生立即嚴重之後果或將產生與實現地方自治之合理及必要之行政目的不符等情形者而言。又特殊事故不以影響及於全國或某一縣市全部轄區為限，即僅於特定選區存在之特殊事故如符合比例原則之考量時，亦屬之。上開法條使用不確定法律概念，即係「賦予該管行政機關相當程度之判斷餘地」，蓋地方自治團體處理其自治事項與承中央主管機關之命辦理委辦事項不同，前者中央之監督僅能就適法性為之，其情形與行政訴訟中之法院行使審查權相似；後者除適法性之外，亦得就行政作業之合目的性等實施全面監督。本件既屬地方自治事項又涉及不確定法律概念，上級監督機關為適法性監督之際，固應尊重該地方自治團體所為合法性之判斷，但如其「判斷有恣意濫用」及其他「違法」情事，上級監督機關尚非不得依法撤銷或變更。

③臺北市里長延選案性質上為行政處分：憲法設立釋憲制度之本旨，係授予釋憲機關從事規範審查，除由大法官組成之憲法法庭審理政黨違憲解散事項外，尚不及於具體處分行為違憲或違法之審理。行政院撤銷臺北市政府延期辦理里長選舉之決定，涉及中央法規適用在地方自治事項時具體個案之事實認定、法律解釋，屬於有法效性之意思表示，係「行政處分」，臺北市政府有所不服，乃屬與中央監督機關間公法上之爭議，惟既屬行政處分是否違法之審理問題，為確保地方自治團體之自治功能，該爭議之解決，自「應循行政爭訟程序」處理。

不確定法律概念之判斷是否有恣意濫用

判斷是否有恣意濫用或違法之審查密度	事件之性質影響審查之密度,單純不確定法律概念之解釋與同時涉及科技、環保、醫藥、能力或學識測驗者,對原判斷之尊重即有差異。又其判斷若涉及人民基本權之限制,自應採較高之審查密度。
	原判斷之決策過程,係由該機關首長單獨為之,抑或由專業及獨立行使職權之成員合議機構作成,均應予以考量。
	有無應遵守之法律程序?決策過程是否踐行?
	法律概念涉及事實關係時,其涵攝有無錯誤?
	對法律概念之解釋有無明顯違背解釋法則或牴觸既存之上位規範。
	是否尚有其他重要事項漏未斟酌。

臺北市因里區調整而延選里長是否合於特殊事故之規定

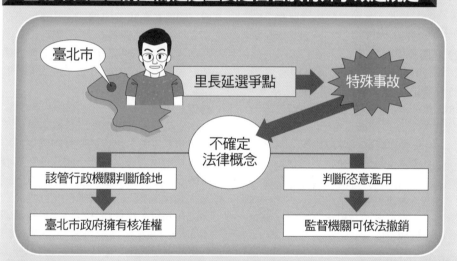

「里」享有當事人能力(最高法院58年台上字第3473號判決)

有當事人能力	村里為地方行政區域之一,亦屬村里人民之集合團體,既有辦公處之組織,由其村里民選舉之村里長為其代表人
	依法有執行上級機關交辦及村里民大會決議事務之職權,縱非法人,亦不失為非法人團體,自有當事人能力
得為獨立行使權利負擔義務之主體	依《臺灣省各縣市村里辦公處辦事細則》第3條第1項第4款規定,村里長指揮村里幹事辦理村里公產之保管保護事項
	是村里亦非不得為獨立行使權利負擔義務之主體

UNIT **8-11**
現行里鄰實務運作

現行里鄰實務運作參照《臺北市里鄰長服務要點》及《臺北市里長服務手冊》說明如次：

❶里長之定位

里長係民選公職人員，非民意代表。依《地方制度法》第 59 條第 1 項前段規定：「村（里）置村（里）長一人，受鄉（鎮、市、區）長之指揮監督，辦理村（里）公務及交辦事項。」故里長雖係民選，區長對之無任免權，惟在行政體制上，里長與區公所在業務上有直接隸屬的關係，受區長的指揮監督，同時指揮監督所屬鄰長。

❷ 里長及里辦公處

依《臺北市各區公所組織規程》第 13 條規定：「里設里辦公處，置里幹事，承區長之命，里長之督導，辦理自治及交辦事項。里幹事員額列入區公所編制。」里幹事係區公所編制內人員，其任免、獎懲、遷調均屬公所之權責；惟辦理里內公務時，並受里長之督導。

里辦公處以設置於里長提供之場所為原則，並得設置於該里內之里民活動場所或其他適當之公共場所。

❸里長之工作事項

①里長受區長之指揮監督，辦理下列里公務事項：Ａ里年度工作之策定及執行；Ｂ里公文之批閱及處理；Ｃ里民大會、基層建設座談會及里鄰工作會報之召開；Ｄ市政宣導及民情反映；Ｅ里長證明事項；Ｆ里幹事下里服勤之督導；Ｇ鄰長工作之指揮監督；Ｈ里內公共建設之推動；Ｉ里內緊急災害之反映及應變。

②里長受區長之指揮監督，辦理下列交辦事項：Ａ里辦公處公告欄之維護；Ｂ區民活動中心之協助維護；Ｃ基層藝文活動、區文化特色及體育活動之參與及協助；Ｄ區、戶政工作站之協助推動；Ｅ睦鄰互助及守望相助工作之推動；Ｆ垃圾分類及資源回收之協助推動；Ｇ滅鼠、滅蟑及防治病媒蚊、登革熱之協助推動；Ｈ受虐兒童、婦女及里內獨居老人之通報訪視及救助；Ｉ社會福利及急難救助之協助；Ｊ鄰里公園之協助維護及發動里民認養；Ｋ地區環境改造計畫之協助推動；Ｌ其他區公所交辦事項。

③另依《臺北市里長出具證明作業要點》規定，里長尚得核發「無法親自辦理印鑑登記證明書」、「無法親自申請補發國民身分證證明書」、「學生獎助學金（清寒）證明書」、「臺北市無門牌違建戶居住事實證明書」、「無力繳納健保費但需住院、急診或重症、急症門診醫療者清寒證明書」。

❹里鄰會議

①里民大會：里民大會以解決里內公共事務為原則，由里長視實際需要或里內成年里民百分之三以上書面向里長請求時召開之。如有成年里民百分之三以上之書面請求，里長未於 30 日內為召集之通知時，里民得報請區公所指派適當人員召開之。

②基層建設座談會：里民大會已屆開會時間，出席人數不足開會額數，經主席宣告延長兩次仍不足額時，主席得宣告改開基層建設座談會；另里長亦得視實際需要召集里民或邀請學者專家、政府機關代表、民間團體舉行之。

③里鄰工作會報：里長每半年得召集里幹事、鄰長召開里鄰工作會報一次，必要時得召開臨時會，研議事項如下：Ａ里工作計畫之訂定；Ｂ里民大會、基層建設座談會及各項建議案件之列管及執行情形；Ｃ補助里鄰建設經費之運用；Ｄ區公所交辦事項之執行；Ｅ其他有關里鄰活動及建設事項。

里長及里辦公處

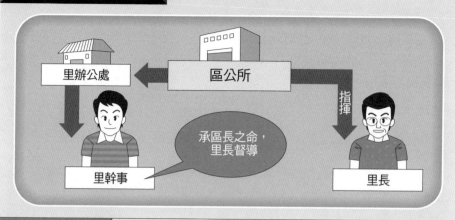

區公所 → 里辦公處

區公所 →(指揮)→ 里長

承區長之命，里長督導

里辦公處 → 里幹事

里鄰會議

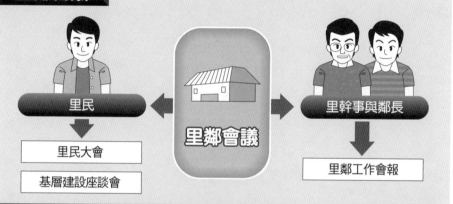

里民 ← 里鄰會議 → 里幹事與鄰長

里民 → 里民大會

基層建設座談會

里幹事與鄰長 → 里鄰工作會報

里鄰之編組及劃分（臺北市行政區劃及里鄰編組自治條例）

里鄰之編組	除依既有行政區域範圍、地理環境、交通運輸、都市計畫情況、人口數量影響到行政管理等實際因素編組外，並應依下列規定辦理	
	人口密集、交通方便地區，每里戶數以1,000戶至4,000戶為原則，超過4,000戶者，得劃分為2里	鄰之編組，每鄰戶數以100戶至200戶為原則，超過200戶者，得劃分為2鄰
	幅員遼闊、人口分散地區，每里戶數以400戶至1,000戶為原則，超過1,000戶者，得劃分為2里	鄰之編組，每鄰戶數以20戶至50戶為原則，超過50戶者，得劃分為2鄰
	里內已有2,000戶以上且正興建大批集合式住宅、公寓、社區，預期2年內將增加2,000戶以上者，得預設里	
里、鄰區域界線之劃分原則	❶路、街、巷、弄、通道、樓層、溝、河川之中心線 ❷山脈之分水線及丘阜之頂點 ❸永久性之關隘、堤塘、橋樑及其他堅固建築物之界線	
程序	里之劃分、調整，由區公所擬訂，附圖說三份，由臺北市政府民政局審核後，陳報市政府轉送臺北市議會審議通過後發布實施	

第 **9** 章

自治財政

●●●●●●●●●●●●●●●●●●●●●●●●●● 章節體系架構 ▼

UNIT *9-1*
地方自治財政與地方公共財

（一）地方自治財政

地方財政是地方自治團體基於垂直分權概念，而取得其財政自主權，取得方式概有三：❶地方自治團體具有自主之徵稅權（公權力）；❷以私法人地位，循自由市場機制之交換所得；❸國家（中央政府）給予財政上補助。而在地方自治團體之收支運用上，則有「取得」（收入）、「使用」（支出）、「管理」（預算、決算）三個面向，我國地方自治團體目前存在較大問題的則是在「取得（收入）」之面向上。

目前我國各級地方自治團體之財政收入及支出，俱依《地方制度法》及《財政收支劃分法》之規定辦理；而地方稅之範圍及課徵，則依《地方稅法通則》之規定；地方政府規費之範圍及課徵原則，則依《規費法》之規定；其未經法律規定者，須經各該立法機關之決議徵收之。

所謂「財政為庶政之母」，地方自治團體要能落實住民自治與團體自治則須有充裕之財源，沒有充裕的財源，主政者的政見支票、施政藍圖必然無法執行。其中，筆者認為關鍵所在乃在於地方自治團體要有法定稅源之收入，而這些收入與各項政務支出間又必須能收支自求平衡。

（二）地方公共財

地方公共財有別於一般公共財，參照嘉義縣政府之財政概況分析報告（2002），地方公共財的特性分述如下：

❶利益遞減性

地方公共財往往具有不可移動性，所以財貨提供之利益與環境、地理位置有關，居民享受該財貨利益之程度，會隨距離財貨中心位置越遠而遞減。

❷利益競爭性

地方公共財的受益範圍有一限度，在該限度內具有聯合消費性，超過該限度，則享用人數或次數的增加而發生敵對性，產生擁擠成本。

❸利益外溢性

地方政府所提供的公共利益，常會超過其轄區範圍，使轄區外亦得享受利益。

❹地方色彩性

各地方自然資源、人文環境不同，地方政府可根據各該區特性來提供公共財，以滿足地方居民之需求。

因公共財具有「無排他性」及「無分割性」，實務上，常會發生只享受權利而不負擔義務（成本）之搭便車（free rider）的情況。

（三）我國地方財政之問題與解決

我國地方財政未臻健全之主因為「收支無法自求平衡」，地方政府須仰賴上級的補助款（特別是鄉鎮市）。為減緩地方財政困境，在法制面，立法院制定《地方稅法通則》及《規費法》；在行政措施面，則有《公共造產獎助及管理辦法》。長遠解決地方財政不足之問題，宜修正《財政收支劃分法》，平衡中央稅與地方稅之劃分。

地方自治財政概念及健全關鍵

地方自治財政

- 取得：收入
- 使用：支出
- 管理：預算、決算

地方財政健全——關鍵在於收支自求平衡

地方公共財之特性

地方公共財之特性

- 利益遞減性
- 利益競爭性
- 利益外溢性
- 地方色彩性

公共債務法

公共債務	指中央、直轄市、縣（市）及鄉（鎮、市）為應公共事務支出所負擔之債務	中央公債、國庫券、國內外借款及保證債務
		直轄市、縣（市）公債、庫券及國內外借款
		鄉（鎮、市）國內外借款
借款	指中央、直轄市、縣（市）及鄉（鎮、市）向國內外所借入之長期、短期及透支、展期款項	
舉債額度	指彌補歲入歲出差短之舉債及債務基金舉新還舊以外之新增債務	

為強化債務管理，中央及直轄市應以當年度稅課收入至少百分之五至六；縣（市）及鄉（鎮、市）應以其上年度依第 5 條第 4 項所定之公共債務未償餘額預算數至少百分之一，編列債務之還本

171

UNIT **9-2**
地方財政收入理論

❶地方財政來源

地方財政收入來源可分為基於公權力而來之公法上收入（稅課收入）、基於私法關係而產生之私經濟收入（非稅課收入）及上級政府補助款（補助金收入）三種。

①公法上收入：地方自治團體與居民為行政法上之上下隸屬關係，通常為稅課收入、罰鍰收入等。其中以稅課收入為地方財政主要收入來源，地方政府的稅課收入型態依租稅負擔者可否將其應負擔租稅轉嫁之「直接稅」、「間接稅」，如遺產贈與稅為直接稅、娛樂稅為間接稅。以《財政收支劃分法》及《地方稅通則》觀之，我國地方政府稅收來源主要採獨立稅、附加稅、共分稅及統籌分配稅等制度。

A獨立稅：即學理上之「稅源分立法」，各課稅主體（各級政府）有其法定稅源，由各該級政府依法課徵，地方政府有自己獨立的稅源；如土地稅、房屋稅、使用牌照稅、契稅、印花稅、娛樂稅等。

B附加稅：即學理上之「附加法」，地方政府依法按一定比例於現有稅源（國稅）中附加徵收之租稅；如臺灣早期曾徵收之「教育捐」即附加於營業用房屋房屋稅及娛樂稅，司法院第 346 號解釋並肯認教育捐合憲。

C共分稅：即學理上之「稅收分成法」，地方政府與中央政府共用一個稅源，基於徵收便利性，由某一級政府加以徵收，並將該項稅收依法律規定之成數分給他級政府；如遺產及贈與稅採由中央在該直轄市徵起收入百分之五十給與。

D統籌分配稅：是將某些稅目收入之一部分或全部彙集在一起，並根據一些指標（如營利事業營業額、財政能力與其轄區內人口及土地面積等因素），由中央政府或上級地方自治團體統籌分配給地方政府。

②私經濟收入（非稅課收入）：地方自治團體與居民為平等關係，即行政法上之「國庫行政」。地方政府公共支出及服務多採「使用者付費」方式，兼具受益原則與市場機制原則，使公共供給適中，以利資源配置的效率。

私經濟收入之常態性者為規費收入，指依《規費法》徵收之行政規費及使用規費。工程受益費亦具有使用者付費性質，應屬規費之性質。其他尚有信託管理收入、財產收入、營業盈餘及事業收入、捐獻及贈與收入等。

③上級政府補助款（補助金收入）：為解決上、下級政府間垂直的財政不平衡，及同級政府間水平的不均衡，以謀全國之經濟平衡發展，上級政府得視地方政府財政收支狀況給予適當之補助。

❷概念釐清

①特別稅課：指適應地方自治之需要，經議會立法課徵之稅。但不得以已徵貨物稅或菸酒稅之貨物為課徵對象。

②臨時稅課：各級政府為適應特別需要，得經各該級民意機關之立法，舉辦臨時性質之稅課。

③工程受益費：各級政府於該管區內對於因道路、堤防、溝渠、碼頭、港口或其他土地改良之水陸工程而直接享受利益之不動產或受益之船舶，得徵收工程受益費。

④特許費：各級政府經法律許可，得經營獨占公用事業，並得依法徵收特許費，准許私人經營。

⑤入境稅或通過稅：各級地方政府不得對入境貨物課入境稅或通過稅。

上級政府補助的類別

上級政府補助款		
學理上名稱	實務名稱	意涵
條件式補助	計畫型補助	補助款的取得與支用均有條件上的限制
無條件式補助	一般型補助	受補助之地方政府復可自由支配、使用該項經費（不受其他條件限制）

工程受益費

法源	❶《財政收支劃分法》第22條　　　　　❷《工程受益費徵收條例》	
意涵	各級政府於該管區域內，因推行都市建設，提高土地使用，便利交通或防止天然災害，而建築或改善道路、橋樑、溝渠、港口、碼頭、水庫、堤防、疏濬水道及其他水陸等工程，應就直接受益之公私有土地及其改良物，徵收工程受益費；其無直接受益之土地者，就使用該項工程設施之車輛、船舶徵收之	
	前項工程受益費之徵收數額，最高不得超過該項工程實際所需費用百分之八十。但就車輛、船舶徵收者，得按全額徵收之，其為水庫、堤防、疏濬水道等工程之徵收最低限度，由各級政府視實際情形定之	
包含之費用	❶工程興建費 ❷地上物拆遷補償費 ❸借款之利息負擔	❹工程用地之徵購費及公地地價 ❺工程管理費
徵收必要性	大法官釋字第212號解釋	
	各級政府興辦公共工程，由直接受益者分擔費用，始符公平之原則，《工程受益費徵收條例》本此意旨，於第2條就符合徵收工程受益費要件之工程，明定其工程受益費為應徵收，並規定其徵收之最低限額，自係應徵收。惟各級地方民意機關依同條例第5條審定工程受益費徵收計畫書時，就該項工程受益費之徵收，是否符合徵收要件，得併予審查。至《財政收支劃分法》第22條第1項係指得以工程作為一種財政收入，而為徵收工程受益費之相關立法，不能因此而解為上開條例受益費規定之工程受益費係得徵收而非應徵收	

公用事業與公營事業

公用事業	大法官釋字第212號解釋	公用事業，以公營為原則，憲法第144條前段定有明文
		國家基於對人民生存照顧之義務、達成給付行政之功能，經營各類公用事業，期以合理之費率，普遍而穩定提供人民所需之各項服務
公營事業	大法官釋字第8號解釋	原呈所稱之股份有限公司，政府股份既在百分之五十以上，縱依公司法組織，亦係公營事業機關
	公營事業移轉民營條例	所稱公營事業，指下列各款之事業： ❶各級政府獨資或合營者 ❷政府與人民合資經營，且政府資本超過百分之五十者 ❸政府與前二款公營事業或前二款公營事業投資於其他事業，其投資之資本合計超過該投資事業資本百分之五十者
國營事業	國營事業管理法	所稱國營事業包含： ❶政府獨資經營者 ❷依事業組織特別法規定，由政府與人民合資經營者 ❸依公司法規定，由政府與人民合資經營，政府資本超過百分之五十者

UNIT **9-3** 地方財政收入：稅課

（一）我國地方自治團體之法定收入

依《地方制度法》第63條、第64條、第65條規定，包含稅課收入；工程受益費收入；罰款及賠償收入；規費收入：信託管理收入；財產收入；營業盈餘及事業收入；縣市為補助收入及協助收入，直轄市與鄉（鎮、市）為補助收入；捐獻及贈與收入；自治稅捐收入；其他收入。

（二）地方政府課稅收入

《財政收支劃分法》將全國財政收支系統劃分為「中央」、「直轄市」、「縣（市）」、「鄉（鎮、市）」；本於「租稅法定主義」，地方政府之稅課收入須有法律之依據，有關地方政府稅課收入部分，說明如下：

❶中央稅課收入分配給地方者

①國稅種類：A所得稅；B遺產及贈與稅；C關稅；D營業稅；E貨物稅；F菸酒稅；G證券交易稅；H期貨交易稅；I礦區稅。

②國稅中所得稅總收入百分之十、營業稅總收入減除依法提撥之統一發票給獎獎金後之百分之四十及貨物稅總收入百分之十，應由中央統籌分配直轄市、縣（市）及鄉（鎮、市）。

③國稅中之遺產及贈與稅，應以在直轄市徵起之收入百分之五十給該直轄市；在市徵起之收入百分之八十給該市；在鄉（鎮、市）徵起之收入百分之八十給該鄉（鎮、市）。

④國稅中之菸酒稅，應以其總收入百分之十八按人口比例分配直轄市及臺灣省各縣（市）；百分之二按人口比例分配福建省金門及連江二縣。

❷直轄市及縣（市）稅源

①直轄市及縣（市）稅種類：A土地稅（包括地價稅、田賦、土地增值稅）；B房屋稅；C使用牌照稅；D契稅；E印花稅；F娛樂稅；G特別稅課。

②直轄市及縣（市）稅中之地價稅，縣應以在鄉（鎮、市）徵起之收入百分之三十給該鄉（鎮、市），百分之二十由縣統籌分配所屬鄉（鎮、市）；田賦，縣應以在鄉（鎮、市）徵起之收入全部給該鄉（鎮、市）；土地增值稅，在縣（市）徵起之收入百分之二十，應繳由中央統籌分配各縣（市）；房屋稅，縣應以在鄉（鎮、市）徵起之收入百分之四十給該鄉（鎮、市），百分之二十由縣統籌分配所屬鄉（鎮、市）；契稅，縣應以在鄉（鎮、市）徵起之收入百分之八十給該鄉（鎮、市），百分之二十由縣統籌分配所屬鄉（鎮、市）；娛樂稅，縣應以在鄉（鎮、市）徵起之收入全部給該鄉（鎮、市）。

③地方稅源中之「田賦」，經行政院1987年8月20日台76財字第19365號函，自1987年第2期起田賦停徵。又多數地方政府已停徵工程受益費，僅少數縣市（如苗栗縣、基隆市等）尚有徵收工程受益費。

❸重徵或附加之禁止

各級政府對他級或同級政府之稅課，不得重徵或附加。但直轄市政府、縣（市）政府為辦理自治事項，籌措所需財源，依地方稅法通則規定附加徵收者，不在此限。各級地方政府不得對入境貨物課入境稅或通過稅。

地方稅課收入

稅種	法源	主要概念	
土地稅	土地稅法	土地稅分為地價稅、田賦及土地增值稅	
		地價稅	已規定地價之土地,除依第22條規定課徵田賦者外,應課徵地價稅
			地價稅基本稅率為千分之十,超過累進起點地價者,依規定累進課徵
		田賦	非都市土地依法編定之農業用地或未規定地價者,徵收田賦
			為調劑農業生產狀況或因應農業發展需要,行政院得決定停徵全部或部分田賦
		土地增值稅	已規定地價之土地,於土地所有權移轉時,應按其土地漲價總數額徵收土地增值稅
			但因繼承而移轉之土地,各級政府出售或依法贈與之公有土地,及受贈之私有土地,免徵土地增值稅
房屋稅	房屋稅條例	房屋稅,以附著於土地之各種房屋,及有關增加該房屋使用價值之建築物,為課徵對象	
		直轄市及縣(市)政府得視地方實際情形,在第5條規定稅率範圍內,分別規定房屋稅徵收率,提經當地民意機關通過,報請或層轉財政部備案	
使用牌照稅	使用牌照稅法	使用公共水陸道路之交通工具,無論公用、私用或軍用,除依照其他有關法律,領用證照,並繳納規費外,交通工具所有人或使用人應向所在地主管稽徵機關請領使用牌照,繳納使用牌照稅	
		使用牌照稅,按交通工具種類分別課徵,除機動車輛應就其種類按汽缸總排氣量或其他動力劃分等級,依第6條附表計徵外,其他交通工具之徵收率,由直轄市及縣(市)政府擬訂,提經同級民意機關通過,並報財政部備查	
契稅	契稅條例	不動產之買賣、承典、交換、贈與、分割或因占有而取得所有權者,均應申報繳納契稅	
		但在開徵土地增值稅區域之土地,免徵契稅	
印花稅	印花稅法	中華民國領域內書立應納印花稅之憑證:❶銀錢收據;❷買賣動產契據;❸承攬契據;❹典賣、讓受及分割不動產契據	
		印花稅,除本法另有規定外,由財政部發行印花稅票徵收之	
娛樂稅	娛樂稅法	就下列娛樂場所、娛樂設施或娛樂活動所收票價或收費額徵收:❶電影;❷職業性歌唱、說書、舞蹈、馬戲、魔術、技藝表演及夜總會之各種表演;❸戲劇、音樂演奏及非職業性歌唱、舞蹈等表演;❹各種競技比賽;❺舞廳或舞場;❻高爾夫球場及其他提供娛樂設施供人娛樂者	
特別稅課		如桃園市 2020 年公布《桃園市土石採取景觀維護特別稅自治條例》	

特別稅課與特別公課(大法官釋字第426號解釋理由書)

特別稅課為稅捐	稅捐係以支應國家普通或特別施政支出為目的,以一般國民為對象,課稅構成要件須由法律明確規定
	凡合乎要件者,一律由稅捐稽徵機關徵收,並以之歸入公庫,其支出則按通常預算程序辦理
特別公課	國家為一定政策目標之需要,對於有特定關係之國民所課徵之公法上負擔,並限定其課徵所得之用途
	如《空氣污染防制法》本於污染者付費原則,徵收之空氣污染防制費

UNIT **9-4**
地方財政收入：地方稅

❶地方稅之定義

地方稅係指下列各稅：①財政收支劃分法所稱直轄市及縣（市）稅、臨時稅課；②地方制度法所稱直轄市及縣（市）特別稅課、臨時稅課及附加稅課；③地方制度法所稱鄉（鎮、市）臨時稅課。

❷地方稅之開徵與限制

①開徵：直轄市政府、縣（市）政府、鄉（鎮、市）公所得視自治財政需要，就地方稅之稅源及稅種，開徵特別稅課、臨時稅課或附加稅課。

②開徵程序：Ａ直轄市政府、縣（市）政府、鄉（鎮、市）公所開徵地方稅，應擬具地方稅自治條例，經直轄市議會、縣（市）議會、鄉（鎮、市）民代表會完成三讀立法程序後公布實施；Ｂ地方稅自治條例公布前，應報請各該自治監督機關、財政部及行政院主計處備查。

③開徵事項之限制：Ａ轄區外之交易；Ｂ流通至轄區外之天然資源或礦產品等；Ｃ經營範圍跨越轄區之公用事業；Ｄ損及國家整體利益或其他地方公共利益之事項。

④開徵年限之限制：特別稅課及附加稅課之課徵年限至多4年，臨時稅課至多2年，年限屆滿仍需繼續課徵者，應依地方稅法通則之規定重行辦理。

⑤開徵對象與目的之限制：特別稅課不得以已課徵貨物稅或菸酒稅之貨物為課徵對象；臨時稅課應指明課徵該稅課之目的，並應對所開徵之臨時稅課指定用途，並開立專款帳戶。

❸地方稅之稅率調高

①直轄市政府、縣（市）政府為辦理自治事項，充裕財源，除印花稅、土地增值稅外，得就其地方稅原規定稅率（額）上限，於百分之三十範圍內，予以調高，訂定徵收率（額）。但原規定稅率為累進稅率者，各級距稅率應同時調高，級距數目不得變更。

②前項稅率（額）調整實施後，除因中央原規定稅率（額）上限調整而隨之調整外，2年內不得調高。

❹國稅中附加徵收地方稅

①直轄市政府、縣（市）政府為辦理自治事項，充裕財源，除關稅、貨物稅及加值型營業稅外，得就現有國稅中附加徵收。但其徵收率不得超過原規定稅率百分之三十；②附加徵收之國稅，如其稅基已同時為特別稅課或臨時稅課之稅基者，不得另行徵收。附加徵收稅率除因配合中央政府增減稅率而調整外，公布實施後2年內不得調高；③附加徵收之稅課，應由被附加稅課之徵收機關一併代徵。相關代徵事項，由委託機關與受託機關會商訂定；其代徵費用，由財政部另定之。

❺受償順序

①地方稅優先於國稅；②鄉（鎮、市）稅優先於縣（市）稅。

❻實例說明

①特別稅課：如苗栗縣2009年制定《苗栗縣土石採取景觀維護特別稅徵收自治條例》、桃園市2019年制定《桃園市營建土石方特別稅自治條例》；②臨時稅課：如桃園市2020年制定《桃園市土石採取景觀維護特別稅自治條例》、彰化縣員林鎮2011年制定《彰化縣員林鎮建築工地臨時稅自治條例》；③依其他中央法律：如臺北市2006年依《使用牌照稅法》第37條規定制定《臺北市使用牌照稅徵收自治條例》、花蓮縣2011年依《娛樂稅法》第6條規定制定《花蓮縣娛樂稅徵收率自治條例》。

我國透過《地方稅法通則》與《規費法》增加地方財源

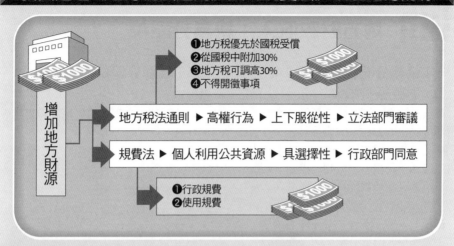

地方稅自治條例審查委員會要點

目的	為審查地方稅自治條例並簡化其備查作業流程，特成立地方稅自治條例審查會	
任務	本委員會任務為審查直轄市政府、縣（市）政府、鄉（鎮、市）公所依據地方稅法通則報請備查之地方稅自治條例	
組成	本委員會由下列人員組成	
	財政部政務次長或常務次長	財政部賦稅署署長
	行政院主計處代表 1 人	自治監督機關代表 1 人
	相關業務主管機關代表各 1 人	地方制度、財稅相關學者各 2 人
審查完竣	地方稅自治條例備查案經本委員會審查完竣後，由備查機關依照「地方稅自治條例報中央機關備查之統一處理程序」函復	

地方稅自治條例報中央機關備查之統一處理程序

適用		地方稅自治條例不論有無訂定罰則，其備查程序均應優先適用《地方稅法通則》第6條第2項之規定
備查機關	直轄市政府	應報請行政院、財政部及行政院主計總處備查
	縣（市）政府	應報請內政部、財政部及行政院主計總處備查
	鄉（鎮、市）公所	應報請縣政府同意備查後層轉財政部及行政院主計總處備查；未經縣政府層轉之案件，得退請依前開規定辦理
函復		認無牴觸憲法、法律或基於法律授權之法規者，則函復「業已備查」
		認有牴觸憲法、法律或基於法律授權之法規者，應敘明牴觸條文及理由函復制定機關

UNIT *9-5*
地方財政收入：統籌分配稅

（一）統籌分配稅款性質：地方財政調整機制

基於憲法之「平等權」考量，國家有責任提供各地方自治團體及其居民有著相同的生活水準或社會福利，國家或中央政府為了調整各地方間之差距，乃透過「統籌分配稅款」來拉平區域間之差距。

課稅收入權之劃分，依黃俊杰說法，可分為第一次財政分配與第二次財政分配。所謂「第一次財政分配」，是將各種稅捐收益直接劃分給中央及地方，以實現自主財政為目的；「第二次財政分配」，是補充第一次財政分配之不足，可為水平及垂直之財政分配。而統籌分配稅款正是第二次財政分配。

地方財政調整制度的基本原理，依蔡茂寅觀點為：

❶地方自主財源不足時，上級政府必須以財政調整制度因應。

❷地方財政調整制度設計的原則為「平等原則」，更精確言之為「生活水平平等之原則」，在制度設計上，這主要係經由統籌分配稅款制度達成。

❸各地方財政調整制度的設計方向，在於檢討上級政府得「引導」的範圍。

❹委辦事項經費原則上由委辦機關負擔。

❺其他憲法上的要求，如縣原則上不得對村（里）補助，除非經過鄉（鎮、市）之協力。

故應設計一個好的財政調整制度，透過水平面（地方間）與垂直面（中央與地方間）之財政調整機制來解決地方財政之問題。

（二）統籌分配稅款之來源

❶性質

依《財政收支劃分法》第4條規定，屬地方之稅課收入。

❷來源

①所得稅總收入百分之十。

②營業稅總收入減除依法提撥之統一發票給獎獎金後之百分之四十。

③貨物稅總收入百分之十。

④土地增值稅在縣（市）徵起收入之百分之二十，但不包括準用直轄市之縣轄內徵起土地增值稅收入之百分之二十。

⑤統籌分配稅款專戶存儲之孳息收入與其他收入。

（三）統籌分配稅款分配之原則

❶應本透明化及公式化原則分配之；受分配地方政府就分得部分，應列為當年度稅課收入。

❷中央統籌分配直轄市、縣（市）及鄉（鎮、市）之款項，應以總額百分之六列為特別統籌分配稅款；其餘百分之九十四列為普通統籌分配稅款，應各以一定比例分配直轄市、縣（市）及鄉（鎮、市）。

❸特別統籌分配稅款，應供為支應受分配地方政府緊急及其他重大事項所需經費，由行政院依實際情形分配之。

❹普通統籌分配稅款算定可供分配直轄市之款項後，應參酌受分配直轄市以前年度營利事業營業額、財政能力與其轄區內人口及土地面積等因素，研訂公式分配各直轄市。

課稅收入權之劃分

課稅收入權之劃分

第一次財政分配
稅捐收益直接劃分給中央及地方

第二次財政分配
統籌分配稅款

設計一個好的財政調整制度

統籌分配稅款之來源與分配

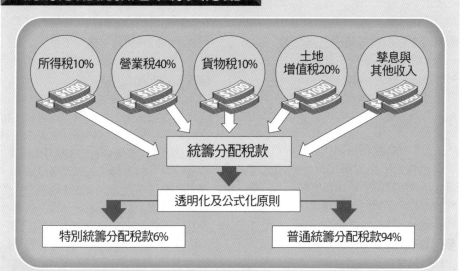

所得稅10%　營業稅40%　貨物稅10%　土地增值稅20%　孳息與其他收入

統籌分配稅款

透明化及公式化原則

特別統籌分配稅款6%　　普通統籌分配稅款94%

普通統籌分配稅款分配比例

依 2022 年 7 月 4 日修正《中央統籌分配稅款分配辦法》		
類型	特別統籌分配稅款	第 3 條第 1 款款項總額之百分之六（中央稅）及同條第 3 款之款項（其他收入）
	普通統籌分配稅款	本稅款扣除特別統籌分配稅款後之其餘款項
普通統籌分配稅款之分配比例	直轄市	61.76%
	縣（市）	24%
	鄉（鎮、市）	8.24%
	土地增值稅在縣（市）徵起者，全部分配縣（市）。	
	準用直轄市之縣參與直轄市分配	

UNIT **9-6**
地方財政收入：規費

❶使用（公共資源）者付費觀點

　　為健全規費制度，增進財政負擔公平，有效利用公共資源，維護人民權益，特制定《規費法》。

❷規費徵收之適用及種類

　　①適用：各級政府及所屬機關、學校，對於規費之徵收，依規費法之規定。規費法未規定者，適用其他法律之規定；②規費種類分為「行政規費」及「使用規費」。

❸規費主管機關與業務主管機關

　　①規費法所稱規費主管機關，在中央為財政部、在直轄市為直轄市政府、在縣（市）為縣（市）政府、在鄉（鎮、市）為鄉（鎮、市）公所；②規費法所稱業務主管機關，指主管應徵收規費業務，並依法律規定訂定規費收費基準之機關學校；法律未規定訂定收費基準者，以徵收機關為業務主管機關；③規費法所稱徵收機關，指辦理規費徵收業務之機關學校。

❹行政規費之徵收

　　各機關學校為特定對象之權益辦理下列事項，應徵收行政規費。但因公務需要辦理者，不適用之：①審查、審定、檢查、稽查、稽核、查核、勘查、履勘、認證、公證、驗證、審驗、檢驗、查驗、試驗、化驗、校驗、校正、測試、測量、指定、測定、評定、鑑定、檢定、檢疫、丈量、複丈、鑑價、監證、監視、加封、押運、審議、認可、評鑑、特許及許可；②登記、權利註冊及設定；③身分證、證明、證明書、證書、權狀、執照、證照、護照、簽證、牌照、戶口名簿、門牌、許可證、特許證、登記證及使用證之核發；④考試、考驗、檢覈、甄選、甄試、測驗；⑤為公共利益而對其特定行為或活動所為之管制或許可；⑥配

額、頻率或其他限量、定額之特許；⑦依其他法律規定應徵收行政規費之事項。

❺使用規費之徵收

　　各機關學校交付特定對象或提供其使用下列項目，應徵收使用規費：①公有道路、設施、設備及場所；②標誌、資料（訊）、謄本、影本、抄件、公報、書刊、書狀、書表、簡章及圖說；③資料（訊）之抄錄、郵寄、傳輸或檔案之閱覽；④依其他法律規定應徵收使用規費之項目。

❻規費之開徵及檢討

　　①業務主管機關應依下列原則，訂定或調整收費基準，並檢附成本資料，洽商該級政府規費主管機關同意，並送該級民意機關備查後公告之：Ａ行政規費：依直接材（物）料、人工及其他成本，並審酌間接費用定之；Ｂ使用規費：依興建、購置、營運、維護、改良、管理及其他相關成本，並考量市場因素定之。

　　②規費之收費基準，業務主管機關應考量下列情形，定期檢討（每 3 年至少應辦理一次）：Ａ辦理費用或成本變動趨勢；Ｂ消費者物價指數變動情形；Ｃ其他影響因素。

❼實例說明

　　①行政規費：如臺北市 2009 年訂定《臺北市印鑑登記及印鑑證明收費標準》；②使用規費：如臺北市 2010 年訂定《臺北市各區行政中心停車場洽公便民停車收費標準》；③部分地方自治團體以自治條例方式，將特定事項之管理維護及收費標準，合併加以規定，如南投縣竹山鎮 2010 年制定《南投縣竹山鎮公墓公園暨納骨堂使用管理自治條例》。

使用者付費之概念

使用者付費		
廣狹義	意義	例子
廣義	所有使用公共支出的人，應負擔所有公共支出的成本	國防與治安費用由納稅人繳稅支付
狹義	使用特定公共支出的人，才需要負擔特定公共支出的費用	使用高速公路者才需繳過路費

規費法之規範架構

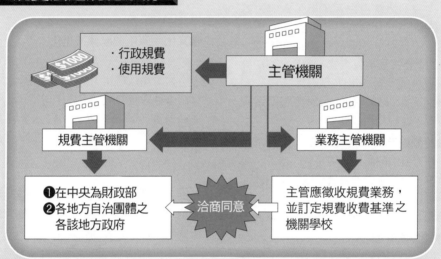

・行政規費
・使用規費

主管機關

規費主管機關 ⟷ 業務主管機關

❶在中央為財政部
❷各地方自治團體之各該地方政府

洽商同意

主管應徵收規費業務，並訂定規費收費基準之機關學校

免徵規費

得免徵、減徵或停徵應徵收之規費的情事	業務主管機關	各機關學校辦理業務或教育宣導
		各機關學校間協助事項
		重大災害地區災民因災害所增加之規費
		因處理緊急急難救助所負擔之規費
		老人、身心障礙者、低收入戶、學生之身分證明文件
		基於國際間條約、協定或互惠原則
		其他法律規定得免徵、減徵或停徵者
	規費主管機關	為維護財政、經濟、金融穩定、社會秩序或工作安全所辦理之事項
		不合時宜或不具徵收效益之規費
		基於公共利益或特殊需要考量

UNIT *9-7*
地方財政收入：公共造產與地方產業

（一）公共造產

❶意涵

所謂「公共造產」，係指縣（市）、鄉（鎮、市）依其地方特色及資源，所經營具有經濟價值之事業。一般項目概有零售市場、果菜市場、風景區、海水浴場、游泳池、納骨堂等。

❷經營方式

①公共造產得由縣（市）政府、鄉（鎮、市）公所採取「自行經營」、「委託經營」或「合作開發經營」三種態樣。

②上述三種經營方式，經各該立法機關議決後，縣（市）政府應報內政部備查；鄉（鎮、市）公所應報縣政府備查，並副知內政部。

❸獎勵地方興辦公共造產：增加財源

地方自治團體，特別是縣（市）、鄉（鎮、市）應致力於公共造產；內政部並訂定《公共造產獎助及管理辦法》來獎勵及管理地方自治團體之公共造產。

❹公共造產委員會

縣（市）政府、鄉（鎮、市）公所為辦理公共造產業務之協調、諮詢，得設公共造產委員會，置召集人1人，由地方行政機關首長擔任，置委員8人至12人，由召集人就各該相關單位主管、地方公正人士、學者專家聘（派）兼任之，任期4年，為無給職。

（二）推動地方文化產業

❶文化產業（Cultural Industries）

依《保護和促進文化表現形式多樣性公約》第4條界定「文化產業」，指生產和銷售文化產品或服務的產業。而「文化活動、產品與服務」，則指從其具有的特殊屬性、用途或目的考慮時，體現或傳達文化表現形式的活動、產品與服務，無論他們是否具有商業價值。文化活動可能以自身為目的，也可能是為文化產品與服務的生產提供幫助。

臺灣《文化創意產業發展法》第3條定義「文化創意產業」，為源自創意或文化積累，透過智慧財產之形成及運用，具有創造財富與就業機會之潛力，並促進全民美學素養，使國民生活環境提升之產業。

❷文化產業化與產業文化化

「文化產業化」係將文化之特殊性及吸引性，加以精煉出來，並藉由包裝、行銷來獲取經濟收益；「產業文化化」係將既存或沒落的產業，注入文化意象，讓消費者既消費產品，亦享受文化。

（三）地方創生與均衡區域發展

依2018年5月21日「行政院地方創生會報」第一次會議紀錄指出，「地方創生」旨在於協助地方發揮特色，吸引產業進駐及人口回流，繁榮地方，進而促進城鄉及區域均衡適性發展；地方創生要超越社區總體營造、文化創意、農村再生等既有政策的層次。

依2018年12月《地方創生國家戰略計畫》指出，地方創生推動目的，主要係依地方特色發展地方經濟，緩和人口過度集中六都之趨勢；具體策略包含：❶優化地方產業，鞏固就業機會；❷建設鄉鎮都市，點亮城鎮偏鄉；❸推動地方品牌，擴大國際連結。

地方創生事業提案流程（地方創生國家戰略計畫）

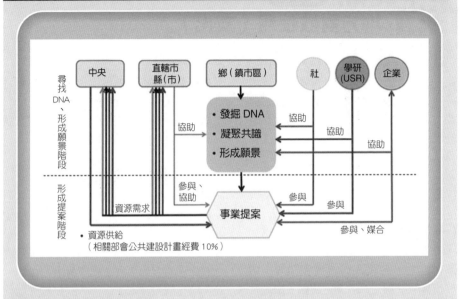

城鄉特色產業

城鄉特色產業園區補助作業要點		
目的	為發展城鄉特色產業，規劃設置城鄉特色產業園區，導入循環經濟、體驗經濟與數位經濟三大概念，建立區域產業生態鏈，帶動產業升級轉型	
定義	城鄉特色產業	依在地生活及經濟活動所形成具有群聚現象，並運用當地素材、自然資源、傳統技藝、勞動力等，從事生產及提供服務，且企業結構多屬中小型規模等特性之產業
	城鄉特色產業園區	指依區域計畫法、都市計畫法、產業創新條例或其他相關規定設置，而專供城鄉特色產業之企業進駐之特色園區，或指於城鄉特色產業群聚地區優化軟硬體設施及空間之創新場域

產業群聚效應

產業群聚	相類似的產業聚集，如婚紗街、電子街
群聚效應 （cluster effect）	群聚廠商互相技術支援與分享知識，增進生產效能
	降低消費者經濟及時間成本，並可吸引消費者直接至群聚地區消費
	經濟效益尚可擴及至支持產業、周邊產業、衍生產業

UNIT *9-8*
地方財政使用（支出）

地方自治團體為滿足其自治區域內居民之需求（公共建設或社會福利）或維持地方自治團體運作上所必須支出之經費（人事費或行政業務費），這些經費的支出，便是地方財政之使用。依《預算法》第 6 條第 2 項規定，稱歲出者，謂一個會計年度之一切支出，但不包括債務之償還。

（一）支出之規範

各級政府之一切支出，非經預算程序不得為之。各級政府年度總預算、追加預算與特別預算收支之籌劃、編製及共同性費用標準，除其他法律另有規定外，應依行政院訂定之中央暨地方政府預算籌編原則辦理。

（二）各級政府支出劃分原則

❶各級政府之支出劃分原則如下：
　①由中央立法並執行者，歸中央。
　②由直轄市立法並執行者，歸直轄市。
　③由縣（市）立法並執行者，歸縣（市）。
　④由鄉（鎮、市）立法並執行者，歸鄉（鎮、市）。
❷前項第 1 款及第 3 款如需交由下級政府執行者，其經費之負擔，除法律另有規定外，屬委辦事項者，由委辦機關負擔；屬自治事項者，由該自治團體自行負擔。
❸由中央或直轄市、縣（市）、鄉（鎮、市）二以上同級或不同級政府共同辦理者，其經費應由中央或各該直轄市、縣（市）、鄉（鎮、市）按比例分擔之。
❹各級地方政府未依第 2 項及前項規定負擔應負擔之經費時，其上級政府得扣減其補助款。

❺各級政府行政區域內人民行使政權之費用，由各該政府負擔之。
❻各級政府事務委託他級或同級政府辦理者，其經費由委託機關負擔。

（三）應優先支出之項目

❶地方政府應就其基準財政收入及其他經常性之收入，優先支應下列各項支出：
　①地方政府編制內員額與經上級政府核定有案之人事費及相關費用。
　②一般經常性支出、公共設施管理維護及依法律規定必須負擔之經費。
　③地方基本設施或小型建設經費。
　④其他屬地方政府應行辦理之地方性事務經費。
❷地方政府依前項規定辦理後，其收入不足支應支出時，應由其所獲分配之統籌分配稅款予以優先挹注。

（四）財政紀律

❶各級政府、立法機關制（訂）定或修正法律或自治法規，有減少收入者，應同時籌妥替代財源；需增加財政負擔者，應事先籌妥經費或於立法時明文規定相對收入來源。
❷地方政府未依預算籌編原則辦理或有依法得徵收之財源而不徵收時，其上級政府應視實際情形酌予減列或減撥補助款；對於努力開闢財源具有績效者，其上級政府得酌增補助款。

政府支出劃分之規範機制

政府支出劃分

- 中央立法並執行者
  歸中央
- 各地方自治團體立法並執行者
  歸各地方自治團體
- 地方自治團體
  - 委辦事項者
    由委辦機關負擔
  - 自治事項者
    由該自治團體自行負擔

同級或不同級政府共同辦理者
按比例分擔之

地方財政紀律

地方財政自給自足

上級監督
（減列或酌增補助款）

- 減少收入者 → 同時籌妥替代財源
- 增加財政負擔者 → 事先籌妥經費

中央對直轄市及縣（市）政府補助辦法

中央為謀全國之經濟平衡發展，得視直轄市及縣（市）政府財政收支狀況，由國庫就下列事項酌予補助		
酌予補助	一般性補助款補助事項	包括直轄市、準用直轄市規定之縣及縣（市）基本財政收支差短與定額設算之教育、社會福利及基本設施等補助經費
	計畫型補助款之補助範圍	計畫效益涵蓋面廣，且具整體性之計畫項目
		跨越直轄市、縣（市）或二以上縣（市）之建設計畫
		具有示範性作用之重大建設計畫
		因應中央重大政策或建設，需由直轄市或縣（市）政府配合辦理之事項
	專案補助款	直轄市及縣（市）政府重大事項
優先補助	直轄市、準用直轄市規定之縣及縣（市）基本財政收支差短	
	對於跨區域之建設計畫或合作事項	

UNIT **9-9** 地方民意代表費用支給及村里長事務補助費補助條例

❶地方民意代表費用與村里長事務補助費係由地方預算支應

①《地方民意代表費用支給及村里長事務補助費補助條例》規定之費用，係由地方自治團體編列預算辦理之，係屬地方自治團體在中央法律要求下，所產生之「地方財政使用」（支出）。

②所稱地方民意代表，係指直轄市議會議長、副議長、議員；縣（市）議會議長、副議長、議員；鄉（鎮、市）民代表會主席、副主席、代表。

❷地方民意代表費用與村里長事務補助費之項目

①研究費

Ⓐ直轄市議會議長：參照直轄市長月俸及公費；Ⓑ直轄市議會副議長：參照直轄市副市長本俸、專業加給及主管職務加給；Ⓒ直轄市議會議員：參照直轄市政府所屬一級機關首長本俸、專業加給及主管職務加給；Ⓓ縣（市）議會議長：參照縣（市）長本俸、專業加給及主管職務加給；Ⓔ縣（市）議會副議長：參照副縣（市）長本俸、專業加給及主管職務加給；Ⓕ縣（市）議會議員：參照縣（市）政府一級單位主管簡任第 11 職等本俸 1 級及專業加給；Ⓖ鄉（鎮、市）民代表會主席：參照鄉（鎮、市）長本俸、專業加給及主管職務加給；Ⓗ鄉（鎮、市）民代表會副主席：參照縣轄市副市長本俸、專業加給及主管職務加給；Ⓘ鄉（鎮、市）民代表會代表：參照鄉（鎮、市）公所單位主管薦任第 8 職等本俸 1 級及專業加給。

②出席費、交通費及膳食費

地方民意代表每月得支給研究費，依法開會期間，得支給之出席費、交通費及膳食費，不得超過下列標準：Ⓐ出席費，每人每日支給新臺幣 1,000 元；Ⓑ交通費，每人每日支給新臺幣 1,000 元；Ⓒ膳食費，每人每日支給新臺幣 450 元。

③其他費用

地方民意代表因職務關係，得由各該地方民意機關編列預算，支應其健康檢查費、保險費、為民服務費、春節慰勞金及出國考察費。直轄市議會議長、副議長、縣（市）議會議長、副議長及鄉（鎮、市）民代表會主席、副主席，得由各該地方民意機關編列預算，支應因公支出之特別費。

④助理

直轄市議會議員每人得聘用公費助理 6 人至 8 人，縣（市）議會議員每人得聘用公費助理 2 人至 4 人，公費助理均與議員同進退。前項公費助理補助費用總額，直轄市議會議員每人每月不得超過新臺幣 24 萬元。但公費助理每人每月支領金額，最多不得超過新臺幣 8 萬元，縣（市）議會議員每人每月不得超過新臺幣 8 萬元。公費助理適用勞動基準法之規定，其相關費用，由議會編列經費支應之，並得比照軍公教人員年終工作獎金酌給春節慰勞金。

⑤村（里）長事務補助費

村（里）長由鄉（鎮、市、區）公所編列村（里）長事務補助費，其補助標準，每村（里）每月不得超過新臺幣 5 萬元。

❸依法始得支領

地方民意代表費用之支給及村（里）長事務補助費之補助項目及標準，依《地方民意代表費用支給及村里長事務補助費補助條例》規定；條例未規定者，不得編列預算支付。

地方民意代表及村里長費用之支給與補助

地方民意代表費用支給及村里長事務補助費補助條例			
地方民意代表（議會正副議長、議員、代表會正副主席、代表）	每月得支給研究費		
	開會期間	出席費	每日1,000元
		交通費	每日1,000元
		膳食費	每日450元
	其他	健康檢查費、保險費、為民服務費、春節慰勞金及出國考察費	
	助理	直轄市議會6人至8人	縣（市）議會2人至4人
	特別費	因公支出	議會正副議長、代表會正副主席
村（里）長	事務補助費		每月上限為5萬元

2022年修正《地方民意代表費用支給及村里長事務補助費補助條例》

	新法	舊法
第7條	村（里）長由鄉（鎮、市、區）公所編列村（里）長事務補助費，每村（里）每月新臺幣5萬元	村（里）長由鄉（鎮、市、區）公所編列村（里）長事務補助費，每村（里）每月新臺幣4萬5,000元
		前項事務補助費，係指文具費、郵電費、水電費及其他因公支出之費用
	村（里）長因職務關係，應由鄉（鎮、市、區）公所編列預算，支應其保險費，並得編列預算，支應其健康檢查費，其標準均比照地方民意代表	村（里）長因職務關係，應由鄉（鎮、市、區）公所編列預算，支應其保險費，並得編列預算，支應其健康檢查費，其標準均比照地方民意代表
	鄉（鎮、市、區）公所編列前項保險費預算，應包含投保保險金額新臺幣500萬元以上傷害保險之保險費金額	鄉（鎮、市、區）公所編列前項保險費預算，應包含投保保險金額新臺幣500萬元以上傷害保險之保險費金額
	村（里）長除有正當理由未能投保或未足額投保傷害保險外，於當年度檢據支領保險費時，其單據應包含投保保險金額新臺幣500萬元以上傷害保險之保險費	村（里）長除有正當理由未能投保或未足額投保傷害保險外，於當年度檢據支領保險費時，其單據應包含投保保險金額新臺幣500萬元以上傷害保險之保險費

地方民代因職務關係支領之相關費用

項目　　金額　　對象	直轄市議會議長、副議長及議員	縣（市）議會議長、副議長及議員	鄉（鎮、市）民代表會主席、副主席及代表
健康檢查費（每人每年）	16,000	16,000	16,000
保險費（每人每年）	15,000	15,000	15,000
為民服務費（每人每月）	20,000	9,000	3,000
春節慰勞金（每人每年）	一個半月之研究費	一個半月之研究費	一個半月之研究費
出國考察費（每人每年）	150,000	100,000	50,000
特別費（每人每月）	議　長200,000 副議長140,000	議　長88,000 副議長44,000	❶人口數未滿5萬者：主席23,700；副主席11,850；❷人口數在5萬以上未滿10者：主席25,000；副主席12,500；❸人口數在10萬以上未滿20萬者：主席26,300；副主席13,150；❹人口數在20萬以上者：主席27,600；副主席13,800

註一：健康檢查費按年編列，地方民意代表應檢具施實公務人員一般健康檢查之醫療機構單據核銷。
註二：為民服務費及特別費按月編列，地方民意代表應據檢核銷。
註三：保險費、出國考察費按年編列，地方民意代表應檢據核銷。

UNIT **9-10**
地方財政管理：預算

「預算」以提供政府於一定期間完成作業所需經費為目的，預算之編製及執行應以財務管理為基礎，並遵守總體經濟均衡之原則。所謂「歲入」者，謂一個會計年度之一切收入，但不包括債務之舉借及以前年度歲計賸餘之移用；所謂「歲出」者，謂一個會計年度之一切支出，但不包括債務之償還。歲入、歲出預算，按其收支性質分為「經常門」、「資本門」；歲入，除減少資產及收回投資為資本收入應屬資本門外，均為經常收入，應列經常門；歲出，除增置或擴充、改良資產及增加投資為資本支出，應屬資本門外，均為經常支出，應列經常門。

❶政府預算收支之基本原則

①政府預算收支應先期作整體性之縝密檢討，妥善規劃整合各項相關業務，以發揮財務效能；各機關須確立施政目標，衡量可用資源訂定具體計畫，並排列優先次序，落實中程計畫預算作業制度，以健全財政及革新預算編製作業。

②審度總資源供需估測結果，財政健全與經濟成長應兼籌並顧。政府各項原有消費支出應力求節約，新興重大支出，須同時籌有確切之財源後始可辦理。

❷預算之編列

①有關地方政府之預算編列規範，俱依《地方制度法》、《財政收支劃分法》、《公庫法》、《中央及地方政府預算籌編原則》、《年度各縣（市）地方總預算編製要點》、《直轄市年度預算共同性費用編列標準》、《縣（市）、鄉（鎮、市）預算共同性費用編列基準》辦理。

②直轄市、縣（市）、鄉（鎮、市）年度總預算、追加預算與特別預算收支之籌劃、編製及共同性費用標準，除其他法律另有規定外，應依行政院訂定之《中央暨地方政府預算籌編原則》辦理。

③直轄市、縣（市）預算收支之差短，得以發行公債、借款或移用以前年度歲計賸餘彌平；鄉（鎮、市）預算收支之差短，得以借款或移用以前年度歲計賸餘彌平。直轄市、縣（市）公債及借款之未償餘額比例，鄉（鎮、市）借款之未償餘額比例，依《公共債務法》之規定。各級政府非依法律之規定或議會之議決，不得發行公債或為 1 年以上之國內、外借款。

④縣（市）議會議員各項費用應確依《地方民意代表費用支給及村里長事務補助費補助條例》所列項目編列。

⑤政府支出，應本收支衡平原則，適切訂定各機關之歲出概算額度，作為編列歲出概算之範圍。又各機關在歲出概算額度內編製概算時，應切實把握零基預算之精神，檢討所有計畫之成本效益，排列優先次序。凡績效不彰之計畫及不經濟或無必要之支出，均不得列入。各機關審編年度計畫及歲出概算時，應以計畫之可行性及其目標效益為衡量標準，不以上年度預算數額為依據。

⑥應視地方財力情形核實優先編列預算之項目為：🅐自治事項、法令規定或契約義務須支出者；🅑行政院施政方針須優先實施辦理者；🅒上級交辦事項須優先實施者（上級政府補助辦理事項）；🅓經常業務須繼續辦理者；🅔以前各年度計畫未完成部分須繼續辦理者；🅕已列入直轄市、縣（市）政府中長程計畫須優先實施者；🅖本年度應興辦之事項，尤其應注意既有公共設施之安全維護。

概算、預算案、法定預算、分配預算之差異

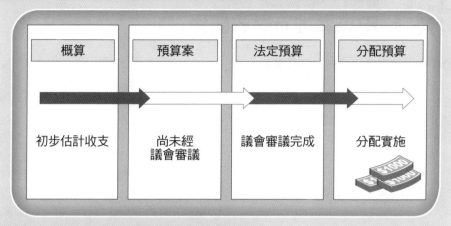

概算	預算案	法定預算	分配預算
初步估計收支	尚未經議會審議	議會審議完成	分配實施

政府公共債務之依據與類別

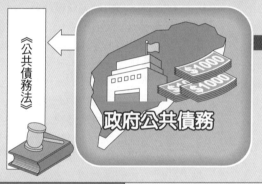

《公共債務法》

政府公共債務

中央及各地方政府
為應公共事務支出所負擔

❶中央公債、國庫券、國內外借款及保證債務
❷直轄市、縣（市）公債及國內外借款
❸鄉（鎮、市）國內外借款

預算之編列

預算之編列

依據
中央暨地方政府預算籌編原則

預算收支之差短
發行公債、借款或移用以前年度歲計賸餘彌平

劃分

經常門

資本門

議員費用
依地方民意代表費用支給及村里長事務補助費補助條例

優先編列預算項目
7項

UNIT *9-11*
中央與地方財政關係

❶中央與地方費用負擔之區分標準

①中央費用與地方費用之區分，應明定由中央全額負擔、中央與地方自治團體分擔以及地方自治團體全額負擔之項目。中央不得將應自行負擔之經費，轉嫁予地方自治團體。

②直轄市、縣（市）、鄉（鎮、市）辦理其自治事項，應就其自有財源優先編列預算支應之。

❷上級補助款與協助金

各上級政府為謀地方均衡發展，對於財力較差之地方政府應酌予補助；對財力較優之地方政府，得取得協助金。補助須明定補助項目、補助對象、補助比率及處理原則；其補助辦法，分別由行政院或縣定之。上級政府為適應特別需要所取得之協助金，應列入各該下級政府之預算內。

❸中央制定法律涉及地方財政經費之處理：司法院釋字第 550 號解釋

①背景說明：本案係臺北市就《全民健康保險法》第 27 條第 1 款中關於由直轄市政府補助各該類被保險人一定比例保險費之規定，認有牴觸憲法第 155 條及憲法增修條文第 10 條第 5 項規定。臺北市主張全民健康保險乃屬憲法委託國家應行辦理事務，非地方自治事項，其支出應由中央政府自行負擔。

②司法院釋字第 550 號解釋：地方自治團體受憲法制度保障，其施政所需之經費負擔乃涉及財政自主權之事項，固有法律保留原則之適用，但於不侵害其自主權核心領域之限度內，基於國家整體施政之需要，對地方負有協力義務之全民健康保險事項，中央依據法律使地方分擔保險費之補助，尚非憲法所不許。關於中央與地方辦理事項之財政責

任分配，憲法並無明文。《財政收支劃分法》第 37 條第 1 項第 1 款雖規定，各級政府支出之劃分，由中央立法並執行者，歸中央負擔，固非專指執行事項之行政經費而言，惟法律於符合上開條件下，尚非不得為特別之規定，就此而言，《全民健康保險法》第 27 條即屬此種特別規定。至《全民健康保險法》該條所定之補助各類被保險人保險費之比例屬於立法裁量事項，除顯有不當者外，不生牴觸憲法之問題。

法律之實施須由地方負擔經費者，如本案所涉《全民健康保險法》第 27 條第 1 款第 1、2 目及第 2、3、5 款關於保險費補助比例之規定，於制定過程中應予地方政府充分之參與。行政主管機關草擬此類法律，應與地方政府協商，以避免有片面決策可能造成之不合理情形，並就法案實施所需財源事前妥為規劃；立法機關於修訂相關法律時，應予地方政府人員列席此類立法程序表示意見之機會。

③貢獻價值：本號解釋革除了以往「中央請客、地方買單」，並建構地方自治團體參與中央政府決策之制度化機制，讓地方自治團體制度化的保障機制更為健全。

❹公庫之設置

①地方自治團體應設公庫，其代理機關由直轄市政府、縣（市）政府、鄉（鎮、市）公所擬定，經各該直轄市議會、縣（市）議會、鄉（鎮、市）民代表會同意後設置之。

②地方自治團體公庫代理機關設置之規範，係為使公庫代理之設置能經由地方立法機關民主程序之同意，強化地方自治團體公庫管理，保障公庫存款之安全。

上級介入地方財政之手段

上級介入地方財政

補助款 ── 獎勵
努力開闢財源具有績效者

── 處罰
依法得徵收之財源而不徵收

── 補助財力較差地方政府
謀地方均衡發展

協助金
取自於財力較優之地方政府

公庫法

職能	公庫經管政府現金、票據、證券及其他財物	
各級公庫關於現金、票據、證券之出納、保管、移轉及財產之契據等之保管事務，除法律另有規定外，依左列規定委託銀行代理	國庫	由國庫主管機關委託中央銀行代理
	直轄市、縣（市）、鄉（鎮、市）庫	由各該公庫主管機關就其轄區內之銀行遴選，經立法機關同意後委託其代理，並應報上級公庫主管機關備查
	鄉（鎮、市）轄區內無銀行或情形特殊者，鄉（鎮、市）庫主管機關得就其所在縣內之銀行辦理遴選；如無適合之銀行，由該縣之公庫主管機關協調由其公庫代理銀行代理	

財政收支劃分法修正草案

修正理念	❶鑑於臺灣地區各地之自然條件與人文環境不一，工商發展程度有別，致影響地方政府間之財政盈虛與施政能量，宜透過府際合作、區域治理等體制之運作，使政府資源發揮最大效益 ❷在財政調整機制方面，亦將對區域合作、開闢財源及施政計畫之做法提供誘因，讓財政資源較為豐沛之地方政府帶動鄰近區域繁榮，並共享發展成果	
修正原則	❶錢權同時下放 ❷直轄市及縣（市）財源只增不減 ❸劃一直轄市與縣（市）分配基礎	❹公式入法取代比例入法 ❺強化財政努力誘因機制 ❻落實財政紀律
修正重點	❶劃一直轄市及縣（市）稅課收入分成之基礎 ❷中央統籌分配稅款分配以公式入法 ❸強化補助制度規範，並作法律層次之保障	❹擴大中央統籌分配稅款規模 ❺建構統籌分配稅款透明化之分配機制 ❻提升地方財政紀律及開源節流績效

UNIT **9-12** 財政紀律法

（一）立法目的

為健全中央及地方政府財政，貫徹零基預算精神，維持適度支出規模，嚴格控制預算歲入歲出差短及公共債務餘額，謀求國家永續發展，落實財政紀律。

（二）用詞定義

❶財政紀律

指對於政府支出成長之節制、預算歲入歲出差短之降低、公共債務之控制及相關財源籌措，不受政治、選舉因素影響，俾促使政府與政黨重視財政責任與國家利益之相關規範。

❷稅式支出

指政府為達成經濟、社會或其他特定政策目標，利用稅額扣抵、稅基減免、成本費用加成減除、免稅項目、稅負遞延、優惠稅率、關稅調降或其他具減稅效果之租稅優惠方式，使特定對象獲得租稅利益之補貼。

❸公共債務

係指公共債務法所稱之公共債務。

❹非營業特種基金

係指預算法第4條所稱之債務基金、作業基金、特別收入基金及資本計畫基金。

（三）規範重點

❶總資源供需估測前之外部評估

行政院主計總處於發布正式總資源供需估測前，應邀集民間機構、專家與學者進行外部評估。若評估結果差異達百分之二十時，主計總處應提出差異說明。

❷法律案大幅增加財政壓力，具體說明彌補資金來源

中央政府各級機關、立法委員所提法律案大幅增加政府歲出或減少歲入者，應先具體指明彌補資金之來源。各級地方政府或立法機關所提自治法規增加政府歲出或減少歲入者，準用上開規定。

❸落實公開稅式支出評估作業

中央政府各級機關所提稅式支出法規，應確認未構成有害租稅慣例，並盤點運用業務主管政策工具之情形及執行結果，審慎評估延續或新增租稅優惠之必要性。經評估確有採行稅式支出之必要者，應就稅式支出法規實施效益及成本、稅收損失金額、財源籌措方式、實施年限、績效評估機制詳予研析，確保其可行且具有效性。直轄市、縣（市）政府應編製地方稅稅目之稅式支出報告，列入地方政府總預算。

❹建構非營業特種基金之設立條件及退場機制

中央政府非營業特種基金須依法律或配合重要施政需要，按預算法第4條規定，並應具備特（指）定資金來源，始得設立。前項基金屬新設者，其特（指）定資金來源應具備政府既有收入或國庫撥補以外新增適足之財源，且所辦業務未能納入現有基金辦理。中央政府非營業特種基金之設立、保管、運用、考核、合併及裁撤，不得排除適用預算法、會計法、決算法、審計法及其相關法令規定。但本法施行前已訂有排除規定之非營業特種基金不適用之。中央政府非營業特種基金因情勢變更，或執行績效不彰，或基金設置之目的業已完成，或設立之期限屆滿時，應裁撤之。裁撤機制由行政院另定之。直轄市、縣（市）政府所管非營業特種基金，準用上開規定。

財政紀律法立法重點

立法重點	總資源供需估測前之外部評估
	法律案大幅增加財政壓力，具體說明彌補資金來源
	落實公開稅式支出評估作業
	建構非營業特種基金之設立條件及退場機制
	不得增訂固定經費額度或比率保障，或將政府既有收入以成立基金方式限定專款專用
	預算案之審議，應注重支出增加、收入減少之原因、替代財源之籌措及債務清償之規劃
	成本效益分析報告之公開
	財政紀律異常之控管機制
	中長期平衡預算之規劃
	重申公債法舉債額度規定，公告公債報表及向特種基金調借情形
	債務改善計畫及償債計畫，應按月公布
	公務員違法之處罰

稅式支出評估作業辦法

用詞定義	稅式支出	指政府為達成經濟、社會或其他特定政策目標，利用稅額扣抵、稅基減免、成本費用加成減除、免稅項目、稅負遞延、優惠稅率、關稅調降或其他具減稅效果之租稅優惠方式，使特定對象獲得租稅利益之補貼
	稅式支出法規	指依本辦法須辦理稅式支出評估之法律及法律具體明確授權之法規命令

財政紀律異常

財政紀律異常，係指地方政府有左列情形之一者	地方政府財政紀律異常控管機制辦法草案
	瀕臨債限：舉借之一年以上公共債務未償餘額預算數，分別達公共債務法第 5 條第 3 項、第 4 項規定債限之百分之九十
	超額舉債：違反公共債務法第 5 條第 3 項、第 4 項、第 8 項至第 10 項規定之一
	超額舉債且向公共債務之監督機關專案申請資金調度：具前目情形者，且人事費透過公共債務之監督機關現行資金調度機制協助後仍不敷，須向公共債務之監督機關專案申請資金調度

第**10**章
自治監督

● 章節體系架構 ▼

UNIT **10-1** 自治監督之面向

我國係採取五權分立之憲政設計,國家對地方自治團體之自治監督方式,包括:❶行政監督;❷立法監督;❸司法監督;❹考試監督;❺監察監督。

但第一級地方自治團體對第二級地方自治團體之監督就只有:❶行政監督;❷立法監督,例如苗栗縣對大湖鄉之自治監督;這是因為我國中央與地方權力劃分採取「均權制」,中央賦予地方自治團體之自治權僅有行政權與立法權而已。

(一)預防性監督

預防性監督係指一種「事前監督」機制,係指上級政府或主管機關,對於下級政府或機關所陳報之事項,加以審查,並作成決定,以完成該事項之法定效力之謂。亦即下級政府或機關於行使其權限之前,應先經上級機關或主管機關之同意或承認,始能取得合法之效力。即《地方制度法》之「核定」機制,事前監督之核定的監督兼具適當性(合目的性)與合法性監督。

學理上事前監督的手段包括:

❶指示權

要求地方自治團體依上級監督機關之指示行事,通常只適用於地方於辦理委辦事項時。

❷參與權

自治監督機關對地方自治團體特定事項之作成預先保留同意權,非經上級監督機關之核准或核定不生效力,亦即核定權。

另為避免自治監督機關怠於行使核定權或因特殊政治考量而暫不行使核定權,在特定重要領域(如自治法規)

乃要求核定機關應於 1 個月內為核定與否之決定;逾期視為核定,由函報機關逕行公布或發布。但因內容複雜、關係重大,須較長時間之審查,經核定機關具明理由函告延長核定期限者,不在此限。

(二)抑制性監督

抑制性監督係指「事後監督」的機制,係指下級政府或機關間就其得全權處理之業務,依法完成法定效力後,陳報上級政府或主管機關知悉之謂。即自治監督機關保留事後審查之權力,以使糾正其不正之結果所為之監督。

學理上事後監督的手段,則包括:

❶資訊取得權

指實地前往地方自治團體進行視察、閱覽資料卷宗、要求書面報告或口頭報告之權。

❷駁斥更正權

自治監督機關對地方自治團體違法或不當的決定,要求在一定期限內改正。

❸代履行權

若地方自治團體不履行法定義務,自治監督機關得自行採取措施並代其履行。

❹解散地方議會

為最激烈的監督手段,非到不解散議會違法狀態無以排除時方可為之。

而《地方制度法》之事後監督機制為「備查」,僅係一「備查知悉」之功能。地方自治團體於其自治事項有全權決定之權限,縱使自治監督機關不同意,仍不影響地方自治團體其決定之法效性(仍屬有效)。

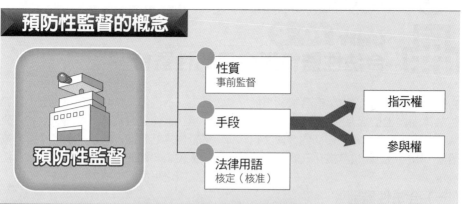

預防性監督的概念

預防性監督

- 性質
  事前監督
- 手段
  - 指示權
  - 參與權
- 法律用語
  核定（核准）

自治監督機關行使核定權之義務

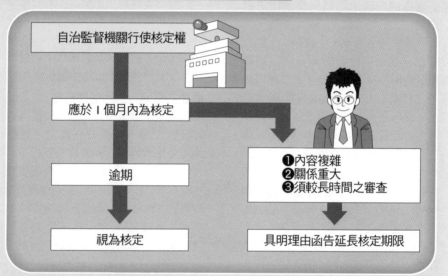

自治監督機關行使核定權

應於１個月內為核定

逾期

視為核定

❶內容複雜
❷關係重大
❸須較長時間之審查

具明理由函告延長核定期限

抑制性監督的概念

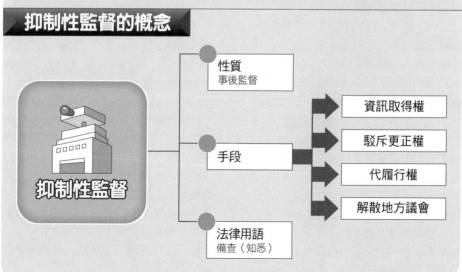

抑制性監督

- 性質
  事後監督
- 手段
  - 資訊取得權
  - 駁斥更正權
  - 代履行權
  - 解散地方議會
- 法律用語
  備查（知悉）

UNIT **10-2**
合法性監督與合目的性監督

所謂合法性監督，自治監督機關只能在法律面向上監督地方自治團體之作為，只要地方在法律之範圍內行使其自治權，中央是不能也無權介入的。

（一）合法性監督

❶國家對地方自治團體為法律監督，僅能審查地方自治團體有無履行法定之義務

依司法院釋字第498號解釋：「中央政府或其他上級政府對地方自治團體辦理自治事項、委辦事項，依法僅得按事項之性質，為適法或適當與否之監督。」復依司法院釋字第553號解釋：「地方自治團體處理其自治事項與承中央主管機關之命辦理委辦事項不同，前者中央之監督僅能就適法性為之，其情形與行政訴訟中之法院行使審查權相似（參照《訴願法》第79條第3項）；後者除適法性之外，亦得就行政作業之合目的性等實施全面監督。」

故地方自治團體就憲法所保障之自治事項，中央機關應尊重地方之決定，僅就法律所賦予之自治事項，中央機關得為適法監督，但不得為適當監督（合目的性監督）；就中央委辦地方之事項，中央機關得同時為適法監督及適當監督。

❷地方自治團體所作成之決定內容是否妥適，並非合法性監督的範圍

依張正修觀點，所謂合法性監督係在督促地方自治團體履行其公法上任務，並審查其公權力行為之合法性。也就是說，它是一種單純的合法性審查，只有在地方自治團體違法作為或不作為時，自治監督機關方得進行干預，至於其行為是否合乎目的，監督機關無權干預。另依陳慈陽觀點，合法性監督乃是基於

地方自治團體之自我任務執行上，基於受憲法保障之自治權下，國家對其行使最低限度的監控，所以又稱標準監督或一般監督，如無法律規定時，則無合法性監督之可能。

（二）合目的性監督

合目的性監督，係指自治監督機關不但在法律層面來監督地方自治團體之作為，更可以去監督或審查地方自治團體之作為是否適當、是否適宜；合目的性之監督干預強度比合法性監督更大。

❶委辦事項採合目的性監督

因委辦事項之本質係屬中央政府或上級政府之事務，基於方便之考量等因素才委由地方自治團體代為執行，且依《財政收支劃分法》第37條第2項，委辦事項之經費，由中央委辦機關負擔，故對於委辦事項係採合目的性監督；於事前作出各種專業上指示，執行時或執行後，並以「妥當與否」為審查重點。

❷高密度之合法性乃至妥當性之監督

依《地方制度法》第30條、第43條、第75條之規定，地方自治團體辦理地方自治事項，僅不得違反「憲法、法律或法規命令」，並未規定不得違反一般行政命令或行政規則。即地方自治團體之自治事項，中央政府僅得採取「低密度之合法性監督」方式，在不違反中央法律或法規命令範圍內，保留地方自治團體有「自主立法」及「自主解釋」之自治空間。此與上開法律規定地方自治團體辦理「委辦事項」不得違反「憲法、法律或中央法令」有別，即辦理委辦事項尚必須遵守中央政府之「職權命令」乃至「行政規則」，採取「高密度之合法性乃至妥當性之監督」方式。

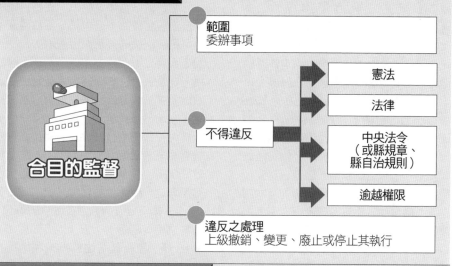

合法性監督概念

合法性監督 ➡️ 督促地方自治團體履行其公法上任務

地方違法作為或不作為時 → 得進行干預

行為是否合乎目的 → 無權干預

合目的監督之概念

合目的監督

範圍
委辦事項

不得違反 → 憲法／法律／中央法令（或縣規章、縣自治規則）／逾越權限

違反之處理
上級撤銷、變更、廢止或停止其執行

合法性與合目的性監督

自治事項	低密度之合法性監督	不違反中央法律或法規命令範圍內，保留地方自治團體有「自主立法」及「自主解釋」之自治空間
		《地方制度法》第75條第2項、第4項、第6項便是採取合法性監督之途徑：「地方政府辦理自治事項違背憲法、法律或基於法律授權之法規者，由中央各該主管機關報行政院（或由縣政府）予以撤銷、變更、廢止或停止其執行。」
委辦事項	高密度之合法性乃至妥當性之監督	辦理委辦事項尚必須遵守中央政府之「職權命令」乃至「行政規則」
		《地方制度法》第75條第3項、第5項、第7項，對於委辦事項則採合目的性監督：「地方政府辦理委辦事項違背憲法、法律、中央法令或逾越權限者，由中央各該主管機關報行政院（或委辦機關）予以撤銷、變更、廢止或停止其執行。」

199

UNIT 10-3
不確定法律概念下之合法性監督

在自治監督機關對地方自治團體自治事項進行合法性監督時，如法律條文涉及不確定法律概念時，而中央與地方對法條構成要件之不確定法律概念見解歧異時，該如何處理。

（一）上級監督機關僅在地方自治團體判斷恣意濫用時方可介入干涉

依《訴願法》第79條第3項：「訴願事件涉及地方自治團體之地方自治事務者，其受理訴願之上級機關僅就原行政處分之合法性進行審查決定。」惟依司法院釋字第553號解釋：「本件既屬地方自治事項又涉及不確定法律概念，上級監督機關為適法性監督之際，固應尊重該地方自治團體所為合法性之判斷，但如其判斷有恣意濫用及其他違法情事，上級監督機關尚非不得依法撤銷或變更。」有關此類事件之審查密度，釋字第553號解釋理由書中臚列有六判準：「❶事件之性質影響審查之密度，單純不確定法律概念之解釋與同時涉及科技、環保、醫藥、能力或學識測驗者，對原判斷之尊重即有差異。又其判斷若涉及人民基本權之限制，自應採較高之審查密度；❷原判斷之決策過程，係由該機關首長單獨為之，抑由專業及獨立行使職權之成員合議機構作成，均應予以考量；❸有無應遵守之法律程序？決策過程是否踐行？❹法律概念涉及事實關係時，其涵攝有無錯誤？❺對法律概念之解釋有無明顯違背解釋法則或牴觸既存之上位規範；❻是否尚有其他重要事項漏未斟酌。」

（二）具有核定權者之地方自治團體應享有不確定法律概念之判斷餘地解釋權

不確定法律概念之判斷餘地既須尊重該管行政機關（地方自治團體）之判斷，理論上，只有在地方自治團體判斷恣意濫用時，才由法院介入審查（法院對是否恣意濫用之判準見解分歧，須由大法官統一見解）。但釋字第553號解釋賦予自治監督機關擁有「不確定法律概念之判斷是否恣意濫用」之審查權；惟自治監督機關本身也是一行政機關，卻可扮演法院的角色來審查地方自治團體是否有「不確定法律概念判斷恣意濫用」，是否合宜？而對自治監督機關之處理見解，地方自治團體能否心服並接受，亦是另一問題。

吾人認為應將合法性監督與預防性監督合併起來思考，具有核定（准）權者（預防性監督權者）應享有不確定法律概念之判斷餘地解釋權（合法性監督權）。例如，司法院釋字第553號解釋，系爭之里長延選案；依《地方制度法》第83條，里長延選之核准權在地方自治團體（臺北市政府），則何謂「特殊事故」之不確定法律概念之認定，自應由臺北市政府有權加以認定（里鄰編組調整為特殊事故），自治監督機關應予尊重。

不確定法律概念之意涵與種類

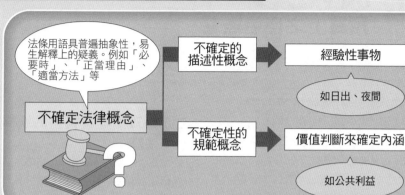

法條用語具普遍抽象性，易生解釋上的疑義。例如「必要時」、「正當理由」、「適當方法」等

不確定法律概念

不確定的描述性概念 → 經驗性事物

如日出、夜間

不確定性的規範概念 → 價值判斷來確定內涵

如公共利益

上級監督機關對地方自治團體之不確定法律概念的審查

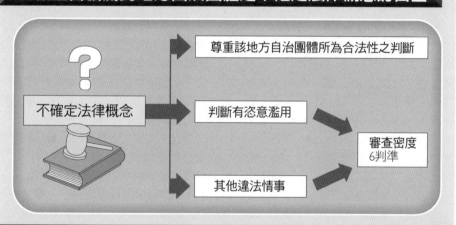

不確定法律概念

尊重該地方自治團體所為合法性之判斷

判斷有恣意濫用

其他違法情事

審查密度 6判準

地方自治團體享有不確定法律概念之判斷餘地解釋權

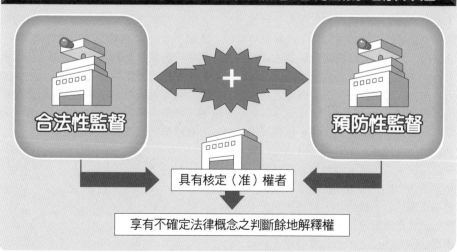

合法性監督　＋　預防性監督

具有核定（准）權者

享有不確定法律概念之判斷餘地解釋權

UNIT 10-4
預算上之自治監督

依薄慶玖觀點，自治監督之手段（或稱矯正處分干預介入權），係指自治監督機關對於地方自治團體之行為或決定，認為違法或失職、或經令飭改正，但仍迄不遵辦者，給予行政處分，以資有效匡正之一種監督手段。而自治財政權又為地方自治團體之「團體自治」的核心範疇，《地方制度法》自治監督機關在預算權上之自治監督方式概有：

（一）預算於年度開始後三個月內未完成審議

依《地方制度法》第40條第4項：「直轄市、縣（市）、鄉（鎮、市）總預算案在年度開始後三個月內未完成審議，直轄市政府、縣（市）政府、鄉（鎮、市）公所得就原提總預算案未審議完成部分，報請行政院、內政部、縣政府邀集各有關機關協商，於一個月內決定之；逾期未決定者，由邀集協商之機關逕為決定之。」

預算審議權既是地方自治中團體自治之重要成分，透過預算審議權才能有效監督行政機關，若一旦地方自治團體於年度開始後3個月內未完成預算之審議時（依法須於會計年度開始1個月前審議完成），自治監督機關可被動地在地方行政部門之請求下介入干預處理（地方報請）。如果在自治監督機關之介入下，有關機關仍無法協商出妥協方案時，自治監督機關便可行使干預強度更強之矯正處分權，由邀集之自治監督機關逕行決定之，賦予議會未完成審議之預算的法效性。而一旦自治監督機關行使矯正處分之干預權時，無疑地剝奪了地方議會最重要之預算權，對地方自治團體公法人地位之干預強度頗深，必須

於《地方制度法》中明文規範之（法律保留）。

（二）預算案經覆議後仍維持原決議

依《地方制度法》第40條第5項：「直轄市、縣（市）、鄉（鎮、市）總預算案經覆議後，仍維持原決議，或依前條第五項重行議決時，如對歲入、歲出之議決違反相關法律、基於法律授權之法規規定或逾越權限，或對維持政府施政所必須之經費、法律規定應負擔之經費及上年度已確定數額之繼續經費之刪除已造成窒礙難行時，準用前項之規定。」另地方政府附屬單位預算及追加減預算案之覆議及協商程序，得適用《地方制度法》第40條第5項規定。

構成本條款之態樣有二：❶違法，包含違反相關法律、基於法律授權之法規規定或逾越權限（《行政訴訟法》第4條，逾越權限以違法論）；❷窒礙難行，包含「對維持政府施政所必須之經費」、「法律規定應負擔之經費」、「上年度已確定數額之繼續經費之刪除」。

故一旦總預算案經覆議後，仍維持原決議，或依第39條第5項重行議決時，產生違法或窒礙難行之情況時，自治監督機關便可被動地介入干預處理。這同樣是剝奪地方自治團體之自治財政權，嚴重地侵入地方自治團體之自治權，自應有法律明文依據方得為之。

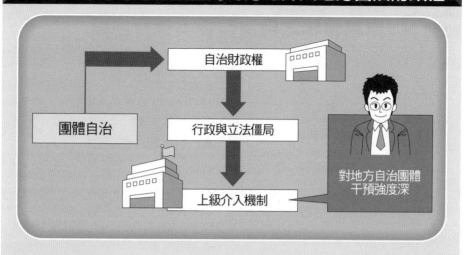

上級只有在地方產生僵局時方可介入地方自治財政權

自治財政權

團體自治 → 行政與立法僵局

上級介入機制

對地方自治團體
干預強度深

預備金

類型	第一預備金	第一預備金於公務機關單位預算中設定之，其數額不得超過經常支出總額百分之一
	第二預備金	第二預備金於總預算中設定之，其數額視財政情況決定之

立法院審議刪除或刪減之預算項目及金額，不得動支預備金。但法定經費或經立法院同意者，不在此限

各機關動支預備金，其每筆數額超過 5,000 萬元者，應先送立法院備查。但因緊急災害動支者，不在此限

知識補充站

「上年度已確定數額之繼續經費」，係指依《預算法》第39條規定，於上年度法定預算機關別表內已註明全部計畫之經費總額及各年度分配額，而於本年度應按進度須支用之經費數額。

UNIT **10-5**
作為義務之自治監督：代行處理

當地方自治團體對於國家法律要求之作為義務，不履行時，中央或上級乃有被動之介入干預權，以矯正地方之違法行為。

❶ 法制之規範

依《地方制度法》第76條，地方自治團體依法應作為而不作為，致嚴重危害公益或妨礙地方政務正常運作，其適於代行處理者，得分別由上級自治監督機關命其於一定期限內為之；逾時仍不作為者，得代行處理。但情況急迫時，得逕予代行處理。

地方自治團體對前項處分如認為窒礙難行時，應於期限屆滿前提出申訴。上級自治監督機關得審酌事實變更或撤銷原處分。上級自治監督機關決定代行處理前，應函知被代行處理之機關及該自治團體相關機關，經權責機關通知代行處理後，該事項即轉移至代行處理機關，直至代行處理完竣。地方自治團體對於代行處理之處分，如認為有違法時，依行政救濟程序辦理之。

代行處理所支出之費用，應由被代行處理之機關負擔，各該地方機關如拒絕支付該項費用，上級政府得自以後年度之補助款中扣減抵充之。至「統籌分配稅」依《財政收支劃分法》規定為各級地方自治團體之自有財源，非前開扣抵費用之標的。

❷ 代行處理矯正干預權之二階段過程

自治監督機關之代行處理矯正干預權是一個干預程度由弱到強的二階段過程：第一階段，是自治監督機關督促地方自治團體履行其作為義務，這類似於德國的糾正令；第二階段，於地方自治團體仍不履行作為義務時，自治監督機關以自力代行處理。

又德國的「糾正令」，係指自治監督機關以書面方式對地方自治團體發出糾正令，訓令地方自治團體於一定期限內自行變更或廢止原違法或不當措施。

❸ 代行處理之權限移轉

一旦自治監督機關發動代行處理之矯正處分干預權時，會產生權限移轉之法律效果；也就是原屬地方自治團體之權限移轉至自治監督機關，自治監督機關乃取得權力之權源基礎，得以介入干預地方自治團體之事務。此種高度侵犯地方自治團體自治權的代行處理之矯正處分干預權，自須有本條款之授權方符法律保留原則。

❹ 觀念釐清

①為避免各級地方政府怠於行使職務而影響人民權益，於《地方制度法》第76條規範「代行處理」之機制，其中有關「申訴」與「行政救濟」之標的，參照立法說明：Ⓐ申訴：係對上級機關限期執行之處分，認為窒礙難行時（不一定是違法）；Ⓑ行政救濟：係為保障地方自治團體之權限，避免上級政府有違法代行處理之情事發生，地方自治團體對於《地方制度法》第76條第1項限期執行之處分，以及第76條第3項代行處理之處分，如認為上級政府之處分「有違法時」，均得依行政救濟程序請求救濟（訴願、行政訴訟）。

②因代行處理而對人民為行政處分時處分機關認定疑義，依《地方制度法》第76條第1項規定代行處理所為之處分，除對於被監督機關所為者外，尚包括因代行處理而對人民為行政處分者。其中後者之處分，依同條第3項規定，應以代行處理機關之名義為之。至於因代行處理所為行政處分之救濟程序，則依《訴願法》第4條以下有關訴願管轄之規定辦理。

代行處理之自治監督機制

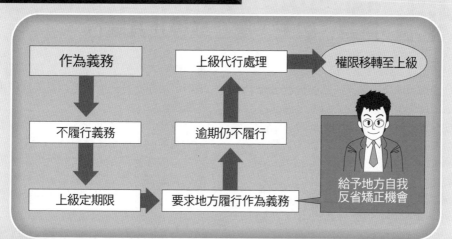

作為義務 → 不履行義務 → 上級定期限 → 要求地方履行作為義務 → 逾期仍不履行 → 上級代行處理 → 權限移轉至上級

給予地方自我
反省矯正機會

代行處理矯正干預權之二階段過程

第二階段

於地方自治團體仍不履行作為義務時，上級自治監督機關以自身力量實施「代行處理」

代行處理
二階段過程

第一階段

上級自治監督機關督促地方自治團體履行其作為義務

代行處理之要件

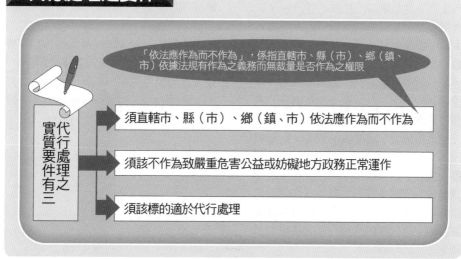

「依法應作為而不作為」，係指直轄市、縣（市）、鄉（鎮、市）依據法規有作為之義務而無裁量是否作為之權限

實質要件有三 代行處理之

須直轄市、縣（市）、鄉（鎮、市）依法應作為而不作為

須該不作為致嚴重危害公益或妨礙地方政務正常運作

須該標的適於代行處理

UNIT **10-6** 違法行為之自治監督：撤銷、變更、廢止或停止其執行

依《地方制度法》第75條、司法院釋字第498號、第553號解釋皆規範了自治監督機關對於地方自治事項採合法性監督，對於委辦事項則採合目的性監督。《地方制度法》並參照《直轄市自治法》第45條及《省縣自治法》第54條規定，以直轄市政府、縣（市）政府、鄉（鎮、市）公所辦理上級政府委辦事項及辦理各該團體之自治事項，其自主程度不同，與上級法規、法令之關係亦有不同，是以有關上級政府監督權之行使亦宜有差異，於《地方制度法》第75條，對地方自治團體辦理自治事項或委辦事項之違法行為，上級自治監督機關如何處理皆明文規範。

（一）上級自治監督機關之矯正處分干預權

自治監督機關可行使「撤銷、變更、廢止或停止其執行」之矯正處分干預權：

❶「撤銷」係指自治監督機關對於地方自治團體違法行為，依法使其效力溯及地失效。惟為維持「法安定性原則」，有權機關可基於信賴保護原則，而另定失效日期僅向將來失其效力。

❷「變更」在行政法學上係屬「形成處分」，依張正修論點，這種形成處分有設定新的法律上之力者（設權處分）、有對於既已成立之法律之力加以變更者（變更處分）、有使其消滅者（剝奪處分），此處所稱變更應指「變更處分」。

❸「廢止」在行政法學上係對合法之行政處分，向將來宣告失其效力之謂。惟此處地方制度法之廢止應係自治監督機關將地方自治團體違法行為向將來失其效力。

❹「停止其執行」則係自治監督機關將地方自治團體違法行為停止實施或停止其繼續執行。

另依司法院釋字第553號解釋，地方自治團體對不確定法律概念之判斷，自治監督機關應予尊重。惟如地方自治團體之判斷有恣意濫用及其他違法情事，上級監督機關是可依法撤銷或變更的。

（二）地方自治團體可聲請司法院解釋

一旦上級自治監督機關行使撤銷、變更、廢止或停止其執行之矯正處分干預權時，地方自治團體對自治事項有無違背憲法、法律、中央法規、縣規章發生疑義時，得聲請司法院解釋之；為保障地方自治精神，在司法院解釋前，不得予以撤銷、變更、廢止或停止其執行。

亦即一旦地方自治團體聲請司法院解釋來對抗上級自治監督機關時，是優先尊重地方自治團體之決定，只要司法院尚未作出解釋前，地方自治團體之決定是有效的。例如，臺北市里長延選案，雖經內政部報請行政院予以撤銷，但因為臺北市聲請司法院解釋，讓行政院的撤銷令暫時失效，造成臺北市里長事實上延選（2006年剛好是里長改選年，惟臺北市里長選舉日期為2006年12月30日，而全國其他縣市則為2006年6月10日）。

地方制度法第75條

省政府	省政府辦理第8條事項違背憲法、法律、中央法令或逾越權限者，由中央各該主管機關報行政院予以撤銷、變更、廢止或停止其執行	
直轄市政府	辦理自治事項	違背憲法、法律或基於法律授權之法規者，由中央各該主管機關報行政院予以撤銷、變更、廢止或停止其執行
	辦理委辦事項	違背憲法、法律、中央法令或逾越權限者，由中央各該主管機關報行政院予以撤銷、變更、廢止或停止其執行
縣（市）政府	辦理自治事項	違背憲法、法律或基於法律授權之法規者，由中央各該主管機關報行政院予以撤銷、變更、廢止或停止其執行
	辦理委辦事項	違背憲法、法律、中央法令或逾越權限者，由委辦機關予以撤銷、變更、廢止或停止其執行
鄉（鎮、市）公所	辦理自治事項	違背憲法、法律、中央法規或縣規章者，由縣政府予以撤銷、變更、廢止或停止其執行
	辦理委辦事項	違背憲法、法律、中央法令、縣規章、縣自治規則或逾越權限者，由委辦機關予以撤銷、變更、廢止或停止其執行

矯正處分干預權之種類

矯正處分干預權

- 撤銷：溯及失效

- 變更：形成處分

- 廢止：向將來宣告失其效力

- 停止其執行：停止實施

★ 信賴保護原則

信賴保護原則，是在保護人民對於國家正當合理的信賴，對於立法及司法部門而言，制定法規或適用法規均不得溯及既往發生效力。依《行政程序法》第8條，行政行為，應以誠實信用之方法為之，並應保護人民正當合理之信賴。

UNIT **10-7** 地方行政首長停職與辭職之自治監督

有關上級自治監督機關行使監督權時，對地方行政首長之監督機制，討論如下。

（一）上級自治監督機關對地方行政首長之停止職務

配合政府肅貪政風，預防組織犯罪，以建立廉能政府需要，規定民選地方行政首長及村（里）長，有下列情事之一者，分別由上級自治監督機關停止其職務，不適用《公務員懲戒法》第 3 條之規定：❶涉嫌犯內亂、外患、《貪污治罪條例》或《組織犯罪防制條例》之罪，經第一審判處有期徒刑以上之刑者。但涉嫌《貪污治罪條例》上之圖利罪者，須經第二審判處有期徒刑以上之刑者；❷涉嫌犯前款以外，法定刑為死刑、無期徒刑或最輕本刑為 5 年以上有期徒刑之罪，經第一審判處有罪者；❸依刑事訴訟程序被羈押或通緝者。

（二）遭停職之地方行政首長，可先行復職之條件

❶考量民選地方行政首長係任期制之人員，如在第一審或第二審判決過程中即予停職，常因司法程序冗長而導致如同解除職務之效果，爰規定因「涉嫌犯內亂、外患、貪污治罪條例或組織犯罪防制條例之罪」或因「法定刑為死刑、無期徒刑或最輕本刑為五年以上有期徒刑之罪」停止職務之人員，如經改判無罪時，或因「刑事訴訟程序被羈押或通緝者」停止職務之人員，經撤銷通緝或釋放時，於其任期屆滿前，得准其先行復職。
❷因重罪（內亂、外患、貪污、死刑、無期徒刑、最輕 5 年）或事實上不能執

行職務（羈押、通緝）原因予以停止其職務之人員，經依法參選再度當選原公職並就職者，不再適用停職之規定。其適用要件及時機：①已依第 78 條第 1 項規定受停職處分；②經依法再度參選並當選原公職；③有宣誓就職之事實。
❸另因案予以停止其職務之人員，經刑事判決確定，非依法應予解除職務者，於其任期屆滿前，均應准其復職。

（三）地方行政首長之辭職、代理及補選

❶地方行政首長及村（里）長辭職、去職、死亡者，由上級自治監督機關派員代理；地方行政首長停職者，由副手代理，副手出缺或不能代理者，由上級自治監督機關派員代理。
❷地方行政首長及村（里）長辭職、去職或死亡者，應自事實發生之日起 3 個月內完成補選；但為避免地方行政首長出缺後，所遺任期過短，補選造成社會成本耗損之浪費，並兼顧補選當選人有適當任期，規定所遺任期不足 2 年者，不再補選，由代理人代理至該屆任期屆滿為止。補選之當選人應於公告當選後10 日內宣誓就職，其任期以補足該屆所遺任期為限，並視為一屆。
❸地方行政首長及村（里）長等人員之辭職，應以書面為之。直轄市長應向行政院提出並經核准；縣（市）長應向內政部提出，由內政部轉報行政院核准；鄉（鎮、市）長應向縣政府提出並經核准；村（里）長應向鄉（鎮、市、區）公所提出並經核准，均自核准辭職日生效。簡言之，辭職要件為：①書面；②向上級自治監督機關提出；③經上級核准；④核准日生效。

地方行政首長停職之事由與例外規定

事由 → ❶重罪：內亂、外患、貪污、死刑、無期徒刑、最輕5年
❷事實上不能執行職務：羈押、通緝

地方行政首長停職 → 例外 → 再度當選原公職 → 免停職

地方行政首長之出缺與代理

地方行政首長

停職 → 有復職可能 → 副手代理

出缺 → 無復職可能 → 上級派員代理

辭職 → 書面向上級 → 須經核准

鄉（鎮、市）長經縣政府依法停職後，其職務得否由非現職人員代理疑義

依《地方制度法》第82條第2項代理鄉（鎮、市）長	是否應具備一定之學經歷、背景或資格等，既未明文規定	
	縣政府自得本於行政裁量權，通盤考量代理人員	學經歷
		品德操守
		領導能力
		公務行政經驗
		社會接受度
	不以現職人員為限	
	代理人員自亦不得有公職人員選舉罷免法對於候選人所定消極資格情事	

UNIT 10-8
民選公職人員解職與補選之自治監督

有關上級自治監督機關行使監督權時，對地方行政首長解除職務、民意代表解除職權之權，討論如下。

❶地方民代之解除職權與行政首長之解除職務

①地方民代、地方行政首長、村（里）若有下列情形，上級自治監督機關可對地方民意代表與行政首長之解除職權或職務，並通知各該議會（代表會）：Ⓐ經法院判決當選無效確定（自判決確定之日起執行），或經法院判決選舉無效確定，致影響其當選資格者；Ⓑ犯內亂、外患或貪污罪，經判刑確定者；Ⓒ犯組織犯罪防制條例之罪，經判處有期徒刑以上之刑確定者；Ⓓ犯前二款以外之罪，受有期徒刑以上刑之判決確定，而未受緩刑之宣告或未執行易科罰金或不得易服社會勞動者；Ⓔ受保安處分或感訓處分之裁判確定者；但因緩刑而付保護管束者，不在此限；Ⓕ戶籍遷出各該行政區域 4 個月以上者；Ⓖ褫奪公權尚未復權者；Ⓗ受監護或輔助宣告尚未撤銷者；Ⓘ有《地方制度法》所定應予解除職權或職務之情事者；Ⓙ依其他法律應予解除職權或職務者。其中，受輔助宣告之人係因精神障礙或其他心智缺陷，致其為意思表示或受意思表示，或辨識其意思表示效果之能力，顯有不足，不宜擔任相關公職。

②有下列情事之一，其原職任期未滿，且尚未經選舉機關公告補選時，解除職權或職務之處分均應予撤銷：Ⓐ因前項第 2 款至第 4 款情事而解除職權或職務，經再審或非常上訴判決無罪確定者；Ⓑ因前項第 5 款情事而解除職權或職務，保安處分經依法撤銷，感訓處分經重新審理為不付感訓處分之裁定確定者；Ⓒ因前項第 8 款情事而解除職權或職務，經提起撤銷監護或輔助宣告之訴，為法院判決撤銷宣告監護或輔助確定者。

③地方行政首長及村（里）長，因罹患重病，致不能執行職務繼續 1 年以上，或因故不執行職務連續達 6 個月以上者，應依前條第 1 項規定程序解除其職務；地方民意代表連續未出席定期會達 2 會期者，亦解除其職權。

❷地方議員之辭職與補選

①依《地方制度法》第 81 條規定，地方民意代表辭職、去職或死亡，其缺額達總名額十分之三以上或同一選舉區缺額達二分之一以上時，均應補選。但其所遺任期不足 2 年，且缺額未達總名額二分之一時，不再補選。補選之地方民意代表，以補足所遺任期為限。

②地方民意代表之辭職，應以書面向直地方議會、代表會提出，於辭職書送達議會、代表會時，即行生效。簡言之，辭職要件為：Ⓐ書面；Ⓑ向所屬議會提出；Ⓒ辭職書送達議會生效。

③地方民意代表當選人因期約交付財務或賄選等之情事，經法院判決當選無效確定者或當選人有褫奪公權尚未復權之情形時，其缺額由落選人依得票數之高低順序遞補，不適用重行選舉或缺額補選之規定。

❸未宣誓就職之補選

依《宣誓條例》第 8 條規定，公職人員不依本條例規定宣誓者，視同未就職，應另定日期舉行宣誓，仍未依規定宣誓者，視同缺額，所留缺額，依法進行補選。如 2022 年花蓮縣富里鄉長當選人張容榕事件。

上級自治監督機關對地方民意代表與行政首長之解除職權或職務

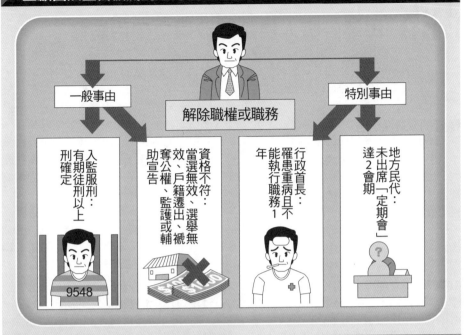

解除職權或職務

一般事由

- 入監服刑：刑確定有期徒刑以上
  9548
- 資格不符：當選無效、選舉無效、戶籍遷出、褫奪公權、監護或輔助宣告

特別事由

- 行政首長：罹患重病且不能執行職務1年
- 地方民代：未出席「定期會」達2會期

地方議員之補選與遞補

地方議員

- 辭職
  書面辭職書送達
- 補選
- 落選遞補條款
  選罷法第74條第2項

→ 總名額3/10

→ 同一選舉區缺額達1/2

有關褫奪公權實際發生效力之日

司法院院字第2494號及大法官釋字第84號解釋	褫奪公權自裁判確定時起生效
確定判決之執行力	裁判應於確定後執行之
	褫奪公權係從刑之一種，並於裁判時與主刑同時宣告，故經判決宣告褫奪公權者，即已發生執行力，本即應開始執行
刑法第37條第4項後段（舊法）	宣告6月以上有期徒刑並宣告褫奪公權者，自主刑執行完畢或赦免之日起算
	褫奪公權期間若與有期徒刑期間併同起算，將使褫奪公權之效力一部或全部消失於有期徒刑中，並非合理
	褫奪公權宣告之執行力發生時間與起算日期之不同

本案因違反公職人員選舉罷免法案件，經臺灣高等法院判處有期徒刑4月，得易科罰金，褫奪公權2年，提起上訴後經最高法院發回更審，如經判決確定，其褫奪公權之實際發生效力之日，應自判決確定時生效

UNIT **10-9** 民選公職人員延期改選之自治監督

依《地方制度法》對地方行政首長與民意代表延期改選與懲戒之監督機制，討論如下。

❶ 延期改選與補選

①地方行政首長、地方民意代表、村（里）長任期屆滿或出缺應改選或補選時，如因特殊事故，得延期辦理改選或補選。地方行政首長、地方民意代表、村（里）長如因特殊事故延期辦理改選或補選，分別由上級自治監督機關核准後辦理。依規定延期辦理改選時，其本屆任期依事實延長之。如於延長任期中出缺時，均不補選。

②延長任期中，如行政首長出缺，應依第 79 條第 1 項規定派員代理。如議員、代表出缺達總名額二分之一以上，致議事無法運作時，如能辦理選舉，自應即辦理改選，不宜再辦理補選。

❷ 簡併選舉

地方公職人員包括直轄市議員、直轄市長、縣（市）議員、縣（市）長及村（里）長，其任期均為 4 年，然因目前各種地方公職人員之任期屆滿日不同，故須分別辦理改選，造成選舉活動頻繁，及行政區域整併之困難。為整併地方公職人員之選舉期程，爰以本屆（第五屆臺北市長、第一屆新北市、臺中市、臺南市、高雄市市長）及其議員之任期屆滿日為基準（即 2014 年 12 月 25 日），分別調整本屆縣（市）長、縣（市）議員、鄉（鎮、市）長、鄉（鎮、市）民代表及村（里）長之任期，使其任期趨於一致，並於任期屆滿後，得以一併於同日辦理改選，以達到簡併地方民選公職人員選舉活動之目的。

❸ 公服法與俸給法之適用

①《省縣自治法》及《直轄市自治法》原定有直轄市長、縣（市）長、鄉（鎮、市）長「休職」之處理規定，惟鑑於地方民選首長以前均未予以明確定位，而公務員懲戒法又未就民選人員予以規範，至爭議頻仍。本法考量民選人員係任期制之人員，其性質較類似政務官，爰規定地方民選行政首長適用《公務員服務法》；其行為有違法、廢弛職務或其他失職情事者，準用政務人員之懲戒規定。

②省政府、省諮議會、直轄市議會、直轄市政府、縣（市）議會、縣（市）政府、鄉（鎮、市）民代表會、鄉（鎮、市）公所員工給與事項，應依《公務人員俸給法》及相關中央法令辦理。

❹ 現行法規仍適用之要件

本法公布施行後，相關法規應配合制（訂）定、修正。未制（訂）定、修正前，現行法規不牴觸本法規定部分，仍繼續適用；其關於鄉（鎮、市）之規定，山地原住民區準用之。

❺ 改制前後任期之調整

縣（市）改制或與其他直轄市、縣（市）合併改制為直轄市，應以當屆直轄市長任期屆滿之日為改制日。縣（市）議員、縣（市）長、鄉（鎮、市）民代表、鄉（鎮、市）長及村（里）長之任期均調整至改制日止，不辦理改選。

改制後第一屆直轄市議員、直轄市長及里長之選舉，應依核定後改制計畫所定之行政區域為選舉區，於改制日 10 日前完成選舉投票。前項直轄市議員選舉，得在其行政區域內劃分選舉區；其由原住民選出者，以其行政區域內之原住民為選舉區；直轄市議員選舉區之劃分，應於改制日 6 個月前公告，不受《公職人員選舉罷免法》第 37 條第 1 項但書規定之限制。改制後第一屆直轄市議員、直轄市長及里長，應於改制日就職。

因特殊事故延期改選或補選之規定

因特殊事故延期改選或補選	
類別	核准機關
直轄市長、直轄市議員	行政院
縣（市）長、縣（市）議員	內政部
鄉（鎮、市）長、鄉（鎮、市）民代表	縣（市）政府
村（里）長	直轄市政府、縣（市）政府

簡併選舉

應於2013年12月20日任期屆滿之縣（市）長	
應於2014年3月1日任期屆滿之縣（市）議員及鄉（鎮、市）長	任期調整至
應於2014年8月1日任期屆滿之鄉（鎮、市）民代表及村（里）長	2014年12月25日止
應於2015年1月16日任期屆滿之臺北市里長	

鶯歌鎮長之地方自治史奇蹟：首位在看守所中就任的鎮長

涉貪瀆遭押的鶯歌鎮長當選人蘇〇〇，自2005年8月18日起羈押於在臺北看守所，後在獄中「參選」，順利蟬聯

2006年9月1日，鶯歌鎮長當選人蘇〇〇在臺北看守所宣誓就職，成為自治史上首位在看守所內就職的地方首長，但他宣誓後旋遭還押，前後只當了30秒的鎮長

2005. 8.18	羈押
2005. 9. 30	候選人登記
2005. 12. 9	投票並當選
2006. 3. 1	應就職日
2006. 9. 1	實際就職日

看守所

宣誓就職

UNIT **10-10** 自治監督理論探討：法律保留與預算審議怠惰條款

有關上級自治監督機關行使監督權所涉及之法律保留與地方議會審議預算怠惰之問題，進一步討論如下。

（一）憲法保留與法律保留原則

法律保留原則（積極的依法行政）係要求行政機關就涉及人民權利義務事項之干涉行政行為，須有法律明文之依據，沒有法律授權，行政機關不能作出限制人民權利之行政行為。而地方自治團體具有公法人地位，其自治權應加以保障，除有法律之依據外，自治監督機關並不可以隨意干預地方自治團體之自治權。基於監督目的之必要性及最後手段性，並考慮到地方的自主性及自立性，才可以行使監督權。

依司法院釋字第 550 號解釋：「地方自治團體受憲法制度保障，其施政所需之經費負擔乃涉及財政自主權之事項，固有法律保留原則之適用，於不侵害其自主權核心領域之限度內，基於國家整體施政需要，中央依據法律使地方分擔保險費之補助，尚非憲法所不許。前述所謂核心領域之侵害，指不得侵害地方自治團體自主權之本質內容，致地方自治團體之制度保障虛化，諸如中央代替地方編製預算或將與地方政府職掌全然無關之外交、國防等事務之經費支出，規定由地方負擔等情形而言。」

故自治監督機關於不侵害地方自治團體自主權核心領域之限度內，實施矯正處分干預權時，應有地方制度法之依據（法律保留）。而地方自治團體之自治權除受法律保障外（《地方制度法》第 18 條、第 19 條、第 20 條），在其自主權核心領域更受憲法制度之保障（憲法保留），自治監督機關不得介入干預。

（二）預算審議怠惰條款

地方議會應於會計年度開始 1 個月前便完成預算之審議（《地方制度法》第 40 條第 1 項），以供地方自治團體於年度開始後依法定預算加以執行，此為地方議會之義務。如因故未能依法於年度開始前完成審議或因覆議而造成預算無法完成議會審議程序，議會實已無法有效履行其義務，於其職權行使上產生了怠惰，為免自治區域內居民之權益或福利受損，便由自治監督機關邀集有關機關協商並於協商失敗後，由自治監督機關逕為決定之。故《地方制度法》第 40 條第 4 項及第 5 項乃沿用《省縣自治法》第 23 條「議會審議預算怠惰條款」之規定，賦予自治監督機關介入干預之權限。

與《省縣自治法》比較，「省、縣（市）、鄉（鎮、市）總預算案在年度開始後三個月內未完成審議，省政府、縣（市）政府、鄉（鎮、市）公所得就原提總預算案未審議完成部分，報請各該自治監督機關於十五日內邀集各有關機關協商議決之。」省縣自治法條文中並無「邀集機關逕為決定」之規定，顯見立法者於《地方制度法》中賦予自治監督機關較大的介入干預權。

上級監督機關與憲法保留、法律保留

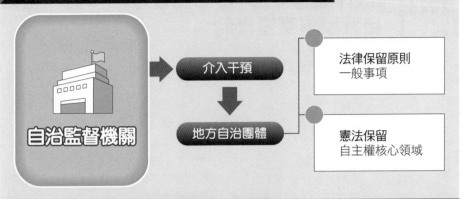

自治監督機關 → 介入干預 → 地方自治團體

法律保留原則
一般事項

憲法保留
自主權核心領域

預算審議怠惰條款之規範機制

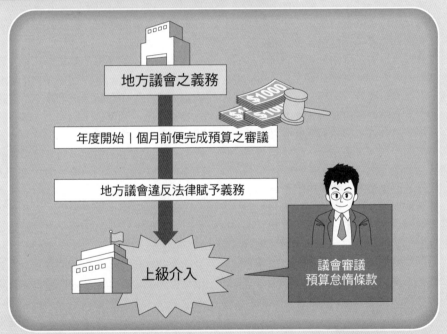

地方議會之義務

年度開始1個月前便完成預算之審議

地方議會違反法律賦予義務

上級介入

議會審議
預算怠惰條款

知識補充站

1994年7月，立法院三讀通過《省縣自治法》、
《直轄市自治法》，同月並由總統公布施行，我
國臺灣地區地方自治於是從早先行政命令時代，
正式進入法治化時代。

UNIT **10-11** 自治監督理論探討：地方自我反省審查機制

有關上級自治監督機關行使監督權所涉及之地方自我反省審查機制與撤銷、變更、廢止權之問題，進一步討論如下。

（一）自我反省審查機制

預算怠惰及代行處理都賦予地方自治團體自我審查、自我矯正之機制；無論是自治監督機關在地方議會預算審議怠惰時邀集有關機關 1 個月協商機制，或代行處理中自治監督機關訂一定期限要求地方自治團體履行作為義務之機制，都可發現《地方制度法》要求自治監督機關對於地方自治團體的違法或不當行為，不會直接逕行干預矯正，而會先要求地方自治團體先自我矯正。並於地方自治團體怠於或不願依自治監督機關之要求來進行反省、更正時，自治監督機關才會進行強度較強的矯正處分干預（代行處理之權限移轉與決定預算）。

惟《地方制度法》於矯正處分干預強度更大的「違法行為之撤銷、變更、廢止或停止其執行」部分，就未賦予地方自治團體自我反省、自我省察之自我矯正機制，實對地方自治團體自治權之尊重與保障有所不足，這是未來修法時應予補強之所在。

（二）撤銷、變更、廢止權與民主基本原則

在臺北市里長延選案中，司法院釋字第 553 號解釋理由書指出，自治監督機關之撤銷或變更權，除對不確定法律概念之判斷是否有恣意濫用外，仍有憲法民主政治基本原則之適用。大法官所稱「不排除民主基本原則之適用」，似應接受行政院之主張：里長任期屆滿依法辦理改選為原則（因「特殊事故」延期改選為例外）。而行政院 2002 年 5 月 2 日函撤銷臺北市里長延選案所基理由有三：❶特殊事故之解釋、認定，非屬行政裁量之範疇；❷國民主權原則與政治契約的理論係憲政運作根本原理，各級政府均應遵循；❸不能將行政機關自行造成之事態視為特殊事故，進而主張適用例外規定。其中，理由二之國民主權原則與政治契約的理論正是釋字第 553 號解釋理由書的「憲法民主政治基本原則之適用」。

釋字第 553 號解釋，基於調和民主政治與保障地方自治間之關係，自治監督機關於合法性監督時，除判斷恣意濫用之審查密度六判準外，另加上「憲法民主政治基本原則之適用」，似乎賦予自治監督機關較強之權能，將自治監督機關合法性監督之撤銷、變更權拉高到憲法層次。

上級自治監督機關之撤銷、變更權提升到憲法層級，一方面課予自治監督機關維持憲政秩序之義務；一方面在某種意涵上也表示自治監督機關要求地方自治團體作為或不作為，地方可藉憲法機制來對抗中央，顯現採單一制之我國中央與地方關係已揚棄過去上命下從之隸屬關係，轉化為中央與地方間之公法人對等關係。

國民主權原則之概念

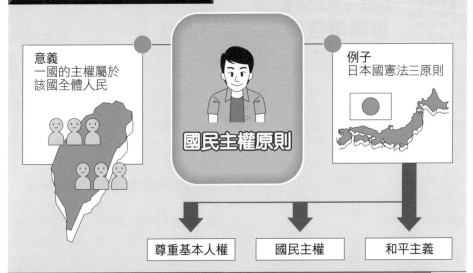

意義
一國的主權屬於該國全體人民

國民主權原則

例子
日本國憲法三原則

尊重基本人權　　國民主權　　和平主義

我國中央與地方關係從隸屬關係轉變為對等關係

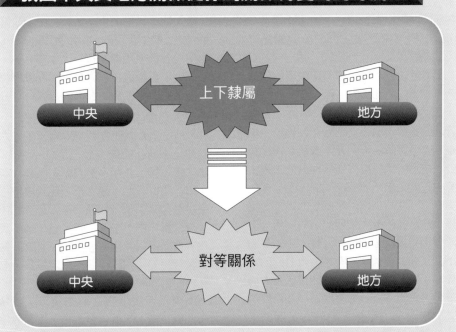

上下隸屬

中央　　　　地方

對等關係

中央　　　　地方

知識補充站　★行政裁量

行政裁量係指國家為便利行政業務的執行，以法規對行政機關就其職權範圍內的事項，授予藉自身合理判斷作成決定的權力。

UNIT 10-12
權限爭議解決之自治監督

我國採均權制,劃分為中央與地方關係,自然會有權限模糊或爭議之處,權限的爭議可分為府際間與府會間兩種類別,參照憲法第111條及已廢止之《直轄市自治法》第12條暨《省縣自治法》第15條、第56條規定,《地方制度法》所建構之「府際間」及「府會間」關係的解決機制如次:

❶府際關係理論

①「府際關係」面向可略為:🅐一個國家內部各級政府的垂直互動關係之「垂直面」;🅑同級政府間的水平互動關係之「水平面」;🅒特定政府機關內各部門間之協調管理之「內部關係」;🅓政府對外與民間社會的公共關係之「外部關係」。

②依趙永茂論述,府際關係理論係結合各級政府與民間組織,組成治理複合體的概念;此正是府際關係、府際管理及跨政府層級管理觀念的體現。也是結合各級政府部門及開放私部門參與公共事務,驗證協力增效理論的表現。藉由這些公部門與公部門間,及公部門與私部門間的工作夥伴關係的建立,可提供政府在組織與管理改造的契機。府際關係型政府強調地方分權,主張權力下放,強調建構中央與地方政府間的夥伴關係,及加強地方政府的自治權力與能力,它更主張致力發展區域政府間的互賴與發展;並強化政府與民間的夥伴關係,建構治理型政府(governance government),以其促進各級政府間及民間的合作,期能增加公共資源與政府產能。要發展府際關係及府際管理,則應積極促進建構政府間的夥伴關係。整合上層政府(high-politics)與下層政府(low-politics)及民間的資源,推動治理型政府。此外,還必須克服地方經社發展落後、城鄉落差大,及民間參與公共事務能力不足等問題。並應大力發展地方市民經濟社會,縮小城鄉落差,才有提高民間參與公共事務經營管理能力的可能。

❷府際間權限爭議解決之自治監督

①垂直面:中央與直轄市、縣(市)間,權限遇有爭議時,由立法院院會議決之;縣與鄉(鎮、市)間,自治事項遇有爭議時,由內政部會同中央各該主管機關解決之。

②水平面:直轄市間、直轄市與縣(市)間,事權發生爭議時,由行政院解決之;縣(市)間,事權發生爭議時,由中央各該主管機關解決之;鄉(鎮、市)間,事權發生爭議時,由縣政府解決之。意即,由共同上級機關解決之。

❸府會間權限爭議解決之自治監督

①地方議會議決之執行與執行不當之處理:直轄市政府、縣(市)政府、鄉(鎮、市)公所,對直轄市議會、縣(市)議會、鄉(鎮、市)民代表會之議決案如延不執行或執行不當,直轄市議會、縣(市)議會、鄉(鎮、市)民代表會除得請其說明理由外,必要時得報請行政院、內政部、縣政府邀集各有關機關協商解決之。

②總預算案爭議之逕為決定:直轄市、縣(市)、鄉(鎮、市)總預算案在年度開始後3個月內未完成審議;或總預算案經覆議後,仍維持原決議;或經覆議後如對歲入、歲出之議決違反相關法律(或窒礙難行),經報請上級自治監督機關邀集各有關機關協商,於1個月內決定之;逾期未決定者,由邀集協商之機關逕為決定之。

自治監督機關之權限爭議解決

態樣		處理程序			效果
事權爭議	地方與中央間	立法院			解決
	地方與地方間	自治監督機關（上級機關）			
議決案延不執行或執行不當	自治監督機關	邀請有關機關			協商解決
預算未完成審議	自治監督機關	邀請有關機關	協商決定	逾期未決定	逕為決定

府際關係與治理型政府

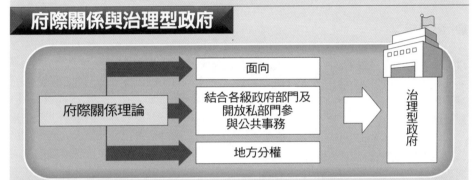

府際關係理論 → 面向

結合各級政府部門及開放私部門參與公共事務

地方分權

→ 治理型政府

縣（市）改制為直轄市後之過渡機制（團體自治）

自治法規	縣（市）改制或與其他直轄市、縣（市）合併改制為直轄市，原直轄市、縣（市）及鄉（鎮、市）自治法規應由改制後之直轄市政府廢止之
	其有繼續適用之必要者，得經改制後之直轄市政府核定公告後，繼續適用2年
自治財政	縣（市）改制或與其他直轄市、縣（市）合併改制為直轄市者，原直轄市、縣（市）及鄉（鎮、市）之機關（構）與學校人員、原有資產、負債及其他權利義務，由改制後之直轄市概括承受
	縣（市）改制或與其他直轄市、縣（市）合併改制為直轄市之財政收支劃分調整日期，由行政院以命令定之
	縣（市）改制或與其他直轄市、縣（市）合併改制為直轄市時，其他直轄市、縣（市）所受統籌分配稅款及補助款之總額不得少於該直轄市改制前
	在第2項財政收支劃分未調整前，改制後之直轄市相關機關（構）、學校各項預算執行，仍以改制前原直轄市、縣（市）、鄉（鎮、市）原列預算繼續執行
公務人員保障（自治組織）	依第1項改制而移撥人員屬各項公務人員考試及格之現職公務人員者，移撥至原分發任用之主管機關及其所屬機關、學校或原得分發之機關、原請辦考試機關及其所屬機關、學校以外之機關、學校服務時，得不受公務人員考試法、公務人員任用法及各項公務人員考試規則有關限制轉調規定之限制
	前項人員日後之轉調，仍應以原考試及格人員得分發之機關、原請辦考試機關或移撥機關之主管機關及其所屬機關有關職務為限
	各項公務人員考試規定有限制轉調年限者，俟轉調年限屆滿後，得再轉調其他機關
	依專門職業及技術人員轉任公務人員條例轉任，於限制轉調期間內移撥之人員，得不受該條例限制轉調機關規定之限制。但須於原轉任機關、移撥機關及所屬機關合計任職滿3年後，始得調任其他機關任職

UNIT 10-13
地方自治團體之行政爭訟與解釋訴訟

圖解地方政府與自治

廣義之救濟途徑，包含「行政爭訟」與「解釋訴訟」兩項。依司法院大法官曾華松在釋字第553號部分不同意見書之見解，所謂行政爭訟，係指於具體爭訟事實加以合法認定，始克解決紛爭；所謂解釋訴訟，係指依不確定法律概念含意之釋示及其選項範圍之界定，紛爭即告解決。

❶行政爭訟

①地方自治團體對上級監督機關之行政處分，認為違法或不當，致損害其權利或利益者，可依《訴願法》第1條第2項及《行政訴訟法》第4條，提起訴願及撤銷訴訟。

②司法院釋字第553號解釋指出，為確保地方自治團體之自治功能，本件臺北市之行政首長應得代表該地方自治團體，依《訴願法》及《行政訴訟法》提起救濟請求撤銷。

③司法院釋字第527號解釋指出，《地方制度法》第76條第5項，地方自治團體對於代行處理之處分，如認為有違法時，依行政救濟程序辦理之。自治監督機關依《地方制度法》第75條第2項、第4項、第6項所為之處分，如有損害地方自治團體之權利或法律上利益情事，其行政機關得代表地方自治團體依法提起行政訴訟。

❷ 解釋訴訟

①地方自治團體於行使職權（或與其他機關之職權），適用憲法（或法律與命令發生有牴觸憲法）發生疑義；或經依法定程序提起訴訟，對於確定終局裁判所適用之法律或命令發生有牴觸憲法之疑義；或就其職權上適用法律或命令所持見解，與本機關或他機關適用同一法律或命令時所已表示之見解有異者，可依《司法院大法官審理案件法》（舊法）第5條第1項第1款及第2款、第7條第1項第1款之規定提出解釋訴訟。

②地方自治團體尚可依《地方制度法》第30條第5項、第43條第5項、第75條第8項之規定提出解釋訴訟。司法院釋字第527號解釋並指出，「第30條第5項」及「第43條第5項」，係指就相關業務有監督自治團體權限之各級主管機關對決議事項或自治法規是否牴觸憲法、法律或其他上位規範尚有疑義，而未依第30條第4項或第43條第4項逕予函告無效，向司法院大法官聲請解釋而言；至依「第75條第8項」逕向司法院聲請解釋，應限於上級主管機關之處分行為已涉及辦理自治事項所依據之自治法規因違反上位規範而生之效力問題，且該自治法規未經上級主管機關函告無效，無從依同法第30條第5項聲請解釋之情形。

③地方自治團體對函告無效之內容持不同意見時，應視受函告無效者為自治條例或自治規則，分別由該地方自治團體之立法機關或行政機關，就事件之性質聲請司法院解釋憲法或統一解釋法令（釋字第527號解釋）。故地方自治團體對上級主管機關依《地方制度法》第30條及第43條所函告無效的內容，如有不同意見，可直接聲請解釋。

④自治監督機關依《地方制度法》第75條第2項、第4項、第6項所為之處分，如有損害地方自治團體之權利或法律上利益情事，其行政機關得代表地方自治團體依法提起行政訴訟，於窮盡訴訟之審級救濟後，若仍發生法律或其他上位規範違憲疑義，而合於《司法院大法官審理案件法》（舊法）第5條第1項第2款之要件，亦非不得聲請司法院解釋（釋字第527號解釋）。

地方不服上級處置救濟方式

```
行政爭訟  →  具體爭訟事實
```

地方不服
上級處置救濟方式

```
解釋訴訟  →  不確定法律概念
            含意之釋示
```

憲法訴訟之地方自治保障

憲法訴訟法第 82 條及第 83 條	地方自治團體之立法或行政機關，因行使職權，認所應適用之中央法規範牴觸憲法，對其受憲法所保障之地方自治權有造成損害之虞者，得聲請憲法法庭為宣告違憲之判決	
	地方自治團體，就左列各款事項，依法定程序用盡審級救濟而受之不利確定終局裁判，認為損害其受憲法所保障之地方自治權者，得聲請憲法法庭為宣告違憲之判決	自治法規，經監督機關函告無效或函告不予核定
		其立法機關議決之自治事項，經監督機關函告無效
		其行政機關辦理之自治事項，經監督機關撤銷、變更、廢止或停止其執行
憲法法庭 111 年憲判字第 6 號	地方自治團體於 111 年 1 月 4 日後擬就地方自治法規向本庭聲請判決，自應符合憲法訴訟法第 83 條第 1 項第 1 款規定之要件，而無繼續適用地方制度法第 30 條第 5 項等相關規定之餘地	

具體個案究應採行政爭訟或解釋訴訟之爭議

單一具體個案

```
行政爭訟                          解釋訴訟

行政處分

中央法規適用在地方自治事項時        《行政訴訟法》第2條之
具體個案之事實認定、法律解釋        法律別有規定之公法爭議解決途徑

屬於有法效性之意思表示

行政院撤銷臺北市政府延期辦理里長選舉   《司法院大法官審理案件法》(舊法)第7條
之決定                           第1項《地方制度法》第75條第8項
```

UNIT 10-14 地方自治團體聲請司法解釋之規範：釋字第 527 號解釋

❶ 自治法規與自治事項爭議，可聲請司法解釋

地方立法機關議決之自治事項，或自治法規是否與憲法、法律、中央法規或上級自治團體自治法規牴觸者無效，發生疑義得聲請司法院解釋之相關規定，係指就相關業務有監督自治團體權限之各級主管機關對決議事項或自治法規是否牴觸憲法、法律或其他上位規範尚有疑義，而未依各該條第 4 項逕予函告無效，向司法院大法官聲請解釋。

❷ 府會爭議，不得聲請司法解釋

至地方行政機關對同級立法機關議決事項發生執行之爭議時，應依《地方制度法》第 38 條、第 39 條等相關規定處理，尚不得逕行聲請解釋。

❸ 地方立法機關所通過決議案，不得聲請司法解釋（禁反言原則）

原通過決議事項或自治法規之各級地方立法機關，本身亦不得通過決議案又同時認該決議有牴觸憲法、法律、中央法規或上級自治團體自治法規疑義而聲請解釋。

❹ 自治監督機關認為地方辦理自治事項有違法疑義，可聲請司法解釋

有監督地方自治團體權限之各級主管機關，依《地方制度法》第 75 條對地方自治團體行政機關辦理該之自治事項，認有違背憲法、法律或其他上位規範尚有疑義，未依各該項規定予以撤銷、變更、廢止或停止其執行者，得依同條第 8 項規定聲請解釋。

❺ 地方認為自治監督機關之處分行為之疑義，可聲請司法解釋

地方自治團體之行政機關對上開主管機關所為處分行為，認為已涉及辦理自治事項所依據之自治法規因違反上位規範而生之效力問題，且該自治法規未經上級主管機關函告無效，無從依同法第 30 條第 5 項聲請解釋，自治團體之行政機關亦得依同法第 75 條第 8 項逕行聲請解釋。其因處分行為而構成《司法院大法官審理案件法》（舊法）第 5 條第 1 項第 1 款之疑義或爭議時，則另得直接聲請解釋憲法。

❻ 地方用盡救濟程序後，可聲請司法解釋

如上述處分行為有損害地方自治團體之權利或法律上利益情事，其行政機關得代表地方自治團體依法提起行政訴訟，於窮盡訴訟之審級救濟後，若仍發生法律或其他上位規範違憲疑義，而合於《司法院大法官審理案件法》（舊法）第 5 條第 1 項第 2 款之要件，亦得聲請解釋。

❼ 中央與地方之權限爭議，不得聲請司法解釋

若無關地方自治團體決議事項或自治法規效力問題，亦不屬前開得提起行政訴訟之事項，而純為中央與地方自治團體間或上下級地方自治團體間之權限爭議，則應循《地方制度法》第 77 條規定解決之，尚不得逕行聲請解釋。

🔲 小博士解說

依《憲法訴訟法》第 1 條第 2 項規定，其他法律規定得聲請司法院解釋者，其聲請程序應依其性質，分別適用解釋憲法或統一解釋法律及命令之規定；並依憲法法庭 111 年憲判字第 6 號判決意旨，原《地方制度法》第 30 條第 5 項、第 43 條第 5 項、第 75 條第 8 項，及司法院釋字第 527 號解釋之地方自治團體聲請釋憲途徑，恐將有所調整。

地方自治團體自治條例與中央法律

地方自治團體自治條例可否比中央法律規定更為嚴格之要求？	司法院釋字第 738 號解釋	地方於不牴觸中央法規之範圍內，自得就法律所定自治事項，以自治條例為因地制宜之規範。 地方自治團體就轄區內電子遊樂場業營業場所之距離限制，得訂定比中央法律規定更為嚴格之要求。
	2022 年憲判字第 6 號	進口肉品及其產製品殘留乙型受體素（包括萊克多巴胺）之安全容許量標準，涉及全國人民之健康及商品交易等自由權利，且為保障國內貨物之自由流通，上開安全容許量標準之訂定應有全國一致之性質，依憲法第 108 條第 1 項第 18 款、第 148 條等規定，屬中央立法事項。
		直轄市、縣（市）為執行上開中央立法事項，於不牴觸中央法律之範圍內，固得制定自治法規；然各該地方法規如牴觸中央法律，有監督地方自治團體權限之各該主管機關自得依地制法相關規定，就各該自治法規函告無效或不予核定。
		本案自治條例所訂比中央法令更為嚴格之系爭安全容許量標準，不僅欠缺中央法規之授權，其內容亦牴觸中央法規，且其規範效果明顯干預各該轄區外居民之權利義務，而非僅以各該地方之居民為限。

地方自治團體聲請司法解釋之規範

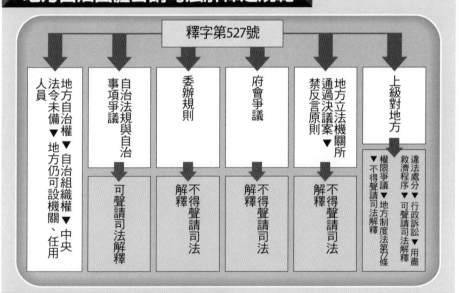

憲法訴訟法第1條第2項

條文	立法理由
其他法律規定得聲請司法院解釋者，其聲請程序應依其性質，分別適用解釋憲法或統一解釋法律及命令之規定	大法官之職權，憲法及憲法增修條文已明定為解釋憲法、統一解釋法律及命令、總統、副總統之彈劾及政黨違憲之解散事項；鑑於大法官組成憲法法庭乃審理憲法上爭議件之唯一機關，復基於釋憲機關之最後性，其他法律雖非不得為聲請司法院解釋之規定，惟仍應以聲請案件之性質合於前述憲法及憲法增修條文有關大法官職權規定者為限，始符憲法意旨。爰於第 2 項增訂此類案件之聲請程序應依其性質，分別適用本法就解釋憲法或統一解釋法律及命令之規定，以資明確

第11章

中央與地方
夥伴關係之新趨向

●●●●●●●●●●●●●●●●●●●●●●●●● 章節體系架構 ▼

UNIT **11-1**
發展型地方主義

地方政府現多已將經濟發展列為地方重大政策，並以地方自身力量，發展地方特色產業及積極招商，發展地方經濟。

❶中共經濟改革（分灶吃飯、財政包乾）之放權讓利給地方

觀察中共經濟改革成功，中央採取「摸著石頭過河」之「試點經改」政策，讓地方試點，發展成功的地方經濟模式，成為全國之典範，推行至其他地區，地方無疑地扮演一個經濟發展的火車頭。

即中央的權力下放而創造了一種制度性條件和環境，直接導致了「發展型地方主義」（developmental localism）的興起，讓中央政府強化了向沿海地方政府「放權讓利」的分灶吃飯、財政包乾之分權改革，賦予沿海地區優先發展經濟的相對自主權利，擴張了地方權。

❷發展型地方主義導致中央與地方關係緊張

依鄭永年、吳國光的觀點，所謂發展型地方主義，一方面具有強調「發展」的特點，沿海地方政府在中央的放權讓利下，是以發展基本取向的；另一方面又強調「地方」的特點，沿海地方的發展是以地方利益為導向的。發展型地方主義雖促進了各地方的經濟發展，但也加劇了中央與地方關係的緊張，其因為：①發展型地方主義推動了地方經濟的發展；②地方發展為地方政府的權力提供了雄厚的經濟基礎；③隨著地方經濟實力的擴張，地方政府由原來單純作為中央政府的工具而變成一個相對獨立的實體，其決策中的地方利益傾向日益強化；④地方居民因為從地方經濟發展中受益匪淺而發展出強力的地方認同感，這反過來又為地方主義創造了文化和心理的基礎；⑤由於地方政府從原來

的工具變成一級真正的政府，中央政府過去靠地方政府來貫徹自己意志和政策的方式就不再有效，實際上失去了貫徹其意志的工具。

這也進而導致了中共近年來來自民間力量之「維權運動」的興盛，雖然維權運動與民主化土壤所需的「社會運動」有別，但從 2011 年底的中共廣東陸豐市烏坎村發生的群眾維權事件，可以看出地方民眾對地方自治的期待。

❸ 中央因應地方發展之作為

中共的地方省分及沿海城市逐漸因經濟改革的成功而形成一定的力量後，中央與地方關係也發生了變化——中央政府需要地方的支持。依 Susan Shirk 觀點，可由二個面向佐證：①中共第十三屆黨代表大會決定讓北京、上海、天津等三個城市在政治局中取得永久的席次，參與決策（藉以維護地方利益）；② 1987 年中共大老陳雲、姚依林等欲採取縮減地方權力之財政再中央化政策（中央集權）時，李鵬為爭取東南沿海省分省級領導人之政治支持及效忠，藉以鞏固其權勢，乃反對再中央化之集權政策。

❹我國地方透過地方法規發展經濟

我國地方自治團體也透過地方自治法規在財稅政策上鬆綁，以吸引民間資金；並發掘地方文化特色，發展地方文化產業或地方特色產業。

如臺北市在「組織面」，設置經濟發展委員會、內湖及南港軟體工業園區服務中心；在「法制面」制定《臺北市獎勵民間投資自治條例》、《臺北市促進民間機構參與重大公共建設減免地價稅房屋稅及契稅自治條例》、《臺北市獎勵民間投資基金收支保管及運用自治條例》等。

中共中央透過分灶吃飯、財政包乾來放權讓利給地方

中共經濟改革

分灶吃飯、財政包乾

放權讓利

中央與地方明確劃分收支範圍，
地方在其收支範圍內自行統籌安排、自求平衡

發展型地方主義

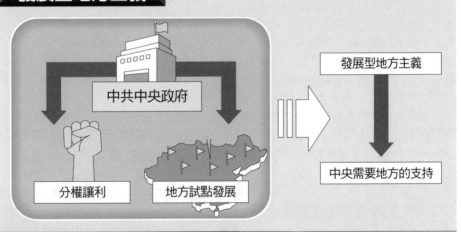

中共中央政府

分權讓利

地方試點發展

發展型地方主義

中央需要地方的支持

維權運動與社會運動差異

	維權運動	社會運動
訴求主題	個人或小眾利益	理念型（意識形態之實踐）
動員方式	無組織性動員之集體行動	系統性之組織動員
持續時間	短暫而無法長久	長期之參與
政治影響	體制無重大變革	促使體制產生重大變革

UNIT 11-2
中央與地方關係之變化

（一）我國均權制較偏重中央權

我國中央與地方權限劃分係採「均權制」之劃分方式（有全國一致性質者歸中央，因地制宜者歸地方），但這個均權制終究還是偏於中央，例如，臺灣省自治法人地位之廢除（精簡）就是由中央的國民大會透過修憲的方式予以精簡的，地方並無參與決策權。

在《地方制度法》施行後，加上幾個司法院解釋，讓我國之中央與地方權限劃分之「均權制」產生了變化；我國中央與地方關係已由過去上命下從之隸屬關係，轉化為國家公法人與地方自治團體公法人之府際協調的新關係架構。如喧騰一時的臺北市里長延選案中，臺北市認為核准里長之延期改選是《地方制度法》第83條所賦予之地方自治權；惟內政部卻認為臺北市對於「特殊事故」予以擴張解釋，逾越了《地方制度法》之規範，乃基於自治監督權報請行政院撤銷臺北市核准里長延選之決定。臺北市不服行政院的自治監督處分，乃訴請司法院大法官解釋救濟（釋字第553號解釋）。

（二）中央與地方之新關係架構

在這種新關係架構下，中央不能再以權威的心態直接指揮地方自治團體，必須藉由協調合作的機制來尋求地方自治團體的配合。縱使中央有能力獨立完成的事項，也不能跳過地方自治團體而逕自實行。

屬單一國特徵之我國，地方之自治權是國家（中央）所逐步賦予的（現在地方可用自治條例課予人民行政罰，是早期所無的），在地方漸次取得其自治權後，中央在涉及地方自治權之事項上必

須與地方協商。也就是說，中央放權、分權予地方後，若想再集權，地方為維護其自治權，會循政治途徑或司法途徑來抗爭。如臺北市與中央健保局（現改制為中央健康保險署）之間的108億健保補助款繳交爭議，臺北市除訴請司法院解釋外，也提起行政救濟。另我國在《地方制度法》及司法院大法官相關解釋所架構出之嶄新的中央與地方關係：中央除了必須尊重地方自治權，沒有法律依據是不得介入干預地方自治權的。中央縱使要以法律為基礎增加地方之義務或負擔，還須跟地方協商，不能再片面以法律課予地方義務。

加上《地方制度法》接連修正，賦予地方更高之自治權，以及縣市改制為直轄市所逐漸形成的大都會型直轄市，讓中央與地方已告別「上命下從的隸屬關係」，走向一個「共治共榮」之嶄新夥伴關係。

（三）中央的有效治理在於地方的支持：共治共榮

「共治共榮」夥伴關係之新趨向，吾人認為係指「中央的有效治理在於地方的支持」；即地方的支持，可以減輕中央治理上的負擔，地方的抗拒，會增加中央治理上的困難。中央為有效推動政務，相關事項必須與地方充分協商，獲得地方之支持以收事半功倍之效；否則，將事倍功半，影響民眾對中央政府治理能力之績效評估。

簡言之，透過中央政府、地方政府、民間力量三方面的「共同治理」，可以有效處理各種公共議題，中央與地方互蒙其利、共同發展，以達「共榮共存」。

我國從均權制朝向府際協調的新關係架構轉化

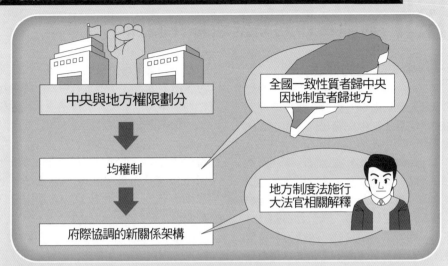

中央與地方關係架構之三階段

中央與地方關係架構	
戒嚴階段（到1987年）	上命下從之權威關係
解嚴後到開始實施地方制度法	夥伴關係
未來走向	新型態的夥伴關係

新型態之夥伴關係

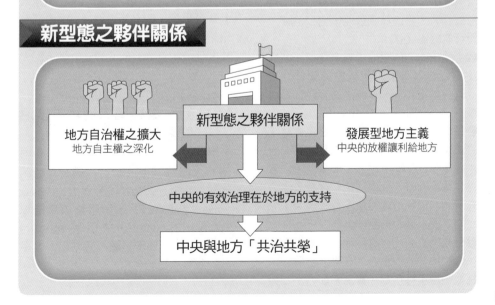

UNIT **11-3**
府際合作的新型態夥伴關係

（一）中央與地方關係

以 2004 年總統大選後，泛藍群眾集結於總統府前廣場，於合法集會時間過後仍不肯散去，中央擬代行處理之案例來探討。

按《集會遊行法》第 3 條，本法所稱主管機關，係指集會、遊行所在地之警察分局。集會、遊行所在地跨越二個以上警察分局之轄區者，其主管機關為直轄市、縣（市）警察局。故泛藍群眾於總統府前廣場集會而不肯散去之驅散權係屬地方警察局的權限，亦即是臺北市政府之權責。雖說依《警察法》第 4 條：「內政部掌理全國警察行政，並指導監督各直轄市警政、警衛及縣（市）警衛之實施。」但不代表內政部就可以直接介入而逕行驅散總統府前群眾。因依《地方制度法》第 18 條第 11 款第 1 目：「直轄市警政、警衛之實施。」係屬直轄市之自治事項。

既然驅散總統前集會群眾係屬臺北市政府權限，中央政府縱使再憂心亦不可逕行介入，必須尊重臺北市之自治權。而可能的情況有四：

❶臺北市如仍持續依《集會遊行法》准許泛藍群眾繼續於總統府前集會，則行政院無權介入，亦無法發動代行處理權。

❷臺北市如不准許泛藍群眾繼續於總統府前集會，則臺北市有一作為義務（要求群眾解散並驅散之），如臺北市未善盡作為義務時，行政院始有權介入，方有可能取得代行處理權（行政院還須先定期限要求臺北市履行作為義務）。

❸行政院實施代行處理權時，現場警察（編制於臺北市政府）在臺北市要求下採取消極柔性作為（實為不配合）。類似情況在臺北市里長延選案時，內政部也表示臺北市如不辦里長選舉，將代行辦理選舉；惟中央「代行處理」，選務工作仍須臺北市政府配合，執行面有其困難。

❹行政院堅持並實施代行處理後，臺北市主張該代行處理處分係屬違法，依《地方制度法》第 76 條第 5 項提起行政救濟。

由是，問題的焦點在於臺北市政府的決定，如果臺北市准許總統府前群眾繼續集會，不管內政部或行政院有千萬個不滿也不能介入，必須尊重臺北市的自治權。

申言之，內政部的立場是希望總統府前群眾能盡快被驅散，惟這項權力在臺北市政府手中，只要臺北市一直依集會遊行法准予群眾集會，中央也莫可奈何；此時中央為求其所欲，便必須放低身段與地方進行協商。地方只要不違法，在其自治權內有完全之自主空間，中央無法介入來代行處理而又必須達成其政策目標，則必須與地方協商妥協，這帶出了中央與地方可能的新型態之夥伴關係：中央的有效治理在於地方的支持。

（二）第一層與第二層地方自治團體

縣改制為直轄市，鄉（鎮、市）由自治體改制為官派區長，組織及功能趨於空洞化。參照英國大倫敦市（Greater London Authority）及所轄倫敦金融城（City of London）、32 個 區 級 政 府（boroughs）實作經驗，直轄市內區級政府應實施自治。

府際合作的新型態夥伴關係

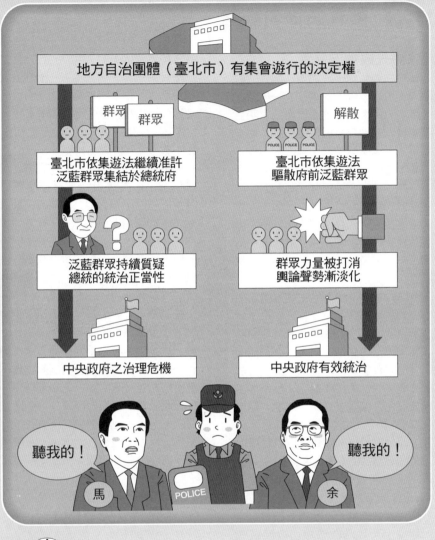

知識補充站

按《集會遊行法》所定義之按集會、遊行為：

集會	遊行
於公共場所或公眾得出入之場所舉行會議、演說或其他聚眾活動	於市街、道路、巷弄或其他公共場所或公眾得出入之場所之集體行進

UNIT *11-4* 夥伴關係新趨向

（一）中央與地方共治

比較中共與臺灣中央與地方關係的共同趨向，可以發現：中央逐步分權給地方，讓地方因地制宜地發展而活化了社會及經濟；在地方發展的基礎上，地方的支持，可以減輕中央治理上的負擔；地方的抗拒，會增加中央治理上的困難。由此，中央與地方關係將朝向一個「夥伴關係新趨向」邁進：一個中央與地方間溝通協調的合作關係，一個中央治理基礎在於地方的支持之夥伴關係新架構，一個中央與地方「共治共榮」夥伴關係。

在全球化衝擊下，新地方主義興起，讓中央與地方關係產生變化。中央透過地方制度法之立法，賦予了地方更高的自治權（如自治條例）；甚至在某些面向上，地方有著更高的權限：如中央依《行政程序法》第 174 條之 1 已不得訂定職權命令，但地方仍可依《地方制度法》第 27 條之「法定職權」訂定自治規則，而該自治規則性質上應屬職權命令（依內政部 90 年 1 月 8 日函釋，自治規則及委辦規則尚無行政程序法第 174 條之 1 規定之適用）。

中央係以法律賦予了地方更高的自治權，理論上可以修改法律而收回這些權力（特別是直轄市之自治權依憲法第 118 條採法律保留），但是因為「新地方主義」或「發展型地方主義」之潮流，讓地方自治團體漸次獲得更高的自治權。在人事權方面，直轄市及縣（市）首長可以任命副縣市長，及其一級單位主管可以機要方式進用，皆免受公務人員任用法之限制。在財政權方面，透過《規費法》及《地方稅法通則》讓各地方可因地制宜地取得自有財源。在自治法規方面，透過地方制度法之規範，讓各地方可因地制宜地以「自治條例」及「自治規則」發展地方。而在公共政策作為上，因為夥伴關係之新發展，讓地方政策走在中央之前，如臺北市透過「專用垃圾塑膠袋」之垃圾減量，與「綠色主義」之世界潮流接軌。

在地方自治團體可因地制宜地自行發展情況下，中央對地方自治團體之監督管制如果不符合地方之期待，地方可能會採取政治上或法律上之作為與中央對抗。由是，地方對中央的支持與否成為中央能否有效治理的重要基礎，讓中央與地方關係呈現一個「夥伴關係新趨向」。

在這個新型態的夥伴關係下，中央的政策規劃及制定過程須讓地方充分之參與，政策之執行也須仰賴地方之支持；若地方採取抗拒或消極抵制的立場，政策產出將無法達到原先之規劃期待，人民的政策滿意度自然下降。中央應以更開放及包容的思維來處理中央與地方之關係，以便能獲得各地方自治團體的支持，方能有效治理國家，形塑一個「共治共榮」新局面。

（二）地方之國政參與

目前僅各直轄市市長「列席」，非《行政院會議事規則》第 2 條所定「出席」人員，地方自治團體缺乏參與國家政策討論之場域。為形塑中央與地方緊密的夥伴關係，實應建構制度化機制，讓地方自治團體參與國家政策之規劃與制定。

夥伴關係新趨向：中央治理基礎在於地方的支持

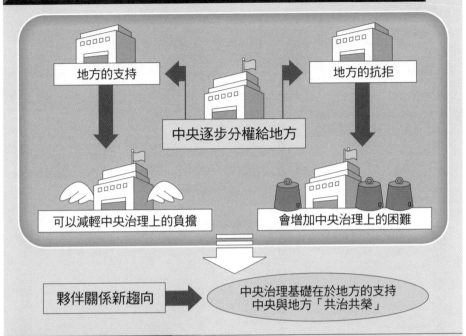

夥伴關係的變化

夥伴關係的變化		
傳統夥伴關係	中央大、地方小的「大小夥伴關係」	中央指導地方
		地方依循中央政策規劃
夥伴關係之新趨向	中央的有效治理在於地方的支持中央與地方「共治共榮」	地方有自主作為
		地方政策走在中央之前

自治組織權之自治監督

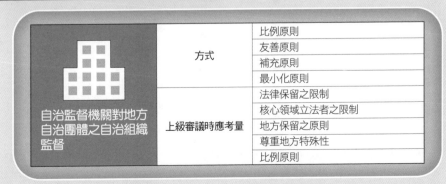

自治監督機關對地方自治團體之自治組織監督	方式	比例原則
		友善原則
		補充原則
		最小化原則
	上級審議時應考量	法律保留之限制
		核心領域立法者之限制
		地方保留之原則
		尊重地方特殊性
		比例原則

圖解地方政府與自治

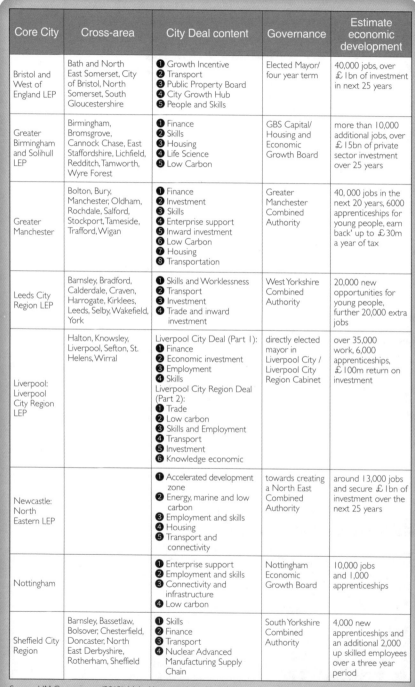

Core City	Cross-area	City Deal content	Governance	Estimate economic development
Bristol and West of England LEP	Bath and North East Somerset, City of Bristol, North Somerset, South Gloucestershire	❶ Growth Incentive ❷ Transport ❸ Public Property Board ❹ City Growth Hub ❺ People and Skills	Elected Mayor/ four year term	40,000 jobs, over £1bn of investment in next 25 years
Greater Birmingham and Solihull LEP	Birmingham, Bromsgrove, Cannock Chase, East Staffordshire, Lichfield, Redditch, Tamworth, Wyre Forest	❶ Finance ❷ Skills ❸ Housing ❹ Life Science ❺ Low Carbon	GBS Capital/ Housing and Economic Growth Board	more than 10,000 additional jobs, over £15bn of private sector investment over 25 years
Greater Manchester	Bolton, Bury, Manchester, Oldham, Rochdale, Salford, Stockport, Tameside, Trafford, Wigan	❶ Finance ❷ Investment ❸ Skills ❹ Enterprise support ❺ Inward investment ❻ Low Carbon ❼ Housing ❽ Transportation	Greater Manchester Combined Authority	40,000 jobs in the next 20 years, 6000 apprenticeships for young people, earn back' up to £30m a year of tax
Leeds City Region LEP	Barnsley, Bradford, Calderdale, Craven, Harrogate, Kirklees, Leeds, Selby, Wakefield, York	❶ Skills and Worklessness ❷ Transport ❸ Investment ❹ Trade and inward investment	West Yorkshire Combined Authority	20,000 new opportunities for young people, further 20,000 extra jobs
Liverpool: Liverpool City Region LEP	Halton, Knowsley, Liverpool, Sefton, St. Helens, Wirral	Liverpool City Deal (Part 1): ❶ Finance ❷ Economic investment ❸ Employment ❹ Skills Liverpool City Region Deal (Part 2): ❶ Trade ❷ Low carbon ❸ Skills and Employment ❹ Transport ❺ Investment ❻ Knowledge economic	directly elected mayor in Liverpool City / Liverpool City Region Cabinet	over 35,000 work, 6,000 apprenticeships, £100m return on investment
Newcastle: North Eastern LEP		❶ Accelerated development zone ❷ Energy, marine and low carbon ❸ Employment and skills ❹ Housing ❺ Transport and connectivity	towards creating a North East Combined Authority	around 13,000 jobs and secure £1bn of investment over the next 25 years
Nottingham		❶ Enterprise support ❷ Employment and skills ❸ Connectivity and infrastructure ❹ Low carbon	Nottingham Economic Growth Board	10,000 jobs and 1,000 apprenticeships
Sheffield City Region	Barnsley, Bassetlaw, Bolsover, Chesterfield, Doncaster, North East Derbyshire, Rotherham, Sheffield	❶ Skills ❷ Finance ❸ Transport ❹ Nuclear Advanced Manufacturing Supply Chain	South Yorkshire Combined Authority	4,000 new apprenticeships and an additional 2,000 up skilled employees over a three year period

Source: HM Government (2012). Unlocking growth in cities: city deals: wave 1. London: Cabinet Office.

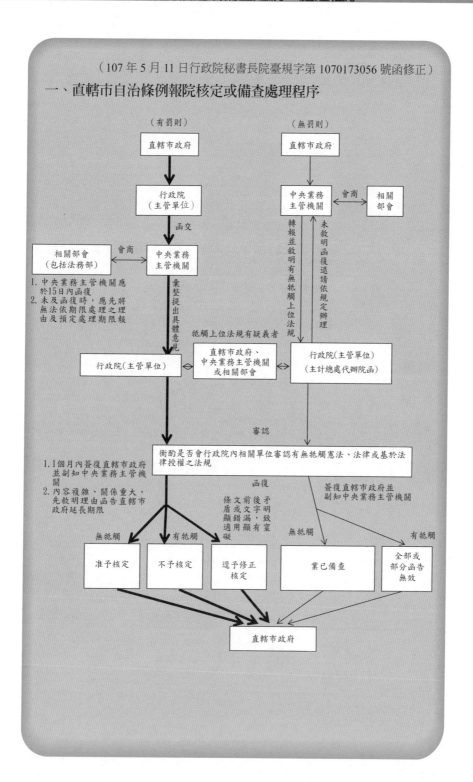

（107 年 5 月 11 日行政院秘書長院臺規字第 1070173056 號函修正）

一、直轄市自治條例報院核定或備查處理程序

（有罰則）

（無罰則）

直轄市政府

直轄市政府

行政院
（主管單位）

↓ 函交

中央業務
主管機關 ←會商→ 相關
部會

相關部會
（包括法務部） ←會商→ 中央業務
主管機關

1. 中央業務主管機關應
於15日內函復
2. 未及函復時，應先將
無法依期限處理之理
由及預定處理期限報

↓ 彙整提出具體意見

轉報並敘明有無牴觸上位法規

未敘明函復退請依規定辦理

抵觸上位法規有疑義者

行政院(主管單位)

直轄市政府、
中央業務主管機關
或相關部會

行政院(主管單位)
（主計總處代辦院函）

審認

1. 1個月內簽復直轄市政府
並副知中央業務主管機關
2. 內容複雜、關係重大，
先敘明理由函告直轄市
政府延長期限

衡酌是否會行政院內相關單位審認有無牴觸憲法、法律或基於法律授權之法規

函復

條文前後矛盾或文字顯錯漏，致適用顯有窒礙

簽復直轄市政府並
副知中央業務主管機關

無牴觸

有牴觸

無牴觸

有牴觸

准予核定

不予核定

還予修正
核定

業已備查

全部或
部分函告
無效

直轄市政府

附錄

圖解地方政府與自治

二、直轄市自治規則報院備查處理程序

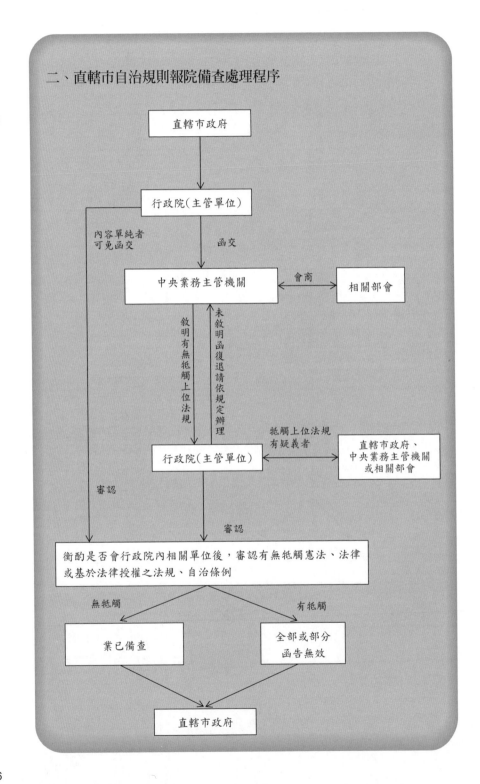

直轄市政府

行政院（主管單位）

內容單純者
可免函交

函交

中央業務主管機關　　會商　　相關部會

敘明有無牴觸上位法規

未敘明函復退請依規定辦理

行政院（主管單位）　　牴觸上位法規有疑義者　　直轄市政府、中央業務主管機關或相關部會

審認

審認

衡酌是否會行政院內相關單位後，審認有無牴觸憲法、法律或基於法律授權之法規、自治條例

無牴觸

有牴觸

業已備查

全部或部分函告無效

直轄市政府

三、直轄市議會自律規則報院備查處理程序

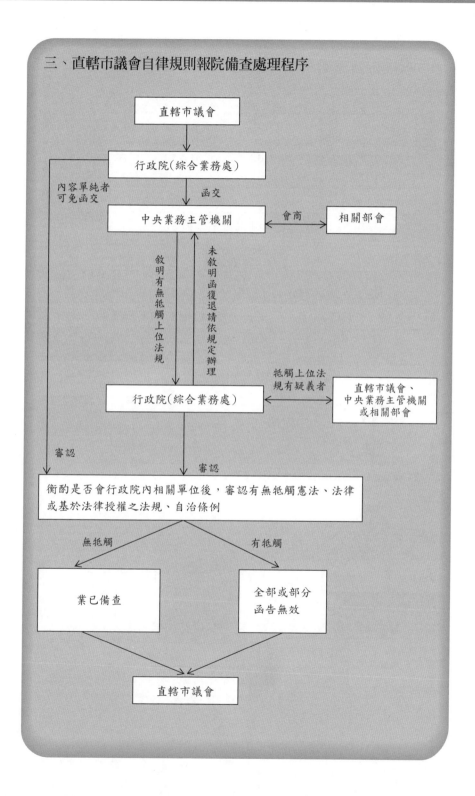

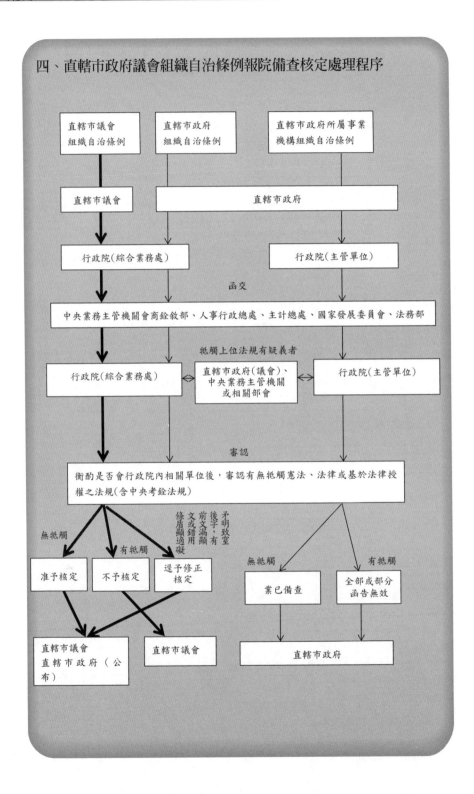

一、業務主管機關提案

稅式支出評估作業流程圖(業務主管機關提案)

制（訂）定或修正稅式支出法規

是 ← 業務主管機關檢核確認是否構成有害租稅慣例 → 否

業務主管機關評估採行稅式支出是否必要、可行及有

否 ← | 是

不提稅式支出法規結案

1. 依「稅式支出評估基本規範完整格式」研提稅式支出評估報告
2. 自行評估每年度稅收損失金額是否在新臺幣五千萬元以上

複評未通過

否 ─ 稅式支出評估報告送財政部複評

是

財政部複評每年度稅收損失金額是否在新臺幣五千萬元以上

是 →
1. 會同財政部與行政院主計總處估算稅收損失金額及研擬財源籌措方式
2. 邀集財政部、行政院主計總處、國家發展委員會等相關機關及學者、專家會商可行性

否(複評通過) | 可行(複評通過) | 行政院審查未過 | 不可行(複評未過)

無須經行政院核定或發布之法規命令案：由業務主管機關自行依法律授權發布，並將稅式支出評估報告送立法院財政委員會及相關委員會，如舉辦公聽會，應併附公聽會會議紀錄

法律案及應經行政院核定或發布之法規命令案：由業務主管機關將稅式支出法規、評估報告及公聽會會議紀錄陳報行政院。但法規命令案未舉辦公聽會者，免附會議紀錄

業務主管機關另擬替代方案

替代方案如為制（訂）定或修正稅式支出法規

行政院審查通過

應經行政院核定或發布之法規命令案：
1. 業務主管機關或行政院依法律授權發布
2. 業務主管機關將稅式支出評估報告及公聽會會議紀錄送立法院財政委員會及相關委員會

法律案：
1. 稅式支出法律由行政院依規定送請立法院審議
2. 業務主管機關將稅式支出評估報告及公聽會會議紀錄送立法院財政委員會及相關委員會

立法院三讀通過

業務主管機關應於稅式支出法規命令發布之日起十五日內，將稅式支出評估報告登載於機關網站

業務主管機關應於稅式支出法規公（發）布之日起十五日內，將稅式支出評估報告登載於機關網站

通過之稅式支出法規是否影響原評估報告之稅收損失金額

否 | 是

1. 業務主管機關應於法律三讀、法規命令發布之日起一個月內另提出補充報告送財政部
2. 經財政部函復確認後十五日內登載於機關網站

稅式支出法規公（發）布施行後，業務主管機關應檢視稅式支出法規預期效益之達成情形，定期檢討評估實施成效並公開於機關網站

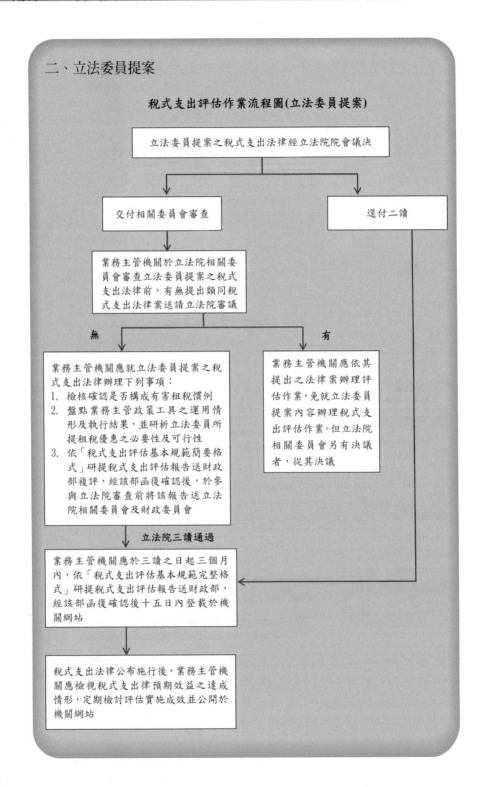

二、立法委員提案

稅式支出評估作業流程圖(立法委員提案)

立法委員提案之稅式支出法律經立法院院會議決

交付相關委員會審查

逕付二讀

業務主管機關於立法院相關委員會審查立法委員提案之稅式支出法律前，有無提出類同稅式支出法律案送請立法院審議

無

有

業務主管機關應就立法委員提案之稅式支出法律辦理下列事項：
1. 檢核確認是否構成有害租稅慣例
2. 盤點業務主管政策工具之運用情形及執行結果，並研析立法委員所提租稅優惠之必要性及可行性
3. 依「稅式支出評估基本規範簡要格式」研提稅式支出評估報告送財政部複評，經該部函復確認後，於參與立法院審查前將該報告送立法院相關委員會及財政委員會

業務主管機關應依其提出之法律案辦理評估作業，免就立法委員提案內容辦理稅式支出評估作業。但立法院相關委員會另有決議者，從其決議

立法院三讀通過

業務主管機關應於三讀之日起三個月內，依「稅式支出評估基本規範完整格式」研提稅式支出評估報告送財政部，經該部函復確認後十五日內登載於機關網站

稅式支出法律公布施行後，業務主管機關應檢視稅式支出律預期效益之達成情形，定期檢討評估實施成效並公開於機關網站

一、書籍與期刊論文

Andrew Heywood 著、楊日青等譯，1999《政治學新論》，臺北：韋伯文化。

Arend Lijphart 著、張慧芝譯，2003《選舉制度與政黨體系》，臺北：桂冠書局。

內政部，2009〈不在籍投票制度可行性評估報告〉。

王保鍵，2004〈論直轄市與縣市公投合併升格〉，《行政暨政策學報》，第 39 期，頁 1-32，臺北：國立臺北大學公共行政暨政策學系。

王保鍵，2005〈論地方自治監督與司法救濟——趨向新夥伴關係〉，《國家發展研究》，第 4 卷第 2 期，頁 142-182，臺北：國立臺灣大學國家發展研究所。

王保鍵，2009〈原住民及婦女「縣議員選區」之參政權保障問題分析〉，《國會月刊》，國會月刊社，第 37 卷第 10 期，頁 60-82。

王保鍵，2010〈論縣市改制直轄市之議員名額規範與選區劃分〉，《國會月刊》，國會月刊社，第 38 卷第 12 期，頁 67-85。

立法院法制局，2009〈我國不在籍投票制度實施問題研究：從人民基本權談起〉，專題研究報告座談會，12 月 3 日。

行政院研究發展考核委員會，1989《公職人員選舉制度之比較研究》，臺北：行政院研究發展考核委員會。

吳庚，2002《行政法理論與實用》，臺北：三民書局。

李惠宗，2001〈自治法規之監督〉，《地方自治法》，臺北市政府法規會（編），頁 291-334，臺北：臺北市政府法規會。

沈立人、戴國晨，1993〈我國「諸侯經濟」的形成及其弊端和根源〉，《經濟研究》，第 3 期，頁 12-19。

沈延論、王業立，2006.11.26〈「宗親政治」之初探〉，「2006 年台灣政治學會年會暨〈再訪民主：理論、制度與經驗〉」學術研討會（由台灣政治學會主辦）。

周陽山，1996《憲政與民主》，臺北：臺灣書店。

林水波，1999《選舉與公投》，臺北：智勝文化。

林嘉誠、朱浤源，1990《政治學辭典》，臺北：五南圖書。

紀俊臣，1999《精省與新地方制度》，臺北：時英出版社。

胡大康，1997《英國政府與政治》，臺北：揚智文化。

高永光，2004〈不在籍投票制度之研究〉，內政部委託研究報告。

國家文官培訓所，2000《地方政府與自治》，八十九年委任晉升薦任官等訓練專業課程講義。

張台麟，2003《法國政府與政治》，臺北：五南圖書。

張正修，2000《地方自治與政府（一）地方自治概念、國外法制及都市篇》，臺北：學林文化。

張正修，2003《地方制度法理論與實用（二）本論（Ｉ）》，臺北：學林文化。

陳清秀，2002〈論新版（馬版）財政收支劃分制度之妥當性與可行性〉，《月旦法學雜誌》，第 84 期，頁 95-101。

陳慈陽，2000〈論地方之立法權及其界限——以直轄市及縣市自治條例與自治規則之制定權為研究對象〉，《台灣行政法學會學術研討會論文集：行政救濟、行政處

罰、地方立法》，臺北：元照。

陳滄海，2003〈臺北市里長延選案與地方自治之探討——兼論司法院釋字第 553 號解釋〉，《臺北市立師範學院學報》，第 34 期，頁 117-134。

陳樹村，2001〈地方自治監督與行政救濟〉，《地方自治法》，臺北市政府法規會（編），頁 383-411，臺北：臺北市政府法規會。

黃東益，2005《電子化民主之研究》，臺北：行政院研究發展考核委員會。

黃俊杰，2002〈財政國與稅課收入之立法〉，《月旦法學雜誌》，第 84 期，頁 81-86。

黃錦堂，2001〈地方預算與財政問題初探〉，臺北市政府法規會（編），《地方自治法》，頁 335-382，臺北：臺北市政府法規會。

葛克昌，2002〈統籌分配稅款與地方自治〉，《月旦法學雜誌》，第 84 期，頁 77-80。

董保成，2001〈教育事項中央與地方權限之劃分與分工〉，臺北市政府法規會（編），《地方自治法》，頁 229-256。臺北：臺北市政府法規會。

董翔飛，1990《地方自治與政府》，臺北：五南圖書。

趙永茂，1997《中央與地方權限劃分的理論與實際——兼論臺灣地方政府的變革方向》，臺北：翰蘆圖書。

趙永茂，1998〈地方政治生態與地方行政的關係〉，《政治科學論叢》，第 9 期，頁 305-328

趙永茂，2002，《中央與地方權限劃分的理論與實際：兼論臺灣地方政府的變革方向》，臺北：翰蘆圖書。

趙永茂，2007a，〈台灣地方治理的發展策略與方向〉，《研習論壇》，第 74 期，頁 7-14。

趙永茂，2007b，〈英國地方治理的社會建構與發展困境〉，《歐美研究》，第 37 卷第 4 期，頁 593-633。

趙永茂，2008，〈地方自治面臨的挑戰與發展趨勢〉，《研習論壇》，第 91 期，頁 1-14。

趙永茂、孫同文、江大樹編著，2001《府際關係》，臺北：元照文化出版。

趙竹成，2002《俄羅斯聯邦體制的憲政基礎及衝突》，臺北：韋伯文化。

蔡秀卿，2003〈里長延選案法律鑒定意見書〉，臺北市政府法規會（編），《全民健保釋憲案及里長延選釋憲案紀錄彙編》，頁 624-664，臺北：臺北市政府法規委員會。

蔡茂寅，2000，〈地方自治之基礎理論〉，《台灣本土法學雜誌》，第 11 期，頁 1-19。

蔡茂寅，2001〈地方預算與財政問題初探〉，臺北市政府法規會（編），《地方自治法》，頁 465-506，臺北：臺北市政府法規會。

蔣立峰、高洪，2002《日本政府與政治》，臺北：揚智文化。

鄭永年、吳國光，1994〈論中央與地方關係——中國制度轉型中的一個軸心問題〉，《當代中國研究》，第 6 期（總第 45 期），頁 4-121。

圖解地方政府與自治

魯俊孟、曾建元、李長晏，2004〈未來我國跨域治理機制之建構〉，《推動跨域管理機制公共論壇會議》，行政院研究發展考核委員會（10.15）。

薄慶玖，1997《地方政府與自治》，臺北：五南圖書。

謝瑞智，1987《我國選舉罷免法與外國法制之比較》，臺北：中華文化復興運動推行委員會。

顧俊禮，2001《德國政府與政治》，臺北：揚智文化。

Basta, Lidija R., 1999. "Decentralization - Key Issues, Major Trends and Future Developments" [online], available: http://www.ciesin.columbia.edu/decentralization/English/General/SDC_Keyissues.html. (accessed 10 November 2016).

Beer, Samuel H., 1993, *To Make a Nation: The Rediscovery of American Federalism*, Massachusetts: Harvard University Press.

Chandler, J. A., 1991, *Local Government Today*, Manchester: Manchester University Press.

Cheung, Peter T. Y., Jae Ho Chung, and Zhimin Lin, (eds), 1998, *Provincial Strategies of Economic Reform in Post-Mao China, Leadership, Politics, and Implementation*, New York: M. E. Sharpe.

DCLG (2010). *Decentralisation and the Localism Bill: An Essential Guide*. London: Department for Communities and Local Government.

DCLG (2011). *A Plain English Guide to the Localism Act*. London: Department for Communities and Local Government.

Douglas W. Rae, 1971, *The political Consequences of Electoral Laws*, New Haven, Conn.: Yale University Press.

Elazar, Daniel J., 1980, "The Political Theory of Covenant: Biblical Origins and Modern Developments," *Publius: The Journal of Federalism*, Vol. 10（Fall 1980）：pp. 28-35.

Goetz, Edward G & Clarke, Susan E. (eds), 1993, *The New Localism: Comparative Urban Politics in Global Era*, Newbury Park: SAGE Publications Inc.

Held, David, 1996, *Models of Democracy*, California: Stanford University Press.

Home office, 2010. *Policing in the 21st Century: Reconnecting police and the people*. Norwich: The Stationery Office Limited.

King, Desmond S. & Pierre , Jon (eds), 1990, *Challenge to Local Government,* London：SAGE Publications Ltd.

Lutz, Donald S., 1988, *The Origins of American Constitutionalism*, Louisiana State University Press.

Schneider, Aaron, 2003. "Decentralization: Conceptualization and Measurement" Studies in Comparative International Development, 38(3): 32-56.

Shirk, Susan, 1993, "Playing to the Provinces: Fiscal Decentralization and the Politics of Reform," *The Political Logic of Economic Reform in China*, pp. 149-196. Berkeley and Los Angeles: California University Press.

Smith, Martin J. 2010. "From Big Government to Big Society: Changing the State-Society

Balance." *Parliamentary Affairs*, 63 (4): 818-833.

二、主要法令

《地方制度法》、《財政收支劃分法》、《地方稅法通則》、《規費法》、《地方民
　意代表費用支給及村里長事務補助費補助條例》、《地方行政機關組織準則》、
　《地方立法機關組織準則》、《中央統籌分配稅款分配辦法》、《公共造產獎助
　及管理辦法》、《中央及地方政府預算籌編原則》、《德意志聯邦共和國基本法》
　（http://www.judicial.gov.tw/db/db04/db04-01.asp）等相關法令。

三、網站資訊

參照美國在台協會、英國國會、德國國會、法國國會、行政院研究發展委員會、內政
　部等相關網站。

國家圖書館出版品預行編目資料

圖解地方政府與自治／王保鍵著.--六版.--臺
北市：五南圖書出版股份有限公司，2023.02
　面；公分.

ISBN 978-626-343-696-1（平裝）

1.CST：地方自治 2.CST：地方政府
3.CST：地方政治

575　　　　　　　　　　　111021902

1PN3

圖解地方政府與自治

作　　　者 ― 王保鍵（14.2）

發 行 人 ― 楊榮川

總 經 理 ― 楊士清

總 編 輯 ― 楊秀麗

副總編輯 ― 劉靜芬

責任編輯 ― 呂伊真

封面設計 ― 王麗娟

出 版 者 ― 五南圖書出版股份有限公司

地　　　址：106台北市大安區和平東路二段339號4樓

電　　　話：(02)2705-5066　　傳　　　真：(02)2706-6100

網　　　址：https://www.wunan.com.tw

電子郵件：wunan@wunan.com.tw

劃撥帳號：01068953

戶　　　名：五南圖書出版股份有限公司

法律顧問　林勝安律師

出版日期　2012 年 6 月初版一刷
　　　　　2013 年 5 月二版一刷
　　　　　2016 年 2 月三版一刷
　　　　　2017 年 5 月四版一刷
　　　　　2018 年12 月五版一刷
　　　　　2023 年 2 月六版一刷

定　　　價　新臺幣380元

經典永恆·名著常在

五十週年的獻禮 —— 經典名著文庫

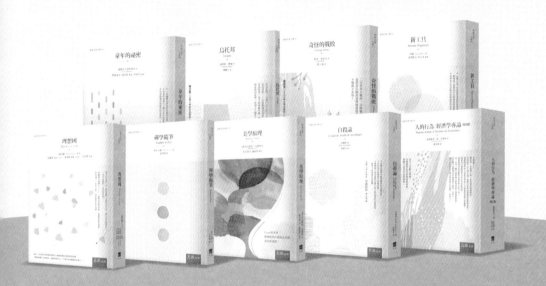

五南，五十年了，半個世紀，人生旅程的一大半，走過來了。

思索著，邁向百年的未來歷程，能為知識界、文化學術界作些什麼？

在速食文化的生態下，有什麼值得讓人雋永品味的？

歷代經典·當今名著，經過時間的洗禮，千錘百鍊，流傳至今，光芒耀人；

不僅使我們能領悟前人的智慧，同時也增深加廣我們思考的深度與視野。

我們決心投入巨資，有計畫的系統梳選，成立「經典名著文庫」，

希望收入古今中外思想性的、充滿睿智與獨見的經典、名著。

這是一項理想性的、永續性的巨大出版工程。

不在意讀者的眾寡，只考慮它的學術價值，力求完整展現先哲思想的軌跡；

為知識界開啟一片智慧之窗，營造一座百花綻放的世界文明公園，

任君遨遊、取菁吸蜜、嘉惠學子！